MICHAEL B. BUCHHOLZ

Dreiecks-geschichten

Eine klinische Theorie psychoanalytischer Familientherapie

Vandenhoeck & Ruprecht
Göttingen · Zürich

Die Deutsche Bibliothek – CIP-Einheitsaufnahme

Buchholz, Michael B.: Dreiecksgeschichten: eine klinische Theorie psychoanalytischer Familientherapie / Michael B. Buchholz. – Göttingen; Zürich: Vandenhoeck und Ruprecht, 1993
ISBN 3-525-45760-X

Satz: Text und Form, Hannover
Druck und Bindearbeiten: Hubert & Co., Göttingen.

Inhalt

Einleitung 7

Die Modernisierung der Familie 18

Zwischen Systemtheorie und Hermeneutik 48

Drei Perspektiven 67

Dilemmata moderner Familienformen 92

Die Rotation der Triade 111

Die Regression der Triade 138

Dynamik und Kognition der Triade 156

Familientherapie und stationäre Psychotherapie –
eine Verbindung im Dreieck 187

Zur Auto Poiesie von Helferinstitutionen 220

Literatur 244

Einleitung

»Die rätselhafte Einheit der Seele ist unserem Vorstellen nicht unmittelbar zugängig, sondern nur, wenn sie sich in eine Vielheit von Strahlen gebrochen hat, durch deren Synthese sie dann erst wieder als diese eine und bestimmte bezeichenbar wird.«
(Georg Simmel 1900, S. 312)

Dreiecksgeschichten – da mag sich mancher was denken, andere was erinnern, dritte mögen sich was versprechen. Hier geht es nicht um Geflüster, aber um erzählte Geschichten von Familien und um die Möglichkeiten, wie diese sich verstehen lassen, und da die Geschichte jeder Familie irgendwo in einem Bett (oder jedenfalls etwas, was dem vergleichbar wäre) beginnt, geht es auch um Bettgeschichten. Irgendwo an einem Anfang, das ist die simple Ausgangstatsache, beginnt jede Familie mit einer Dreierkonstellation. Ein Mann und eine Frau haben/machen ein Kind, und selbst wenn dies der einzige Moment sein sollte, in dem sie zu dritt sind, fängt es doch immer dort an – auch und dann, wenn der Gedanke ans Kind nie ausgesprochen war. Es gibt ihn, den Gedanken, in der Phantasie, auch wenn man ihn verhüten muß.

Familien springen nicht im Quadrat, sondern im Dreieck und dies auch dann, wenn es mehr als 3 Personen sind, sei es, daß weitere Geschwister hinzu kommen, sei es, daß irgendjemand sonst noch in der Familie lebt. An dieser Stelle wird es notwendig, den alltagssprachlichen Begriff »Dreieck« durch den der Triade zu ersetzen, obwohl der nichts anderes besagt; aber er soll ein theoretischer Begriff sein. Theoretisch heißt: Es genügt, von Triaden zu sprechen, wenn man damit – und das tue ich hier – ein heuristisches Prinzip zur Steigerung der Dimensionalität meint. Der Sprung von der Zweidimensionalität zur Dreidimensionalität steigert die Anzahl der verfügbaren Dimensionen und er kann, ist er einmal gemacht, prinzipiell unendlich oft wiederholt werden. Aus einer eindimensionalen Linie entsteht dann ein zweidimensionales Dreieck, aus einem Dreieck eine dreidimensionale Pyramide, aus einer Pyramide ein Polyeder, aus einem Polyeder eine komplexe kristalline Struktur und so weiter – und diese erstrecken sich in der Zeit. Triadisch denken heißt, in solchen komplexen Strukturen immer wieder die Triade zu entdecken; triadisch denken heißt, die Dimensionalität steigern. Es heißt zugleich, die Komplexität (etwa einer Pyramide) zu reduzieren auf ihre Dreiecksstruktur.

Triadisch denken ist ein paradoxales gegensätzliches Prinzip: Es reduziert Komplexität und steigert Dimensionalität zugleich. Es ist eine Art zu denken, es besagt nichts darüber, wie die Dinge »wirklich« sind. Aber wenn wir dies Prinzip ausbauen und auf etwas aus wenigstens drei Blickpunkten schauen können, dann, so sind sich so unterschiedliche Autoren wie BATESON (1982) und DEVEREUX (1978) einig, können wir einigermaßen sicher sein, daß wir einen Zipfel der Wirklichkeit erwischt haben. Wenn wir auf eine Familiengeschichte aus dem Blickwinkel der Mutter, des Vaters und des Kindes *zugleich* blicken, wenn wir eine Synthese dieser Perspektiven in *unserem* Kopf zustande bringen, dann können wir einigermaßen sicher sein, zu wissen, was diese *Familie* ausmacht. Wir bekommen auch eine Vorstellung davon, was eine Familie ist, wenn wir auf sie aus dem makrosoziologischen Blickwinkel des Wandels der Familienformen, der Mikrosoziologie der Interaktion und der unbewußten Beziehungsdynamik blicken – drei Perspektiven und diese zugleich.

Wir machen damit übrigens nichts geringeres als ein Physiker, an den die Anforderung gestellt ist, die Widersprüche zwischen der Wellentheorie des Lichts und der Partikeltheorie, wie sie die sogenannte Kopenhagener Deutung der Quantentheorie seit NIELS BOHR unauflöslich hingestellt hat, zu integrieren. GENTNER und GENTNER (1982) haben gezeigt, wie schwierig es für Physiker ist, die unterschiedlichen Modelle zu erlernen; noch schwieriger ist es wohl, die Situationen zu erkennen, in denen das eine oder das andere Modell Anwendung findet – aber man kann es offenbar lernen.

Ein ähnliches Ziel verfolgt dieses Buch. Es will Perspektiven entwickeln, meistens drei, aber keineswegs immer dieselben, wie man auf Familien blicken kann. Ich will damit die Dimensionalität der Betrachtungsweisen für Familientherapeuten, aber auch für andere, deren Interesse Familien gilt, erhöhen und zugleich, wegen der erheblichen kognitiven Strapazierungen, die damit verbunden sind, Möglichkeiten der Komplexitätsreduzierung (BURKE 1969,S. 5) anbieten. Eine kleine drollige Geschichte kann das illustrieren.

Unter der Überschrift »Warum ich Arzt wurde und wie ich zur Abneigung gegen das Wissen gekommen bin« berichtet das »Urviech« der psychoanalytischen Psychosomatik, GEORG GRODDECK (1926, S. 71) offenherzig eine Dreier-Geschichte:

»Als mein älterer Bruder anfing, Latein zu lernen, fragte ihn mein Vater beim Mittagessen, was die Träne heiße. Er wußte es nicht; aus irgendeinem Grunde hatte ich mir das Wort *lacrima* vom Abend vorher, als Wolf seine Vokabeln laut memorierte, gemerkt und beantwortete nun an seiner statt die Frage. Ich bekam zum Lohn ein Fünfgroschenstück. Nach Tisch aber boten mir meine beiden Brüder an, dieses Fünfgroschenstück gegen einen blankgeputzten Dreier einzutauschen, was ich mit Freuden tat. Neben dem Wunsch, die überlegenen Knaben ins Unrecht zu setzen, müssen dumpfe Gefühlserinnerungen mitgesprochen haben.«

Und über diese »dumpfen Gefühlserinnerung« informiert uns GRODDECK durch eine andere Geschichte, die er der von den Tränen voranstellt:

»Aber darf ich die Geschichte meiner Amme weiter erzählen? Ich besinne mich nicht mehr, wie sie aussah, weiß nichts mehr als ihren Namen: Berta, die Glänzende. Aber ich habe eine deutliche Erinnerung an den Tag, an dem sie wegging. Sie schenkte mir zum Abschied einen kupfernen Dreier, und ich weiß genau, daß ich, statt wie sie wollte, Zuckerzeug dafür zu kaufen, mich auf die steinerne Treppe der Küche setzte und das Dreierstück auf den Stufen rieb, damit es glänzte. Seitdem hat mich die Zahl drei verfolgt. Wörter wie Dreieinigkeit, Dreibund, Dreieck, haben etwas Anrüchiges für mich, und nicht nur die Wörter, auch die Begriffe, die damit verbunden sind, ja ganze Ideenkomplexe, die ein eigensinniges Knabenhirn darum herum gebaut hat. So ist der heilige Geist als Dritter schon in früher Kindheit von mir abgelehnt worden, die Lehre von den Dreieckskonstruktionen ist mir in der Schule eine Plage gewesen und die einst vielgepriesene Dreibundspolitik wurde von mir von vorneherein getadelt. Ja, die Drei ist eine Art Schicksahlszahl für mich geworden. Wenn ich mein Gefühlsleben rückschauend betrachte, so sehe ich, daß ich, so oft mein Herz sprach, als Dritter in ein bestehendes Neigungsverhältnis zweier Menschen eingedrungen bin, daß ich stets den einen, dem meine Leidenschaft galt, von dem anderen getrennt habe, und daß meine Neigung erkaltete, sobald mir das gelungen war. Ja, ich kann verfolgen, wie ich, um diese schwindende Neigung am Leben zu erhalten, von neuem einen Dritten zugezogen habe, um ihn wieder zu verdrängen. So sind in einer und gewiß keiner unwichtigen Richtung die Affekte des Doppelverhältnisses zu Mutter und Amme und der Kampf des Abschieds ohne Absicht, ja ohne Wissen von mir wiederholt worden; eine nachdenkliche Sache, die zum mindestens zeigt, daß in der Seele eines dreijährigen Kindes seltsam verworrene und doch einheitlich gerichtete Dinge vor sich gehen.« (S. 71)

Warum der kleine Georg das Fünfgroschenstück gegen den Dreier eintauschte, wird uns verständlich: Der Dreier reduzierte die Komplexität des Fünfers, die für den kleinen unfaßbar, ohne Bedeutung, war; der Dreier steigerte aber zugleich die Dimensionalität seines Erlebens, denn der Dreier stand für die ihn verlassende Amme: Bertha, die Glänzende. Mit dem Dreier hatte er die Zweierbeziehung wieder – und hatte sie zugleich nicht wieder, denn der Dreier war nur ein symbolischer Ersatz. Es kam eine neue Dimension hinzu, die Symbolik, und damit ist er wieder in einer dreidimensionalen Beziehung.

Doch als Erwachsener brauchte er immer wieder den Dritten, die Dreierbeziehung und, jetzt wird die Komplexität wieder gesteigert, muß feststellen, daß es eine Zweierbeziehung irgendwie nicht gibt. Freud schrieb im Jahre 1899 an seinen Freund Wilhelm Fliess in Berlin: »Ich gewöhne mich auch, jeden sexuellen Akt als einen Vorgang zwischen 4 Individuen aufzufassen. Darüber wird viel zu reden sein.« (1950, S. 249) Ist man zu zweit, ist man zu viert; ist man zu dritt, ist man allein; ist man allein, sind die andern beiden innerlich dabei – eine vertrackte Geschichte, eine Dreiecks-Geschichte! Über solche Verinnerlichungen von Dreiecksgeschichten und deren Entäußerungen in neuen Beziehungen wird es hier auch gehen und um das Fertigwerden mit den Imagines von Vater und Mutter. Von Zweierbeziehungen zu reden macht in einer wichtigen Hinsicht nicht mehr so richtig Sinn; vielleicht noch den, daß »Zweierbeziehung« eine Ebene, ein Niveau der Beziehungsgestaltung anvisiert, das uns als utopisches Ziel vorschwebt und nur unter glücklichen Umständen, in jedem Fall mit viel »Arbeit« nur, erreicht werden kann.

Dies Buch will begonnene Arbeit fortsetzen. Die jahrelange Auseinandersetzung zwischen Systemtheorie und Psychoanalyse in der Familientherapie beginnt allmählich sich zu wandeln, nüchterne empirische Forschung tritt an die Stelle ideologischer Grabenkriege. Doch haben diese Diskussionen einen anderen, notwendigen Dialog an die Peripherie gedrängt, den zwischen einer Soziologie des familialen Wandels, des Entstehens neuer familialer Lebensformen und den mit dem therapeutischen Ohr vernehmbaren Erfahrungen und Erlebnissen aus der Binnenperspektive der Familien. Zunehmend wird auch Familientherapeuten drängend klar, daß Familien Institutionen sind, daß die Veränderungen der letzten Jahre sich vor allem auf die Formen der Institutionalisierung beziehen und daß wir zuwenig Vorstellungen davon haben, in welchen Lebensformen Familien sich einrichten. Auch dazu müssen den Alltag entlastende Institutionalisierungen *er*funden werden; sie können nicht *ge*funden werden, weil es sie nicht gibt. Diesem Zwang zur kreativen Innovation, zur Erfindung und sichernden Einrichtung (d.h. Institutionalisierung) von Lebensformen sehen sich Singles, Rentnerkommunen, Solofathers, Anti-Familie-Familien, Wohngemeinschaften, Normalos, Alleinerziehende, Stieffamilien und so weiter immer stärker gegenüber.

Die große vereinheitlichende Kraft der Idee einer allgemeinen Systemtheorie hat für die familientherapeutische Bewegung ihre Wirkung entfaltet. Im Rückblick erscheint das Bedürfnis nach Einheitlichkeit geradezu als eines, das die vielen Unterschiede, derer wir uns drängend bewußt werden, einzuebnen versprach. Wenn alle diese Formen letztlich ein »System« sind, dann wissen wir immer schon, was los ist – und allmählich merken wir, daß das nicht stimmen kann. Ja, man kann sogar sagen, daß mit der ausschließlichen Anbindung der Familientherapie an die Systemtheorie und die Epistemologie des radikalen Konstruktivismus die Thematisierung der *Familie* ausgedünnt, vielleicht sogar verloren wurde. Gefunden wurden interessante epistemologische Fragestellungen, aber die Familie blieb immer mehr außen vor (vgl. dazu meine »unbewußte Familie«, BUCHHOLZ 1990, aber auch REITER 1992).

Eine gewisse Parallelität der familialen Entwicklung im sozialen Wandel mit der familientherapeutischen Entwicklung haben kritische Begleiter schon immer festgehalten (z.B. BRODKIN 1980).

So kann man auch heute eine ganz entsprechende Beobachtung nicht nur für die Familien, sondern auch für die Familientherapie machen.

Das Paradigma »Familientherapie« – wenn es denn ein einheitliches ist – sollte »über« den anderen Formen der Psychotherapie seinen Platz finden, und das mußte Widerspruch hervorrufen, Konkurrenzängste schüren und setzte unter hohen Erwartungsdruck, der nicht immer eingelöst werden konnte. Trotzdem – vieles ist erreicht, Positionen sind gefestigt, aber die Familientherapie findet sich an einem anderen Ort wieder: Sie existiert nicht über, sondern »neben« anderen Formen der Psychotherapie oder – allgemeiner – der psychosozialen Versorgung. Das entlastet in der wissenschaftlichen Konkurrenz, ermöglicht eine nüchterne Bestandsaufnahme und kann als eine neue Etappe in der Institutionalisierung einer psychosozialen Bewegung angesehen werden. Zwar wird die Familientherapie in der Bundesrepublik aus den Universitäten langsam verdrängt – worin es ihr derzeit kaum anders als der Psychoanalyse geht – , doch hat sie Ausbildungsstandards festgeschrieben, Curricula formuliert, sich insgesamt »professionalisiert«.

Mit dieser berufspolitisch erfreulichen Situation kontrastiert eigentümlich eine inhaltliche Problematik, die auf die Parallele von Familien-Entwicklung und Familientherapie-Entwicklung noch einmal ein besonderes Licht wirft. Liest man die Beiträge in verschiedenen Zeitschriften, so gewinnt man den Eindruck, daß eine erhebliche Verunsicherung in zwei doch zentralen Fragen besteht:

a) Worin unterscheidet sich eigentlich eine Familie von einem beliebigen anderen psychosozialen System, etwa einer »Organisation« oder einer Kleingruppe?
b) Worin unterscheidet sich Therapie von freundschaftlichen Beziehungen?

KRIZ (1988) hat beispielsweise den modischen Trend, statt von Familie von »System« zu sprechen,[1] kritisiert, und auch TYRELL (1988a) fragt, mit Bezug auf die Anwendung der LUHMANNschen Systemtheorie (LUHMANN 1984, 1988) in der Familientherapie,

---

1 Programmatisch äußert sich dieser Trend in dem Titel des Buches von WEISS (1988): »Familientherapie ohne Familie«.

ob nicht gerade der Umstand der Tauglichkeit der Systemtheorie »für die Analyse von konstitutiv ›unpersönlichen‹ Organisationen« *gegen* deren Anwendung auf *personale* Systeme wie familiale Kleingruppen spricht.[2] Die beiden Fragen greifen die Unterscheidung zwischen Familienforschung und therapeutischer Prozeßforschung auf und scheinen eine Unsicherheit wiederzugeben, ob die üblich gewordene Gleichung »Familie = System« nicht einerseits die Wahrnehmung des spezifisch »Familialen« an der Familie verstellt und andererseits klinische Intuition und Erfahrung über*system*atisiert wird. Deshalb plädiert KRIZ für Offenheit nicht-systemischen Therapieerfahrungen gegenüber.

Ich teile mit REISS (1987) den Eindruck, daß der familientherapeutische Diskurs zu »action-oriented« war.[3] Wie sehr hier Strömungen eine Rolle spielen, zeigt der Umstand, daß an die Stelle der therapeutischen »action« mittlerweile das Ideal des »Nicht-Interventionismus« getreten ist, exemplarisch verkörpert durch die Praxis des »reflecting team«. REITER et al. (1992) haben in einer empirischen Studie gezeigt, daß es hier Begrenzungen gibt, und die klinische Erfahrung belegt, daß »Nicht-Interventionismus« nicht in jedem Fall die Behandlungsstrategie der Wahl sein kann. Um einen Weg zwischen der Scylla des Übermaßes der therapeutischen »action« und der Charybdis der moralisch sauberen »nicht-Intervention« zu finden, will ich zunächst die Frage diskutieren, wie »Familie« und »System« voneinander unterschieden werden können. Eine Vergewisserung über diese Frage scheint dringend erforderlich.

---

2 Zu einer differenzierten Auseinandersetzung mit LUHMANNS soziologischer Systemtheorie aus (familien-)therapeutischer Sicht vgl. BUCHHOLZ (1993).

3 REISS (1988, S. 37) schreibt: »... the family therapy literature has been, from the outset, action-oriented. There has been, as a matter of style, a focus on the action of the therapist and not on the detailed and subtle rendering of a family portrait. Contrast the intellectual development of psychoanalysis. The most careful reader cannot learn very much about the conduct of psychoanalysis form reading Freud's entire corpus ... A great proportion of the remainder was theory and vivid description of the patient – not of the doctor's technical prowess. Would there be much argument with my view that the family therapy field does not have a ›Little Hans‹ or a ›Dora‹ or a ›Rat Man‹?«

TYRELL (1988b) befaßt sich in einem anderen, im gleichen Jahr erschienen Beitrag, mit dem Problem der »Deinstitutionalisierung« familialer Lebensformen,[4] was eine gute Beschreibung für die derzeitige Lage ist:

> »Familie« ist ihm zufolge a) nicht länger die fraglos hingenommene Lebensform, sie ist b) in einer Legitimationskrise, sie verliert c) ihr Monopol auf die Sozialisation, und es gibt d) zahllose Alternativen zum »Standardmodell«, von den schon genannten Alleinerziehenden bis zu den Zusammenziehenden. Schließlich ist e) die Striktheit des Verweisungszusammenhang von »Liebe« → »Verlobung« → »Heirat« → »Kinder« → »Altern« aufgelöst (BECK-GERNSHEIM 1989); man kann Teile dieses Pakets haben, ohne das Ganze nehmen zu müssen, und zunehmend mehr Menschen machen genau davon Gebrauch.

Eine Familientherapie, die auf der Höhe ihrer eigenen Zeit verbleiben will, muß sich dieser Situation stellen; sie muß den sozialen Wandel bis in ihre therapeutischen Konzepte hinein aufnehmen und zeigen, wie die Menschen neue Lebensformen ausbilden, moderne Konfliktzumutungen verarbeiten, welche innovativen Leistungen verlangt sind, und gleichzeitig welche »Chancen« zur Störung wo versteckt sind. Kurz, die Familientherapie könnte durch den Anschluß an die hier knapp referierte familiensoziologische Beschreibung von sozialem Wandel Impulse zur Klärung der Frage erhalten, wie »Familie« und »System« voneinander zu unterscheiden sind (das sind »Unterschiede, die Unterschiede machen«). Dadurch könnte sie etwas mehr auf den Weg geraten, zur »angewandten Familiensoziologie« werden, wie DUSS-VON WERDT schon 1976 gefordert hat,[5] ohne daß damit ein soziologistischer Reduktionismus impliziert wäre. Reduktionistisch zu verfahren würde der hier entfalteten Logik der Multiperspektivität zutiefst widersprechen, die soziologische Perspektive muß durch die der klinischen Theorie in ihrem Totalitätsanspruch balanciert werden. Klinische Theorie könnte umgekehrt nur mit dem therapeutischen Ohr vernehmbare Erfahrungen über die Verarbeitung moderner

---

4 Das paßt gut zu CLAESSENS' Beobachtung (1979), wonach die Familie ein soziokulturelles Institutionalisierungsdefizit habe.

5 Und neuerdings auch wieder FALICOV (1988).

Problemlagen an die Familiensoziologie weiterreichen.[6] So gesehen, könnte der familientherapeutische Schatz an zeitgenössischen Erfahrungen und Verarbeitungen gehoben und in einen wissenschaftlichen Diskurs eingeführt werden. Das beträfe insbesondere die zunehmend an Bedeutung gewinnenden genannten alternativen, das heißt nicht-kleinfamilialen Lebensformen (BUCHHOLZ 1988; BUCHHOLZ u. KOLLE 1989), aber auch die intergenerationellen Nachwirkungen von Zeitgeschichte(n), wie z.B. dem Nationalsozialismus (vgl. BUCHHOLZ 1989, MASSING u. BEUSHAUSEN 1986). Kurz, Familien sind nicht nur kommunikative Systeme, sondern auch historische Quellen; Familienmitglieder sind lebende Zeitzeugen und Familientherapeuten sind im sozialen Wandel Zeitgenossen, fallende Steine neben anderen fallenden Steinen – um dies Gleichnis aus der Relativitätstheorie aufzunehmen. Diese Situation bedarf einer methodologischen Reflexion. Sie soll in diesem Buch auf eine doppelte Weise zum Tragen kommen.

Ein Buch ist immer zwischen zwei Buchdeckeln eingeklemmt. In Fall dieses Buches kann ich das inhaltlich markieren: Ich beginne mit einer soziologisch orientierten Beschreibung des Wandels familialer Lebensformen, und das heißt: Wandel der Institutionalisierungsmuster. Dann folgen Kapitel über die Möglichkeiten, familiale Geschichten zu verstehen; der Akzent verschiebt sich von der Geschichte zu den Geschichten. Dabei versuche ich, das triadische Prinzip möglichst durchzuhalten: aus wenigstens drei Perspektiven auf die Geschichten zu blicken. Schließlich dringe ich vor zu einer Theorie der familiären Triade; ich versuche zu konzeptualisieren, wie die Fähigkeit in Triaden zu denken – und damit auch die therapeutische Fähigkeit, eine Außenperspektive einzunehmen – in der familialen Sozialisation selbst hergestellt wird. Das damit vielseitig etablierte heuristische Prinzip der Triade wird angewendet, um über ein neues Arbeitsgebiet zu berichten, die Verbindung von stationärer Psychotherapie mit der Familientherapie. Und dann kommt der beschließende Buchdeckel: die Auseinandersetzung mit den Helferinstitutionen.

Verfolgt wird somit eine zweifache Frage: Was können und müssen Familientherapeuten von der Familiensoziologie lernen?

---

6 Das regt auch MADER (1989) für die Rezeption therapeutischer Erfahrungen in den Sozialwissenschaften überhaupt an.

Und: in welcher Weise bestimmen Restriktionen der Helferinstitutionen die Wahrnehmung der Familie und insbesondere die ihres unbewußten Konflikts? Da Familie und Familientherapie sich historisch in gewisser Parallelität wandeln, hat die eine Frage eine diachronische, die andere eine synchronische Richtung. Im Fall der Familientherapie stehen sich immer zwei Institutionen gegenüber. Familie und Familientherapie als »Zwitterwesen« zwischen soziologisch bestimmbarer, historisch variabler institutioneller Form und gelebtem und erlebtem Erfahrungsraum braucht diesen doppelten Zugang, und der familientherapeutische Diskurs ist meines Erachtens allzusehr von der ausschließlichen Adaptation der soziologischen Systemtheorie bestimmt (Vgl. dazu auch REITER 1993). Das hat dazu geführt, vor allem epistemologische Probleme zu diskutieren, aber klinisch hoch bedeutsame Fragestellungen zu vernachlässigen. Es hat dazu geführt, daß nur noch uniperspektivisch wahrgenommen wird (alles ist System). Aber wir brauchen immer mehrere Perspektiven.

Dem Buch liegen zu einem gewissen Teil einige Ideen zugrunde, die ich in Aufsätzen während der letzten Jahren dargelegt habe. Ich habe sie hier aufgenommen, weil ich das Bedürfnis verspürt habe, meine Position zusammenfassend und umfassender deutlich zu machen. Das Buch besteht zum größeren Teil aus Ideen, Erfahrungen und Darlegungen, die bisher nicht publiziert sind.

Ich hatte nicht das GRODDECKsche Glück, glänzende Dreier geschenkt zu bekommen, und auch das Lernen von Latein-Vokabeln ist mir nicht leicht gefallen. Deshalb habe ich in einem gewissen Umfang meine »Dreier« und die Dreiecksgeschichten selber basteln müssen – doch dabei haben mir viele Personen geholfen. Als ersten nenne ich, wie schon so oft, meinen Berliner Freund, REINHART WOLFF, der trotz seiner übermäßigen zeitlichen Inanspruchnahme mein Manuskript mit Geduld gelesen und mit klugen Anregungen bereichert hat. SABINE GEBHARDT ist eine Familientherapeutin, mit der zusammen ich die familientherapeutische Werkstatt in Tiefenbrunn leite (über die hier auch etwas berichtet wird), eine Zusammenarbeit, die viele Gespräche stimuliert hat. Mit KONRAD THOMAS verbinden mich die Musik und ebenfalls viele Gespräche, die auf einem gemeinsamen Grundton basieren und deshalb eine perspektivische Differenzierung möglich machten, die stets kreativ und harmonisch verlief. Mit LUDwig Reiter aus Wien habe ich mich bei seinen Göttinger Aufenthalten öfter treffen und meine Themen aus gemeinsamer »systemdistanter« Sicht besprechen können; auch er hat, wie Konrad Thomas, das Manuskript geduldig und sehr hilfreich kommentiert. Ihm verdanke ich viele Hinweise und Einsichten zur Geschichte der Familientherapie, die er in den letzten Jahren zu seinem »Steckenpferd« gemacht hat. Ich danke auch einer Institution, dem Krankenhaus für Psychotherapie und psychosomatische Medizin des Landes Niedersachsen, »Tiefenbrunn«, dessen Mitarbeiterinnen und Mitarbeiter sich für familientherapeutische Sichtweisen bereitwillig geöffnet haben. Besonders nennen möchte ich meinen Freund und Kollegen Michael Dümpelmann, der als Psychoanalytiker mein Interesse an der Familientherapie nachhaltig und kompetent unterstützte. Gerade unsere oft ganz divergenten Zugangsweisen resultierten stetig in gemeinsamen Arbeitsergebnissen, zum Beispiel in einer gemeinsam verfaßten Arbeit über die Biographiemuster von anorektischen Patientinnen, die an anderer Stelle publiziert ist.

Und schließlich danke ich meiner Frau Karla, die den Kopf mit ganz anderen Dingen – der Psychoanalyse, ihren Patientinnen und Patienten und vielem anderen – voll hatte und sich dennoch mit lesemüden Augen am Abend noch über den Computer-Ausdruck gebeugt hat und kluge, heitere, witzige Bemerkungen abgab, die uns wieder wach machten. Naja – und Timo, unser jetzt bald 8-jähriger Sohn? Der kennt Dreiecksgeschichten am besten, aus eigener Anschauung ...

Michael B. Buchholz

Die Modernisierung der Familie

»Der Wahnsinn ist viel historischer, als man gewöhnlich annimmt, aber auch viel jünger.«
(MICHEL FOUCAULT 1969, S. 107)

Kaum etwas, so kann man vielleicht sagen, bewegt die Menschen so sehr wie ihr Familienleben. Kaum etwas, so kann man ebenfalls sagen, ist für die meisten Menschen so anstrengend wie ihr Familienleben – zwar birgt die Familie die Ahnung eines besseren Zustands in sich, aber auch die Erfahrung von vielerlei Schrekken; für manche ist sie die Hölle. Kaum eine Frage läßt sich so wenig beantworten wie die, wie eine gewisse Stabilität ins Familienleben zu bringen sein kann, da Familien sich ständig ändern, allein schon deshalb, weil ihre Mitglieder älter werden und andere Wünsche entwickeln. Familien müßen sich stets an Umwelten, aber auch an sich selbst anpaßen. Stabilität würde entlasten. Man kann sich auf Absprachen einrichten und auf Zuneigung verlassen. Zu viel Stabilität allerdings und zu viel davon auf Dauer »fadisiert«, wie man auf Wienerisch sagen könnte. Es wird langweilig, läuft wie geschmiert, aber wenn nichts Neues in Sicht kommt, erstarrt alles in nichtssagenden Formeln und Formalismen. Dann ist Innovation gefragt. Sie stürzt um, und wenn sie zu viel revolutioniert, »umdreht«, kann man leicht die Orientierung verlieren, reagiert gereizt – aus Angst. Wenn Innovation dazu noch von anderer Seite kommt, als »aufgezwungen« erlebt wird, dann ist viel Elastizität gefragt, und man muß kreativ und adaptiv auf das Neue sich einstellen.

Sich mit den Veränderungen des modernen Familienlebens zu beschäftigen, ist deshalb kein allein akademisches Unterfangen. Sie treffen die Menschen im Kern, schaffen viele schwer heilende Verletzungen, tragen aber auch zu manchen notwendigen Befreiungen bei. Wie eigentlich können Menschen verschiedener Generationen unter einem Dach zusammenleben, wenn die inneren Modelle von dem, was ein »gutes« oder »richtiges« Familien- oder Privatleben ist, völlig voneinander abweichen? Tragen die Identitätsentwürfe, die Töchter als Kinder von ihren Müttern übernommen haben, dann noch, wenn diese Töchter selbst Mütter geworden sind? Viele, Frauen wie Männer, stellen um die Vierzig herum erschrocken fest, daß sie so manche Züge an sich haben, die sie von Vater und Mutter übernahmen und eigentlich doch ablehnten. Sie leben in einer aktuellen, gegenwärtigen Moderne, vielleicht schon geschieden in einem Abschnitt ihres Lebenszyklus, in dem ihre Eltern noch nicht einmal an Scheidung zu denken wagten, obwohl sie ihre Ehe als unerträglich empfanden. Sie erleben mit, daß ihre Kinder Rechte beanspruchen – Urlaubsreisen, eigene Motorisierung, Videotechnik –, die ihnen selbst nicht gewährt wurden und die sie nie zu fordern gewagt hätten. Und sie merken, daß die jüngere Generation in einem Ausmaß Erfahrungen sammelt auf einem Gebiet, über das sie »früher nie zu sprechen wagten«. Sie leben in einer aktualisierten und sich stetig beschleunigenden Moderne und zugleich in einer Vergangenheit der Verhaftung an Lebensformen, von denen sie aus modernem Blickwinkel selbst manchmal glauben, diese Lebensformen stammten aus der Steinzeit. Doch diese ist gerade eine Generationenspanne her.

Familialer Wandel, nein, das ist keine akademische Frage – aber sich aus einigen akademischen Wissensbeständen zu informieren, kann den eigenen Standort, die Stellungnahme klären helfen. Denn sich im irren Koordinatenkreuz zurecht zu finden, zwischen Stabilität und Innovation, zwischen Entlastung und langweiliger Formalisierung, zwischen Tradition und Modernisierung, kann als eine der zentralen Aufgaben des modernen Familienmenschen beschrieben werden. Und die jeweiligen Entscheidungen sind nicht leicht. Soll man zugunsten der Kinder eine unerträgliche Ehe aufrecht erhalten? Soll man überhaupt Kinder bekommen? Wie kriegt man Karriere und Kinder zusammen? Wie ist man ein moderner Vater? Was tun bei Scheidungsabsichten des anderen? Ist nicht das Single-Dasein, oder das Leben in einer WG, oder das Allein-Elterntum viel attraktiver? Was befreit, was erdrückt? Erst Kinder und dann Beruf? Was ist, wenn zwischendurch, wenn die Kinder mal gerade schulreif werden, die Beziehung, die auf einer Voraussetzung der Langfristigkeit basierte, in die Brüche geht? Wie wird man Stiefvater oder Stiefmutter? Soll man zum neuen Freund der Mama »Papa« sagen? Ist das nicht Verrat am wirklichen Vater?

Das alles und noch viel mehr bewegt uns, und es wäre verwegen, im Sinne der Ratgeber-Literatur Antworten zu geben. Ich will hier versuchen, einiges davon zusammen zu tragen, was man über den familialen Wandel wissen kann; mein Ziel ist, dazu beizutragen, daß das gegenwärtige Problem des Familienlebens als subjektive Modernisierung beschrieben werden kann: Wir haben – traditionsentlastet – die Wahl, und deshalb müssen wir selbst innovativ und kreativ sein, auch wenn wir nicht endgültig sagen können, wohin die Beziehungskiste läuft. Aber wir verfahren uns auch immer wieder – unbewußt traditionsgebunden – in alten Bahnen, und das macht Schmerzen, die durch Anerkennung der Vergangenheit(en) gemildert werden können. Was ein Teil auch der wissenschaftlichen Tradition tut – das Frühere als das Bessere gegen das Heutige auszuspielen – das machen wir alltäglich in unserem beständigen Versuch, unsere Traditionsbindungen auf Beständigkeit oder Veränderungsnotwendigkeit hin zu überprüfen.

Seit der Mitte der 60er Jahre haben tiefgreifende Veränderungen des Familienlebens stattgefunden. Diese Veränderungen lassen sich nicht zureichend mit der konservativ-romantischen These vom Funktionsverlust beschreiben, aber es genügt auch nicht, den Funktionswandel durch einen »früher-heute«-Vergleich herauszuarbeiten. Vielmehr hat sich die Form des Familienlebens verändert. Die »Institution Familie« stand – ihrer modernen Idee nach – dauerhaft auf zwei Beinen: sie basierte auf dem formalen Rechtsprinzip der konjugalen Ehe, und zugleich war sie ein nichtkodifizierbares Liebesverhältnis. Diese widersprüchliche Einheit des Formal-Rechtlichen mit dem Code der »reinen Liebe« verbarg ein sexistisches Herrschaftsverhältnis, das durch wachsende Einsicht in die Illegitimität familialer Ungleichverhältnisse aufgesprengt wird, da zugleich zunehmend individualistische Perspektiven auch egalitäre Wertvorstellungen – die die Frauen unterstützen – mit hervorbringen. Die Familie wird »deinstitutionalisiert« (TYRELL 1988) und damit eine Einrichtung auf Zeit, und es dürfte gerade für Familientherapeuten von kaum zu überschätzender Bedeutung sein, sich das Ausmaß dieser Veränderungen vor Augen zu führen. Familientherapeutische Konzepte reagieren auf diesen Wandel, wenn auch nicht immer in soziologischer, sondern eher in klinischer Aufklärung.

Ich werde die These vom Formwandel der Familie anhand einer knappen Darstellung demographischer Angaben empirisch zu fundieren suchen und dabei den kritischen Einwand prüfen, ob das Veränderungsgerede – der öffentliche und mediale Diskurs – vielleicht mehr Veränderung vortäuscht als tatsächlich vorliegt. Und schließlich werde ich Zusammenhänge zu makrosoziologischen Veränderungen skizzieren und einige Schlußfolgerungen anstellen.

Demographischer Einstieg

Einig sind sich die Demographen (ROUSSEL 1988, NAVE-HERZ 1988), daß familiale Lebenszusammenhänge hinsichtlich der Geburtenzahl *weniger produktiv*, daß sie – abgelesen an der zunehmenden Zahl der Scheidungen[1] – *weniger stabil* und daß sie, da weniger geheiratet wird, auch *weniger attraktiv* geworden zu sein scheinen. Ich wähle einige Daten (nach ROUSSEL 1988) für die Bundesrepublik aus:

Die Fruchtbarkeitsrate geht von 1965, als sie bei 2,5 liegt (d.h. jede Frau gebärt durchschnitlich 2,5 Kinder) auf 1,45 im Jahre 1975 zurück und noch weiter auf 1,29 im Jahre 1984. Hier scheint sie sich auf einem gewißen niedrigen Niveau eingependelt zu haben. Von je 1000 Männer lassen sich 234 im Jahre 1975 scheiden, 1983 hingegen schon 298. Von 1940 an geht die Zahl der Ersteheschließungen kontinuierlich zurück, die Zahl der Scheidungen nimmt zu und scheint sich mittlerweile auf einem relativ hohen Niveau, nahe der 40% Grenze, auf einem Plateau zu bewegen. Die Ehedauer selbst verkürzt sich, die Wiederverheiratungen nehmen viel langsamer zu als die Scheidungen und nach der Untersuchung des BMJFG (1985) leben etwa 2,5 Mio Menschen in

1 Demographische Angaben über den Verlauf der Scheidungsrate in den USA vor dem 2. Weltkrieg enthält der Beitrag von Monahan (1940). Er unterscheidet methodisch zwischen situationalen, biographischen und historischen Faktoren der Scheidung und kann durch Vergleich langjähriger und kürzerer Ehen den Einfluß des historischen Faktors verdeutlichen.

der Bundesrepublik in dem, was als »Nichteheliche Lebensgemeinschaften« bezeichnet wird.

Die Zusammensetzung der Bevölkerung nach *Haushaltstypen* verändert sich ebenfalls stark; Einpersonenhaushalte repräsentieren heute mehr als 20% aller Haushalte, während das »Standardmodell« – verheiratetes Paar mit Kind(ern) – abnimmt: Solche Haushalte haben in den USA während der letzten 20 Jahre von 40 auf 28% abgenommen, in Schweden von 37 auf 25% und in Frankreich von 45 auf 39%. ROUSSEL faßt zusammen: »Somit gibt es also querschnittsmäßig betrachtet kein vorherrschendes Modell mehr, und man kann demnach auch vom Aufkommen eines gewissen Pluralismus sprechen« (1988, S. 45). Diese These von der Pluralisierung der familialen Lebensformen findet sich bei den verschiedenen Autoren gleichermaßen. NAVE-HERZ zieht eine wichtige theoretische Schlußfolgerung: die Ehe habe ihren Monopolanspruch darauf, das »einzige soziale System mit Spezialisierung auf Befriedigung emotionaler Bedürfnislagen« (1988, S.66) zu sein, wie LUHMANN (1982) formuliert hatte, verloren! NAVE-HERZ vermutet sogar, daß sich inzwischen *zwei* gesellschaftliche Systeme mit der gleichen Spezialisierung gebildet haben. Und das würde in der Tat rechtfertigen, mit ROUSSEL von einem demographischen »Erdbeben« zu sprechen.

In den theoretischen Begründungen unterscheiden sich die Autoren. TYRELL (1988) theoretisiert differenziert, aber aus einer eher negativen Perspektive, die feststellt, was verloren wurde; HONNETH (1993) hat unter Hinweis auf empirische Untersuchungen deutlich festgehalten, was die Pluralisierung im Alltag bedeutet: Es scheinen vor allem Frauen zu sein, die unter dem Druck der Alltagsorganisation und der finanziellen Bestandswahrung ihrer Familien neue Formen des Zusammenlebens mit zweiten oder dritten Männern und weiteren Kindern (er-)finden müssen. Dieser materiale Akzent der Pluralisierung[2] weist auf die damit verbundene Not und Verzweiflung mancher Familien hin; es geht nicht nur um »Modernität« oder »Postmodernität«. Die Pluralisierungsthese läßt sich nach drei Gesichtspunkten differenzieren:

---

2 MONAHAN (1940) hat auf diesen ökonomischen Faktor ebenfalls schon hingewiesen.

1. Das Standardmodell der Familie hat Konkurrenz bekommen.

2. Es gibt eine »Verweiblichung« der Haushaltsvorstände – hier stützen die Angaben bei ROUSSEL (1988, S. 45) die von HONNETH (1993) herangezogenen materialen Gesichtspunkte.

3. Pluralisierung verstärkt den Trend zu erhöhten individuellen Mobilitätsanforderungen nicht nur in vertikaler und horizontaler, sondern auch in partnerschaftlicher Hinsicht.

Mit der »partnerschaftlichen Mobilität« (ein Ausdruck von H. TYRELL) will ich andeuten, worauf ich später noch einmal zurück komme: das »Standardmodell« der Familie (zwei verheirate Eltern plus etwa 2 Kinder) bleibt zwar dominant, seine Dauer hingegen nimmt ab. Man kann vermuten, daß der Konflikt zwischen der »Institution« und der »Liebe« die Triebkraft dieser Entwicklung ist. Von konservativer Seite aus wird rasch auf die »Kosten« dieser Entwicklung hingewiesen, aber ob es sich wirklich nur um Kosten, nicht auch um Befreiungsversuche aus unerträglichen Beziehungsverhältnissen handelt, ist eher im Einzelfall zu entscheiden.

Nüchtern muß man festhalten: Die Sequenzierung biographischer Abschnitte führt zu biographischen Brüchen. Immer mehr Menschen verbindet nicht die Kontinuität einer gemeinsamen lebenslangen Biographie, sondern die Biographie stückelt sich zusammen aus voneinander relativ unabhängigen, weil mit unterschiedlichen Partnern verbrachten, Lebenssequenzen. Das »Standardmodell« bleibt nicht nur statistisch dominant, sondern auch im Sinne einer inneren Leitrepäsentanz bei denen, die ganz andere, vom Standardmodell abweichende, Formen leben. Die *Pluralität ist eine konformistische Form der Devianz*, könnte man – in Anlehnung an eine Formulierung von WOLFF (1982) – den soziologischen Sachverhalt paradox formulieren.

Mit dieser Differenzierung der Pluralisierungsthese sind bereits Andeutungen über mikrosoziologische Folgen des skizzierten Wandels gemacht, ich will aber hier erst noch auf einige weitere Gründe des demographischen Wandels eingehen:

Einheitlich wird von den verschiedenen Autoren (KAUFMANN 1988, NAVE-HERZ 1988, ROUSSEL 1988) die Mitte der 60er Jahre, genau sogar das Jahr 1965 als Datum des Beginns des Wandels genannt. Das schließt eine grobe Erklärung, etwa durch den Hinweis auf »die Wirtschaftskrise« aus, weil diese erst Ende der 60er Jahre einsetzte. Demographisch gesehen ist es sinnvoll, die Kovariation sozioökonomischer Zeitreihen heran zu ziehen; dann fallen das Aufkommen der Anti-Baby-Pille, die Liberalisierung des Abtreibungs- und Scheidungsrechtes sofort ins Auge, aber an Erklärung ist damit nicht sehr viel gewonnen. Diese Erklärungen sind global, und man muß weiter gehend erklären, welche Bedingungen die Reduktion der Zwänge erzwungen haben. ROUSSEL gesteht diese Mängel offen ein und schreibt: »Jedoch ist es nicht möglich, die Ökonomie dieser Wandlungserscheinungen *ohne Rückgriff auf die Ebene der Interpretationen und Zielsetzungen*, die das Individuum in seinem ehelichen und familialen Leben leiten, zu begreifen« (S. 51, meine Hervorhebung, MBB). Subjektive Deutungen von Lebens- und Konfliktlagen, Ansprüche an ein befriedigtes Beziehungsverhältnis und an die Durchsetzung von Gleichheitsvorstellungen sind offenbar zu einer soziologisch nicht zu unterschätzenden »Bewegung« geworden.

Der ganze Zusammenhang wird noch einmal komplizierter, wenn man mit KAUFMANN (1988) zwei Veränderungsdimensionen unterscheiden will: die der realen Veränderungen selbst und die Veränderungen der Denkmodelle, das heißt sowohl des öffentlichen Diskurses als auch der analysierenden Denkwerkzeuge und theoretischen Analyseinstrumente. Der Rückgriff auf die Empirie der Daten – ohne die »Ebene der Interpretationen und Zielsetzungen« – hilft dabei aus Verwirrungen nicht unbedingt hinaus. Ein Beispiel: KAUFMANN (1988, S. 397) schreibt mit Bezug auf die nichteheliche Lebensgemeinschaft, daß sie »ganz überwiegend ein Prüf- oder Durchgangsstadium darstellt, ein funktionales Äquivalent des traditionellen Verlöbnißes.« NAVE-HERZ (1988, S.69) hingegen sieht das spezifisch Moderne an den nichtehelichen Lebensgemeinschaften darin, daß der Verweisungszusammenhang zwischen Verlöbnis und Eheschließung entkoppelt ist: Die nichteheliche Lebensgemeinschaft weist für NAVE-HERZ »über sich selbst nicht hinaus und wird zumeist auch nicht mit der Absicht eingegangen, eine Dauerbeziehung zu begründen.« Diese These stellt deutlich das Moment der »De-Institutionalisierung« von Ehe und Familie heraus (TYRELL 1988). Ich stelle das hier gegenüber, weil ich hoffe, etwas weiteres Licht in diese Gegensätze bringen zu können, wenn man dem Hinweis von ROUSSEL folgt, wonach die Ebene der subjektiven Interpretationen ins soziologische Theorieregister gehört. Das methodische Zugeständnis von ROUSSEL, die Ebene der subjektiven Begründungen bei der Verständlichmachung des Wandels heranzuziehen, bleibt eine Herausforderung und ein Angebot an die Adresse der Familientherapeuten und deren Kooperationsfähigkeit mit der Familiensoziologie; sie sind aufgefordert, ihre therapeutischen Erfahrungen soziologisch aufzubereiten.

Familie als halbierte Moderne

Die Pluralisierungsthese läßt sich mit BECKS (1986) These von der durch Enttraditionalisierung bewirkten Individualisierung verknüpfen. Enttraditionalisierung setzt die Individuen von bislang gültigen gesellschaftlichen Zwängen frei – frei zum Zwang der Wahl der Lebensform. Vor dieser Freisetzung gab es eine schematische Zuordnung von Arbeit und familialem Leben und damit auch eine traditionelle Trennung von Frauen- und Männerrolle. In dem Maße, so BECK, in dem sich die Prinzipien der Moderne durchsetzen, vor allem die Gleichstellung von Mann und Frau, wird damit auch die Grundlage von Ehe und Familie – die auf Arbeitsteilung beruhende Rollentrennung – entwertet: Frauen können sich verselbständigen und sich aus ehelichen Zwängen lösen, aber es werden auch Lücken in ihrer sozialen Sicherung sichtbar, was soziale Auseinandersetzungen nach sich zieht. Die noch halbfeudale Trennung in »Geschlechterstände« (RERRICH 1986), wonach die Geburt mehr als die Leistung über biographische Erfolge entscheidet, verliert sich in der Freisetzung der Frauen, die sich nun zunehmend individuell reproduzieren müßten. Diese Individualisierung im Zuge marktgemäßer Freisetzung schaffe die Hausarbeit der Frau als Voraussetzung der Erwerbsarbeit des Mannes tendenziell ab, bringe aber mit der Ausdünnung der sozialen Beziehungen einen erhöhten Intimitätsbedarf mit sich, der durch Intensivierungen der Partnerbeziehungen zu befriedigen versucht werde.

Individualierung basiere auf *drei sozialstrukturellen Entwicklungen:*

1. auf der Zunahme von Einkommen und arbeitsfreier Zeit,

2. auf der Zunahme der Aufstiegschancen für weite Bevölkerungsteile mit der Folge einer erheblichen sozialen Mobilität und schließlich

3. auf der Bildungsexpansion.

Auf diese Weise erscheint – so BECK – die Familie als konfliktträchtige Austragungsstätte gesellschaftlicher Modernisierungen, nicht jedoch ist sie Ursache des Geschehens. Die Konflikte verschärfen sich, wenn man mit BECK der Individualisierung eine innere Tendenz zur Standardisierung von Lebenslagen entgegensetzt: Die Menschen fallen aus traditionellen Gemeinschaftsbezügen heraus und das intensiviert ihre Abhängigkeit vom Arbeitsmarkt, von administrativen Entscheidungen, von ökonomischen Vorgaben und Konsumangeboten. BECK versucht mit dieser Doppelthese von der Individualisierung und Standardisierung eine Erklärung der vieldiskutierten Zweierkonflikte, deren Deduktion aus gesellschaftlichen Veränderungen sehr weit geht: »Was als ›Terror der Intimität‹ erscheint und beklagt wird, sind also – gesellschaftstheoretisch und gesellschaftsgeschichtlich gewendet – die *Widersprüche einer im Grundriß der Industriegesellschaft halbierten Moderne*, die die unteilbaren Prinzipien der Moderne – individuelle Freiheit und Gleichheit jenseits der Beschränkung von Geburt – immer schon geteilt und qua Geburt dem einen Geschlecht vorbehalten, dem anderen zugewiesen hat.« (S. 179)[3]

BECKs These entfaltet einen beträchtlichen Reichtum an theoretischer Phantasie, wodurch globale gesellschaftliche Veränderungen und im individuellen Erleben nachvollziehbare Konflikte nicht nur suggestiv miteinander verknüpft werden. In den Sozialwissenschaften ist der Übergang von traditionalen in moderne(re) Gesellschaften allerdings stets als mit gesteigerter Individualisierung verbunden gesehen worden. BECK steht dabei in einer Tradition, in der das Gemeinschaftliche gegen das Gesellschaftliche ausgespielt wird und der theoretische Diskurs nicht ganz dementieren kann, die Form der Klage über einen Verlust anzunehmen.

---

3 Bezüglich der Pluralisierung familienanaloger Lebensformen sprechen CHOPRA u. SCHELLER (1992) dann auch eher von einer »Übergangsgesellschaft«.

Dies restaurative Moment widerspricht seinen kritischen Intentionen, und ich glaube deshalb, daß der Anregungswert seiner Individualisierungsthese gesteigert werden muß. Sie kann differenziert werden.

Individualisierung meint bei BECK eine Art logischer Schleife: das Paradoxon einer Freigabe von individuellen »Handlungsspielräumen« (WEYMANN 1989) durch *institutionelle* Veränderungen (der Institution Familie). Bildungsexpansion und Einkommenszuwächse gehören zu dieser Form der Individualisierung, die ich als *Destandardisierung* bezeichnen möchte, dazu. Davon sollten aber *Isolierungen* als weitere Form der Individualisierung unterschieden werden, nämlich der Verlust an Sozialkontakten durch soziokulturelle Erosion von Gemeinschaftsbezügen und durch Mobilitätsanforderungen. Isolierungen als negativer Aspekt von Individualisierung können nur untersucht werden, wenn die Akteure in der Binnenperspektive ihres Erlebens erkennen lassen, daß sie sie als Destruktion tatsächlich erfahren; Isolierung bezieht sich auf eine Form oder einen Inhalt des Erlebens von Verlusten. Das gilt auch für den dritten Aspekt der Individualisierung: als *Personalisierung* möchte ich die Form der Individualisierung bezeichnen, in der die genannten Freisetzungen als Zuwachs individueller Selbstbestimmung interpretiert und verwendet werden; was die Tendenz zur Individualisierung an Chancen zu freier Selbstbestimmung einräumt, muß wahrgenommen und genutzt werden können.

Isolierung und *Personalisierung* bezeichnen somit die einander entgegengesetzten Pole eines höchst ambivalenten Freisetzungsprozesses; eine Scheidung kann für viele Frauen wie Männer mit dem Verlust von Kontakten, mit sozialer Deklassierung, mit finanzieller Einengung einhergehend erlebt werden. Andere unter anderen Bedingungen oder dieselben Personen zu einem anderen, späteren Zeitpunkt erleben die Scheidung als Personalisierung, als Chance zu größerer individueller Freiheit.

MARLIS BUCHMANNS (1989) empirische Untersuchung kann zur Stützung meiner Differenzierungen der Individualisierungsthese herangezogen werden. Auch sie postuliert eine Entkoppelung zwischen Klassenlage und soziokulturellem Milieu sowie eine Abkoppelung von privatem Lebens- und Handlungsbereich vom öffentlichen Lebenslauf: Auch wer schon ein 45-jähriger Lehrer ist, mag sich immer noch als »Berufsjugendlicher« fühlen.

An Teildaten aus einer amerikanischen Studie über die High-Schools greift sie zwei Datensätze heraus: 877 Schüler des Abschlußjahres 1960 wurden zu diesem Zeitpunkt und 1961, 1965 und 1971 befragt. Ebenfalls 877 Schüler des Abschlußjahres 1980 wurden 1980, 1982 und 1984 befragt. 4 Jahre nach dem Abschluß wurde deren Lebenslaufstatus mit 3 Indikatoren gemessen: Schulabschluß, Verheiratung und Elternschaft. Hinzu kamen Daten über den Bildungsstand der Eltern, deren sozioökonomischem Status usw. An Ergebnissen ist hier interessant: Männer mit vollem Erwachsenenstatus sind in der 1980er Kohorte geringer vertreten als 1960. Von der 1980er Kohorte gibt es eine wachsende Zahl von Frauen, die zwischen dem Jugendlichen- und Erwachsenenstatus in einer Übergangsphase verbleiben.

BUCHMANN zieht daraus den Schluß, daß der Übertritt ins Erwachsenenalter nicht mehr in Form einer »wohldefinierten Statuspassage«, sondern als langsame Integration geschieht. Ihre Ergebnisse lassen sich so interpretieren, daß der Übertritt ins Erwachsenenalter sich individualisiert vollzieht, nämlich im Sinne einer Destandardisierung und Personalisierung, nicht unbedingt jedoch als Isolierung. Die völlige Abkoppelung von der Schichtzugehörigkeit hat sich jedoch in ihrer Untersuchung nicht bestätigt; vielmehr begünstigt die diffusere Grenzziehung zwischen den Schichten wiederum personalisiertere Lebenslaufmuster. Der Prozeß der Zuweisung von Statuschancen ist in der 1980er Kohorte weniger von den Daten der sozialen Herkunft bestimmt als in der 1960er Kohorte.

»Krise« der Familie oder Vollendung der Moderne?

Bisher habe ich die Modernisierung der Familie als Pluralisierung im Sinne einer Ausdifferenzierung familialer Lebensformen und als Individualisierung (mit den drei Formen der Destandardisierung, der Isolierung und Personalisierung) beschrieben. Nun möchte ich diese Untersuchung hier weiter führen, indem ich eine These von RERRICH (1988) aufgreife. Für sie hat es nie eine »Krise« der Familie gegeben, sondern bestenfalls einen »Krisen-Diskurs«, mit dem die Familiensoziologie schon immer eingesetzt hat. Bei RIEHL (1855) und bei ZAHN (1918) ist eine solche konservativ gefärbte Kulturkritik schon zu finden, die Krise ist das Stimulans der wissenschaftlichen Bemühung. Auch OGBURNS (1938) These vom »Funktionsverlust« gehört zu diesem Diskurs, der sich sozusagen in der auf F. TÖNNIES zurückgehenden begrifflichen Polarität zwischen »Gemeinschaft« und »Gesellschaft« bewegt, wobei dem »Gemeinschaftlichen« das verlorene Gute zugeschlagen wird. RERRICH (1988) findet aus dieser den Diskurs einengenden Polarität heraus mit einer interessanten These:[4] Was gegenwärtig zur »Krise« der Familie gerechnet wird, ist nicht Verfall, sondern Vollendung bürgerlicher Werte; die »Krise« läßt einen fundamentalen Webfehler der bürgerlichen Gesellschaft erkennen (RERRICH 1988, S. 18). Sie basierte auf dem Gleichheitsideal, ermöglichte immer schon »Individualisierung« – aber in der Form der persönlichen, finanziellen Autonomie und die war den Männern vorbehalten. Gleichheit stand der familialen Hierarchie gegenüber, Individualisierung opponierte gegen den Zwang

---

4 RERRICH kann hier anknüpfen an ältere Diskussionen des sozialen Wandels; RÜSCHEMEYER (1971) hatte eine »partielle Modernisierung« diagnostiziert und dies zunächst an Gesellschaften der Entwicklungsländer belegt. Dort diffundieren moderne sozio-kulturelle Errungenschaften in ein markant niedriges Entwicklungsniveau, so daß gleichsam zwei Kulturformen neben- und übereinander existieren: religiöse Orientierungen neben technisch-wissenschaftlichen, marktwirtschaftlich erzwungene Egalisierung neben quasi-feudalen Hierarchisierungen. Partielle Modernisierung meint einen Prozeß sozialen Wandels, »der zur Institutionalisierung relativ moderner Sozialformen neben erheblich weniger modernen Strukturen in ein und derselben Gesellschaft führt« (S. 382). KLINGER (1992) setzt hier an und versucht, das moderne Bedürfnis nach »Fundamentalismen« aller Art aus solchen der Moderne innewohnenden Widersprüchlichkeiten plausibel zu machen – eine These, die für die gegenwärtige Diskussion um den Rechtsradikalismus eine beträchtliche Bedeutung hat. – Im Zusammenhang der »Auto-Poiesie« von Helferinstitutionen komme ich auf die These von der partiellen Modernisierung zurück.

zur Unterordnung – Claessens (1978) hat dies als das familiale Werteschisma bezeichnet.

Die Familie ist auch für Horkheimer und Adorno eine letztlich feudale Institution. Rerrich argumentiert nun, daß ihr diese feudalen Momente zwar eigen sind, aber in einer spezifisch modernen Form. Die modernen Veränderungen sind *Vollendungen der Leitwerte* der bürgerlichen Gesellschaft, die in ein antagonistisches Verhältnis zu den »Naturkategorien« des Geschlechts treten.

Rerrichs These von der Vollendung der Modernisierung in der gegenwärtigen »Krise« verlangt, den Konflikt zwischen Momenten subjektiver Interpretation und alltäglicher Realität schärfer zu fokussieren. Mit Rerrich unterscheide ich deshalb die Ebene des »Alltags« von der der »Familienbilder« und der »neuen Verhaltensmuster«, deren einzelne Vollzüge sich zum modernen Familienleben addieren.

Alltag

Ich beschreibe zunächst Modernisierungen des Alltagslebens, die sich in einzelnen Bereichen sinnfällig machen lassen.

Da ist der Bereich der *Erziehung:* Bekamen die Kriegskinder noch wenig an materieller, dafür mehr an bestrafender Zuwendung, bekamen die Konsumkinder der 60er Jahre viel wirtschaftswunderlichen Segen, so ist der Alltag der »Krisenkinder« (Preuss-Lausitz u.a. 1983) von einer reichlichen Popularisierung pädagogischen und therapeutischen Wissens durchtränkt; Rieff hatte schon 1966 vom »triumph of the therapeutic« gesprochen. Bestrafende Erziehungspraktiken scheinen zurückzugehen; der auch untere Schichten allmählich erreichende Wohlstand gibt Kindern mehr Freiräume – ganz konkret in den 60er Jahren im Sinne einer verbesserten Wohnsituation; mehr Gestaltungs- und Erfahrungsräume – noch nie ist soviel gereist worden wie seit der Mitte der 60er Jahre.

Weitere Veränderungen manifestieren sich in einer *Verlängerung der Jugendphase.* Der »Ernst des Lebens« fängt für Jugendliche später an, sie werden länger von der Erwerbsarbeit freigestellt. Gab es 1957 noch 42 737 Schulabgänger mit Hochschulreife, so hat sich diese Zahl heute vervielfacht: 1982 sind es schon 171 086. Der spätere Berufsanfang bedeutet einen Spielraum für individuelle Experimente und eine Erweiterung der Persönlichkeitsentwicklung, aber auch Konflikte mit der Vorgeneration, mit deren Traditionen, Erwartungen und Gepflogenheiten. Die einst »geschlossene Gesellschaft« der Gebildeten rekrutiert sich heute im wesentlichen aus den sogenannten Aufsteigern. Aber auch die sind gezwungen, schon in der Gesamtschule, persönliche Entscheidungen (z.B. über Fächerverbindungen etc.) zu treffen – Personalisierung, aber nicht Standardisierung und nicht immer Individualisierung. Lernerfahrungen und (re)produktive Arbeitszusammenhänge geraten in größere Distanz; BAETHGE (1985) sieht hier einen Ursprung für den beobachtbaren Mangel an kollektiver Solidarität, den er für das vielleicht wichtigste moderne Problem hält.

Weitere Veränderung manifestieren sich als *veränderter Umgang mit Raum und Zeit.* Schulwege müßen mit Verkehrsmitteln erlernt und bewältigt werden; kindliche Umwelten existieren als »Inseln« (ZEIHER 1983) fernab von den Wohnstätten, und Mütter sind oft Umweltmanager für ihre Kinder, die nicht nur kindgerechte Umwelten herstellen, sondern Kinder auch dorthin bringen müßen. Räume werden aber auch anders erschlossen, indem früher und häufiger Motorfahrzeuge genutzt werden. Der Erwerb des Führerscheins ist heute für die meisten Jugendlichen beiderlei Geschlechts standardisierter Bestandteil ihrer Biographie. Und schließlich haben schon 1981, wie FUCHS (1983, S. 354) mitteilt, 82% aller Jugendlichen zwischen 18 und 20 Jahren eine selbständige Urlaubsreise unternommen.

In zeitlicher Hinsicht gilt: Das Volljährigkeitsalter ist seit 1975 herabgesetzt, die Wochenarbeitszeit verkürzt, der Urlaub stetig verlängert – all dies schafft individualisierte Gestaltungsräume.

Auch an anderer Stelle noch zeigt sich ein *neuer Alltag: Geld / Medien / Technik.* Jugendliche dürfen vom selbst verdienten Geld mehr zur »eigenen« Verfügung haben, ihr Taschengeld stieg – nach der Shell-Studie von 1975 – im Zeitraum von 1953 bis 1975 um mehr als das Zweieinhalbfache. Sie werden als Konsumenten entdeckt und umworben. Alle Familienmitglieder haben über Medien Zugang zu Ereignissen, die sich in weiter Entfernung von ihnen abspielen – und wenn sich auch in Untersuchungen der Einfluß der Medien widersprüchlich darstellt, kann man doch festhalten, daß jedem unausweichlich vor Augen geführt wird, daß es zur eigenen Lebenswirklichkeit eine Reihe von Alternativen gibt – der Zwang zur Wahl vergößert sich. Solche Anschauung kann, wie SCHELSKY (1955) optimistisch behauptete, für die »Verlebendigung« der eigenen Individualität genutzt werden, es kann aber auch zu erheblichen Verunsicherungen führen – was die Notwendigkeit, zwischen Personalisierung und Isolierung als Aspekten der Individualisierung zu unterscheiden, nur unterstreicht.

Schließlich ein zentraler veränderter Bereich: *das neue Sexualverhalten.* Die mit der Anti-Baby-Pille erreichte Revolutionierung löste nicht nur einen normativen Schock aus, sondern veränderte die Gestaltung des gesamten vorehelichen und ehelichen Privatlebens. Muster des Suchverhaltens nach einem Sexualpartner ändern sich, das Ziel »Eheschließung« verliert an Bedeutung und der Alltag von Jungen und Mädchen nähert sich einander an (CLEMENT 1986). Vergleicht man nicht Frauen mit Männern der Gegenwart, sondern heutige Frauen mit denen früherer Generationen, so wird der beispiellose Bruch der Enttraditionalisierung in zahllosen Bereichen, die »Veränderungen der Entfaltungs- und Gestaltungschancen im weiblichen Lebenszusammenhang ... überdeutlich«, schreibt RERRICH (1988, S. 108). Die Sexualität wird als Lebensaufgabe individueller gehandhabt, obwohl Jugendliche nach wie vor von sozialstrukturellen Vorgaben (Geschlechterrolle, rechtliche Festlegungen, Alterseinflüsse etc.) abhängig sind (vgl. dazu die empirische Studie von NEUBAUER 1990).

Wenn man sagen kann, daß die Ehe in dem Sinn an Bedeutung verloren hat, daß sie nicht mehr um ihrer selbst willen gesucht wird,[5] so muß man auch sagen, daß sie nicht mehr um jeden Preis aufrechterhalten wird. Das führt erneut zur Thematik der zunehmenden Scheidungsziffern, einem ganz wesentlichen Aspekt der gegenwärtigen Lage der Familien; und um den zu würdigen, muß ich auf die Dimension der »Bilder« und damit auf die der subjektiven Interpretationen zu sprechen kommen.

---

5 Die Untersuchung von PFEIL (1964) belegt dies deutlich: Für Männer wie Frauen der Heiratsjahrgänge bis Anfang der 60er Jahre war die Ehe das klare unbefragte Ziel; seitdem treten deutlich konkurrierende Ziele (wie z.B. Karriere) mit zunehmendem Gewicht daneben.

Bilder

Neben den Mythen und mehr oder weniger artikulierbaren Leitvorstellungen, die jede individuelle Familie über sich selbst entwickelt, gibt es gesellschaftliche Leitbilder der »Familie«, in die Wünsche, Ideale und Normen gleichermaßen, sozusagen kompromißhaft, eingehen. Daß man sich auf dieser Ebene bewegt, erkennt man häufig an der Verwendung des Kollektivsingulars, an der Rede von der »Familie«, so, als wäre hier etwas angesprochen, was eine verbindliche und konsensfähige Zielvorgabe ist.[6]

Geschlechterrolle

Was sich unübersehbar, und von manchen als unumkehrbar beschrieben, verändert hat, ist der weibliche Lebenszusammenhang. Frauen sind aus dem »Dasein für andere« in einen eigenen Lebenszweck hinein entlassen, wie BECK-GERNSHEIM (1988) griffig formuliert – und das ist ein Prozeß, der sich auch auf der Ebene der Ideale, der Ansprüche und Bilder abspielt. Sozialstrukturelle Faktoren wie die Verlängerung der Lebenserwartung, die Umstrukturierung der Hausarbeit, die empfängnisverhütenden Mittel haben ihren Einfluß; andere Momente sind weitaus bedeutsamer. Zum ursprünglich bürgerlichen familialen Leitbild des weiblichen Lebenszusammenhangs gehörte die patriarchalische Binnenstruktur, vor allem aber die Sentimentalisierung der Binnenbeziehungen mit dem emotionalen Mutter-Kind-Verhältnis im Zentrum und deshalb auch die mütterliche Aufgabe der Kindererziehung bei gleichzeitiger Organisation von außerfamilialen Lern- und Bildungsprozessen der Kinder. Solche Ungleichverhältnisse brachen sich mit den egalitären Tendenzen, die dem bürgerlichen Ideal ebenfalls eignen und die eine Ungleichstellung von Geburt an nicht dulden. Den Konflikt im familialen Leitbild formuliert RERRICH so: »Je stärker andere ständische Bestimmungen des Menschen an individuell-lebensgestaltender Bedeutung verloren,

6 ROSENBAUM (1982) hat den historischen Prozeß der Durchsetzung des einheitlichen Familienideals als eines bürgerlichen analysiert.

desto deutlicher zeigte sich die determinierende Kraft der Geschlechtsstände.« (1988, S. 43). Das in der Geschlechterspannung enthaltene Konfliktpotential rückt die Ungleichverteilung an Einfluß, Chancen und Macht den Personen ins Bewußtsein. »Das heißt paradoxerweise, daß die Spannung in der traditionellen Familie in dem Umfang zunehmen mußte, in dem sich die Biographien und Alltagserfahrungen von Frauen und Männern außerhalb der Familie angleichen. Denn je stärker Beschränkungen und Vorgaben qua Geschlecht außerhalb der Familie wegschmolzen – im Bildungsbereich, im Recht, in der Sexualmoral, um nur einige Beispiele zu nennen –, desto stärker mußten die traditionellen ›angeborenen‹ Bestimmungen von Mann und Frau in der Familie in Bedrängnis geraten.« (RERRICH, S. 45). Anders und zugespitzter gesagt: die Zunahme der Intimitätsansprüche hat Wertorientierungen egalitären Charakters zur Folge; sie haben eine doppelte Tendenz: werden sie in der Form des sexistischen Egoismus ausgelebt, sprengen sie das Gehäuse der Beständigkeit, das die Familie als Ort der Geborgenheit bildete, in dessen Zentrum das auf *Liebe* basierende Verhältnis der Gatten zueinander stand; verstärken egalitäre Wertorientierungen hingegen die Einsicht in illegitime eheliche Ungleichverhältnisse, sprengen sie die *Institution* Familie, soweit diese auf *verrechtlichten Ungleichheiten* zwischen Mann und Frau basierte (Vgl. HONIG 1986, BUCHHOLZ 1990).

Eben dieser Konflikt der Wertorientierungen ist wahrscheinlich zentrales Movens der Frauenbewegung der letzten Jahre gewesen. Man könnte kurz sagen: Standardisierung und Annäherung zwischen Männer- und Frauenbiographien außerhalb der Familie und Individualisierung – mit dem doppelten Aspekt der Isolierung und Personalisierung – innerhalb.[7]

Wie wenig hier – auf der Ebene der »Bilder« – die Unterscheidung zwischen »realer« Veränderung und Veränderung der »Denkmodelle« greift, wie sehr der öffentliche durch die sozialen Bewegungen initiierte Diskurs selbst Teil der Realität ist, zeigt der amerikanische Familiensoziologe WILLIAM J. GOODE (1981) in

7 BAHRDT (1983) hat in einer schönen sprachlichen Wendung davon gesprochen, daß die Familie »ent-rollt« werde.

seinem »Why Men Resist« betitelten Beitrag, der auf die Haltung der Männer gegenüber feministisch begründeten Forderungen in diesem Zusammenhang eingeht.

GOODE nennt sofort emotionale, die neben gewissen ökonomischen Gründen den Widerstand der Männer gegen Veränderungen motivieren. Auch bei ihm wird die Geschlechter-Rolle in der Familie durch die Beteiligung an der Kindererziehung, die familiale Arbeitsteilung, durch kulturelle Definitionen und sozialen Druck beschrieben. Emotionale Gründe sind für GOODE jedoch keine Veranlassung, dieses Thema dem Psychologen allein zu überlassen; er fragt vielmehr, *ob die Männer eigentlich die John-Wayne-Typen des Stereotyps* sind, als welche sie in manchen Aspekten des Diskurses erscheinen? Und er antwortet ganz soziologisch, daß sie auch dann, wenn sie nicht diese »Typen« sind, Mitglieder ihrer Gruppe, der der Männer, bleiben. Innerhalb der sozialen Struktur können sie deshalb »rewarding positions« einnehmen und das bedeutet konkret, daß sie weibliche Optionen begrenzen können. Und auf die Frage, warum das so ist, antwortet GOODE: *weil Frauen als Rollen und nicht als Individuen wahrgenommen werden.* Diese soziologische Antwort, die nicht nur einer Soziologie des Geschlechterverhältnisses, sondern tiefer gehend einer Soziologie der Gefühle (GERHARDS 1988) Stoff anbietet, erklärt nach GOODE, weshalb es den Männern so schwer fällt, die FREUDsche Frage (»Was will das Weib?«) zu beantworten. Denn Männlichkeit und Weiblichkeit sind kulturelle Stereotypien, die durch Gruppenkohäsion gestützt werden; das soziologische Problem entsteht dort, wo nicht diese Gruppen zusammen leben, sondern ein konkreter Mann und eine konkrete Frau – von der relevanten Bezugsgruppe in der Familie getrennt. Und in diesem Antagonismus zwischen stereotypen-bildender Geschlechter-Gruppenzugehörigkeit und gelebter Verbindung zur eigenen Familie sieht GOODE den Ursprung so vieler männlicher Widerstände gegen den Feminismus. Denn auch hier, so formuliert er das Paradox prägnant, verlieren Männer ihre Zentralität in dem Moment, in dem Frauen nicht mehr länger das Zentrum einer nur männlichen Aufmerksamkeit sein wollen. Dann sind Männer – die nach GOODE in ihrer großen Mehrzahl doch einigermaßen verantwortlich für ihre Familien sorgen – doppelt isoliert: sowohl von ihren Frauen als auch von der Bezugsgruppe der Männer.

Die Manifestation dieses Antagonismus, die harte Kollision der Bilder mit den Alltags-Realitäten und die aufbrechenden Konflikte des egalitären Ideals sind nach Auffassung vieler Autoren verantwortlich für die Zahl der Scheidungen, in welcher manche ein rasantes Krisensymptom erblicken.

Neue Verhaltensmuster

Die rasante und leidvolle Ambivalenz der Freisetzungsprozesse findet sich in der bloßen Mitteilung steigender Scheidungsziffern kaum wieder; ich möchte das Aufkommen von drei neuen Verhaltensmustern beschreiben: das Muster der *sukzessiven Ehen*, die Veränderung des *generativen Verhaltens* und *Kinderlosigkeit als Konfliktlösung*.

Sukzessive Ehen

Die Zunahme der Scheidungsquoten veranlaßt den aus der amerikanischen Forschungsgruppe um ANDREW CHERLIN stammenden Forscher FRANK FURSTENBERG die ironische Vermutung auszusprechen, daß in den USA die Scheidung selbst schon wieder »institutionalisiert« sei. Wenn man manchen Berichten glauben darf, werden in den USA auch Scheidungen wie Hochzeiten durch Feten gefeiert. Die Verschiebungen in den Liebeskonzeptionen (SWIDLER 1981, ADAMS 1981, LUHMANN 1982, SCHOTTLÄNDER 1958, MONEY 1981, DELIS u. CASSANDRA 1990, GOLDNER et al. 1990, ARIÈS 1984, MAHLMANN 1992, AVERILL 1985) führen zu einer verstärkten Selbstbeobachtung der beteiligten Partner in den Beziehungen[8] und verstärken die Tendenz, an einer Ehe, die als unbefriedigend erfahren wird, nicht länger festzuhalten. Scheidung bekommt auf diesem Hintergrund eine soziologische Bedeutung, und FURSTENBERG schreibt, ganz im Sinne des beschrie-

8 Kaum wird diese zur Selbst-Inquisition gesteigerte Selbstbeobachtung deutlicher als in den Filmen von WOODY ALLEN (beispielsweise in »Ehemänner und Ehefrauen«).

benen Paradoxons von der Gleichzeitigkeit von Devianz und Konformismus: »In diesem Licht betrachtet kann die Scheidung als intrinsischer Teil eines kulturellen Systems angesehen werden, das individuelle Entscheidungsfreiheit und emotionale Belohnungen hochschätzt. Die Scheidung ist ein sozialer Mechanismus zur Förderung der Konformität gegenüber diesem Ideal.« (FURSTENBERG 1988, S. 76). Hier findet sich erneut der Bezug zur Individualisierung und es bestätigt sich, wie notwendig es für eine angemessene Betrachtung der Ambivalenz dieser Prozesse ist, die genannten Aspekte der Individualisierung zu unterscheiden.

Scheidung und Wiederveiratung haben Konsequenzen: Es kommt – erstens – zu einer Trennung zwischen biologischer und sozialer Elternschaft; die Ex-Ehepartner stehen – zweitens – unter dem Zwang, bei der Kinderbetreuung zu kollaborieren und Zeitbudgets zu harmonisieren; es wird – drittens – ein System des rotierenden Kinderaustauschs produziert mit der Folge paralleler Elternschaften; viertens bietet sich die Figur der »Stiefmutter« bzw. des »Stiefvaters« Menschen als Teil einer neuen Identitätsdefinition an, die darauf nicht unbedingt vorbereitet sein können. Das Verwandtschaftssystem für Kinder erweitert sich – fünftens – exponentiell auf der Basis der Zahl 2 – und sie sind, wie die langfristigen Untersuchungen von WALLERSTEIN (1988) mittlerweile eindeutig belegt haben, auch noch nach Jahren die Leidtragenden. Hier dürfte die Frage nach den psychischen Kosten am leichtesten zu beantworten sein.

Wenig untersucht ist bislang, daß das Muster der sukzessiven Ehen – sechstens – eine Veränderung des erweiterten Verwandtschaftssystem mit sich bringt: es dehnt sich aus und verringert sich zugleich. Kinder haben unter Umständen 6 Großeltern oder sogar 8, aber keinen Vater oder keine Geschwister.

Großeltern müssen beispielsweise entscheiden, ob sie ihr Erbe dem leiblichen Enkelkind, das sie vielleicht zwei oder drei Jahrzehnte nicht mehr gesehen haben, vermachen oder dem sozialen Enkel, der sie in den letzten zwei oder drei Jahren gepflegt hat, der aber aus der zweiten Ehe des eigenen Kindes stammt, jedoch nicht von diesem, sondern aus der ersten Ehe des zweiten Ehepartners des Kindes mitgebracht wurde.

Das ist kompliziert – und bislang wurden mit solchen Entscheidungen die Grenzen des Verwandtschaftssystem markiert. Das wird schwieriger. CHERLIN und FURSTENBERG (1986) sprechen darüber hinaus die Vermutung aus, daß das Muster der sukzessiven Ehen – siebtens – zu einer Umschichtung im gesamten amerikanischen Verwandtschaftssystem geführt habe: es beginne immer mehr, wenn auch noch nicht extrem, der Matrilinearität der schwarzamerikanischen Subkultur zu gleichen; das Muster der sukzessiven Ehe wird in Etappen von der Ein-Eltern-Familie unterbrochen und das ist mehrheitlich die Mutter mit den Kindern. Sie hält das Verwandtschaftssystem zentral zusammen. Möglicherweise deutet sich hier eine Entwicklung an, die eine andere Vollendung der bürgerlichen Leitwerte nach sich zieht: die Auffassung von verwandtschaftlichen Beziehungen als Gütern, mit denen frei disponiert werden kann.

MARTINE SEGALEN (1990) unterschätzt meines Erachtens die Auswirkungen dieses neuen Verhaltensmusters, wenn sie schreibt: »Die Scheidung schafft keine tatsächlich neue Situation.« (S. 182). Das begründet sie damit, daß früher auch wieder geheiratet wurde, wenn z.B. ein Ehepartner starb. »Der Unterschied zwischen der früheren und der heutigen Situation besteht darin, daß erstere hingenommen werden mußte, während letztere gewollt ist. Die daraus resultierenden Folgen sind weitestgehend identisch: Wiederverheiratung, Kinder aus mehreren Ehen, deren psychisches Gleichgewicht schwer zu wahren ist – ganz zu schweigen von materiellen Interessen.« So sicher ist sie ihrer Behauptung allerdings nicht, denn sie fügt an: »Die heutige demographische Lage verändert jedoch den Kontext der Scheidung.« (S. 183).

Es sind nicht nur die demographischen Veränderungen, die nach LÜSCHER (1988) kaum überschätzt werden können, es sind die Veränderungen im Verwandtschaftssystem und schließlich der Unterschied zwischen der Hinnahme einer Trennung durch Tod und dem Wollen eines Abschieds durch Scheidung; diese drei erlauben es, das Muster der sukzessiven Ehen als »neu« zu qualifizieren, besonders dann, wenn die Ebene subjektiver Interpretation berücksichtigt wird. Kinder aus Scheidungsehen heiraten seltener bzw. haben eher unglückliche Beziehungen, wie wir aus WALLERSTEINS (1988) Untersuchungen sicher wissen. Bei ihnen zerbricht durch die Scheidungserfahrung ein stabilisierendes psychisches Ideal – das der elterlichen Einheit – und das ist ein gravierender sozioemotionaler Unterschied zu früher.

Generatives Verhalten

Eine neuere Untersuchung von THOMAS KLEIN (1990) verknüpft den Wandel im generativen Verhalten – vor allem die Abnahme der Kinderzahlen – mit der These INGLEHARTS (1977)[9] über den Wandel von materialistischen Pflicht- und Akzeptanzwerten zu »postmaterialistischen« Selbstentfaltungswerten. Diese These lasse vermuten, daß sich der Wertewandel über den Generationenwechsel durchsetze.

KLEIN untersucht das durch eine sekundäre Auswertung des sozioökonomischen panels mit ereignisstatistischen Methoden, wobei dem »Ereignis« der Ankunft eines ersten und eines zweiten Kindes eine besondere Bedeutung zugemessen wird. Die Zunahme postmaterialistischer Wertorientierungen bei *allen* Frauen führt bei den nach 1930 Geborenen zu einer geringeren Neigung zu einer ersten Mutterschaft. Die Orientierung an Werten der Selbstentfaltung hat bei allen Kohorten eine einheitliche Wirkung: sie schiebt die Familiengründung auf; ist allerdings ein erstes Kind geboren, hat diese Wertorientierung auf die Geburt eines zweiten Kindes keinen Einfluß mehr. Die Selbstentfaltung ist – was der allgemeinen Erfahrung entspricht – durch ein weiteres Kind weniger beeinträchtigt. Erst bei den nach 1950 Geborenen kommt es zu einem generellen Aufschub der Familiengründung. Der Rückgang der Fruchtbarkeitsraten wird durch diese Untersuchung in Verbindung mit subjektiven Motivierungen gebracht.

---

9 Kritisch zu dieser These BAETHGE et al. (1988), BAETHGE (1990) und THOME (1990). Die Kritik dieser Autoren an INGLEHARTS griffiger These ist methodisch stichhaltig und inhaltlich, nämlich psychologisch, überzeugend. THOME stellt besonders die MASLOWsche Bedürfnishierarchie, auf der INGLEHARTS These basiert, zu Recht in Frage. Bezieht man die These vom Wandel zu den »postmaterialistischen« Werten jedoch mehr auf den öffentlichen Diskurs (von dem sie meines Erachtens ein etwas modischer Teil ist), gewinnt sie etwas an Plausibilität. Und in diesem Sinne beziehe ich mich auf sie.

Kinderlosigkeit als Konfliktlösung

Eine qualitative Studie von Rosemarie Nave-Herz (1988) erhellt eine andere Dimension der hier interessierenden neuen Verhaltensmuster. Sie interessiert sich für kinderlose Ehen und fragt, ob die Kinderlosigkeit auf einer rationalen Entscheidung beruht – was der Modernisierungsthese entspräche – oder auf einer Zunahme psychosomatisch und/oder medizinisch bedingter Kinderlosigkeit; diese wäre einer Entscheidung verschlossen. Auch Nave-Herz stellt eine Zunahme der kinderlosen Ehen fest und schätzt sie auf rund 20% aller Ehen.

Sie hat 30 kinderlose Paare, die jeweils 1950, 1970 und 1980 geheiratet haben, mit narrativen Interviews befragt und kommt zu folgenden Ergebnissen: Alle Paare aus dem Jahr 1950 blieben aus medizinischen Gründen kinderlos, was für die des Jahres 1970 nur noch zur Hälfte gilt, während die Paare des Jahres 1980 angaben, sich für eine temporäre Kinderlosigkeit *entschieden* zu haben.

Eine qualitative Analyse der Deutungsmuster ergab das folgende differenzierte Bild: die meisten Frauen der Kohorten von 1970 und 1980 sind hinsichtlich ihrer Berufsorientierung einheitlich: sie wollen einen Beruf abschliessen, sich beruflich engagieren oder aufsteigen. Die Konzeption ihrer Mutter-Rolle hingegen ist sehr unterschiedlich und ließ sich in drei Kategorien fassen: eine traditionelle Akzeptanz stand einer gänzlichen Nicht-Akzeptanz der Mutter-Rolle gegenüber und in der Mitte zwischen diesen Extremen fand sich eine veränderte Rollenbeschreibung. Temporäre Kinderlosigkeit basierte nun auf dem Konflikt zwischen starker Berufsorientierung bei gleichzeitiger traditioneller Mutter-Rollen-Akzeptanz, und Nave-Herz zögert nicht, diese Wertorientierungen als »antagonistisch« zu kennzeichnen. Kinderlosigkeit wird hier als subjektive Folge der Verarbeitung einer modernen Konfliktlage aufgefaßt, sie ist eine Konfliktlösungsstrategie bei divergenten Wertorientierungen und sucht psychische und soziale Kosten zu minimieren. Diese Untersuchung ist ein Beispiel für das Aufgreifen der Rousselschen Anregung; sie greift subjektive Interpretationen auf und macht die Veränderung von Entscheidungen im historischen Längsschnitt transparent. Subjektive Entscheidungen spielen bei diesem neuen Verhaltensmuster eine weitaus größere Rolle als in früheren Jahren.

Die Psychologisierung des Diskurses

Nachdem ich die Modernisierung der Familie auf der Ebene des Alltags, der »Bilder« und neuer Verhaltensmuster beschrieben habe, muß hier bemerkt werden, daß es zu einer Psychologisierung des Diskurses kommt, wie auch BECK-GERNSHEIM (1992) feststellt.[10] Die Autorin läßt offen, ob die für die Selbstthematisierung der »Zweierbeziehung« verwendeten Sprachschablonen größere Autonomie zur Folge haben oder eher kommunikative Blockaden aufbauen. Intimität, die sich nicht mehr individuell, sondern nur noch in der Form des Zitats ausdrücken kann, dünnt sich aus.[11] Aber auch BECK-GERNSHEIM spricht von der »Zweierbeziehung« wie schon WILLI (1975) mit seinem Bestseller – der hier ins Auge genommene Wandel bildet sich in dieser Semantik ab: nicht von Ehe ist die Rede. Ehe ist die historisch wie sozial variable, institutionelle Form, während die Rede von »Zweierbeziehung« gerade eine Abkopplung von sozialen Momenten impliziert. Dieser Diskurs schneidet sozusagen das Moment der »Personalisierung« aus dem Gesamtzusammenhang heraus.

Soziale Variablen sind nicht mehr unabhängige Einflußgrößen, die individuelles Verhalten oder das von Populationen kausal oder stochastisch determinieren; vielmehr wird mit der Psychologisie-

10 BERGER (1965) hat diesen Zusammenhang zwischen öffentlichem Diskurs und dem, was die Menschen als »psychische Realität« dann bei sich vorfinden, zu diskutieren begonnen und spricht von Soziologie und Psychologie als Disziplinen »kollektiver Introspektion« (S. 29); SEELEY (1967) radikalisiert diesen Zugang unter dem programmatischen Titel einer »Amerikanisierung« des Unbewußten. Auf RIEFFS Studie (1966) möchte ich hier nur verweisen; er fragte (S. 5): »How are we to be saved?«.

11 Vgl. dazu die Beiträge in dem von mir herausgegebenen Band »Intimität« (BUCHHOLZ 1989).

rung des Diskurses über Ehe, Familie und Scheidung der Tatsache Rechnung getragen, daß Familienmitglieder als Personen subjektive Interpretationen ihrer Lagen vornehmen und gemäß solcher Deutungsmuster handeln. Dies ist nicht nur in der »subjektorientierten« Soziologie (BOLTE 1983, BÖSEL 1980) so, sondern im Diskurs der Beteiligten selbst. Ich nenne dafür zwei Beispiele:

In der älteren Untersuchung von GOODE (1956) werden von 425 Frauen aus Detroit »schwerwiegende« Gründe für die Scheidung genannt, etwa die unzureichende Ausstattung mit Haushaltsgeld oder der Alkoholismus der Ehemänner. In einer Nachuntersuchung von CHIRIBOGA et al. (1979) an einer vergleichbaren Gruppe von Frauen aus Cleveland fand man eher »psychologische« Scheidungsgründe: Unzufriedenheit mit der ehelichen Beziehung und Interaktion und vor allem mit dem jeweiligen Geschlechtsrollenstereotyp des Partners. Wohlgemerkt: diese Formulierungen sind nicht die Formulierungen der Forscher, sondern der Betroffenen selbst! Es findet eine Psychologisierung des Scheidungs-Diskurses statt.

Ein zweites Beispiel: SCHELSKY hatte in seiner großen Strukturanalyse der Nachkriegsfamilie (1955) davon gesprochen, daß es trotz großer materieller Notlagen in einer Welt von Verlusten zu einer »Entinnerlichung« des Familienlebens im Vergleich zur Vorkriegszeit gekommen sei; man entwickelte ein eher instrumentelles Verhältnis zur Familie, heiratete etwa zu Zeiten der administrativen Wohnraumbewirtschaftung aus Gründen der Wohnraumbeschaffung. Die praktische Solidarität spielte in einer Zeit notwendiger gegenseitiger Hilfe eine größere Rolle als die emotionalen Bindungen aneinander.[12]

---

12 Ich brauche nicht zu betonen, daß die konservativen Befürchtungen, die auch SCHELSKY etwa hinsichtlich sexueller Permissivität immer wieder ausgesprochen hat, sich nicht bestätigt haben; die Konservativen waren in ihren angstvollen Utopien immer viel weiter als die Wirklichkeit: so viel Freiheit, wie sie fürchteten, gab es nicht. Dennoch lohnt es sich, diese Autoren zu studieren, weil sie mit ihren Schriften Familienpolitik zu machen versucht haben, und von heute aus können sie mit informativem Gewinn »gegen den Strich« gelesen werden.

Psychologisierung des Diskurses, Verinnerlichung also, hingegen heute in den öffentlichen Medien. Ich sehe die Psychologisierung neben der Destandardisierung, der Isolierung und Personalisierung als einen *vierten Aspekt der Individualisierung* und möchte nun der Frage einer möglichen soziologischen Erklärung dieses Momentes der Modernisierung nachgehen.

Einige Entwicklungen in der Familiensoziologie

In PARSONS' Tradition (PARSONS u. BALES 1955) erfüllt die Familie die Funktion der Integration des sozialen Systems. Die Alterskomposition der Familie und ihre Größe erzeugt Rollen-Positionen, die sich nach Alter und Verwandtschaft differenzieren. Der familiale Wandel vollzieht sich im Rollen-Inhalt und durch die Entwicklungsaufgaben. In späteren Stress-Theorien (HILL u. MCCUBBIN) werden familiale Probleme als erfolglose Anpassung durch Stress gedeutet. Die Familie tritt dabei auf als soziales System, das Grenzen hat und sich durch Adaptation im Gleichgewicht zu halten sucht; sie ist zugleich eine soziale Struktur mit Rollen-Normen und Zielorientierungen. Störungen, und darauf möchte ich hier hinaus, werden interpretiert als Blockierungen einer als *natürlich* unterstellten Entwicklung. (Vgl. FALICOV 1988)

Eben diese Argumentation mit der »Natürlichkeit« verliert angesichts der Pluralisierung von familialen Lebensformen ihre Fundierung. EICKELPASCHs frühe Studie (1974) hat dies als den Ethnozentrismus gängiger Familientheorien nachgewiesen; die Familie hat keine universellen und somit keine »natürlichen« Dimensionen.

Einige Familiensoziologen haben den familialen Wandel deshalb anders zu fassen versucht. BURGESS u. LOCKE (1953) hielten ihn in ihrem Titel fest: »From Institution to Companionship« und YOUNG u. WILLMOTT (1973) postulierten einen Wandel hin zur familialen Symmetrie. Das bezieht sich bei ihnen vor allem auf das Geschlechterverhältnis, aber auch auf eine Dimension, die makrosoziologisch von Bedeutung ist. Sie vertreten die Auffassung, »that many social changes start at the top and work downwards.« (1973, S. 33) Gemeint ist damit, daß soziale Veränderungen sich an einigen Stellen schon zeigen können, während sie an anderen noch gar nicht bemerkt werden. Es gibt ihrer These zufolge eine *Asynchronie der Modernisierung* und diese scheint besonders jene zu betreffen, die mit nicht-standardisierten Lebensformen experimentieren. Deshalb können Konflikte zwischen Beruf und Mutterrolle als divergente Wertorientierungen bei jenen am deutlichsten untersucht werden, die diese Konflikte austragen. Der moderne Formwandel der Familie läßt sich bei den experimentellen »Familien« wahrscheinlich am prägnantesten sehen.

In diesen Zusammenhang gehört die Psychologisierung des Diskurses. Er ist eine Reaktion auf die Notwendigkeit der Flexibilisierung von Handlungsstrategien und des Offenlassens von Entscheidungen: weil Ziele in »doppelter Kontingenz« von Anderen (Lebenspartnern) abhängen, die ihrerseits nicht auf sicheren Grundlagen entscheiden können; weil angesichts konfligierender persönlicher Ziele – etwa Kinderwunsch und beruflicher Aufstieg – nur in Ungewißheit entschieden werden kann; weil die Folgen von Handlungen noch nicht sicher und langfristig abgesehen werden können. Aus all diesen Gründen bietet die Psychologisierung eine Entlastung durch Orientierung. In solchen Unsicherheiten zu entscheiden, welche Ressourcen für welche Ziele mobilisiert werden müßen, ist hochgradig riskant und verlangt ständig eine jonglierende Art kognitiver Vorausberechnungen mit unbekannten Variablen. Von solchen kognitiven und, weil unzumutbar, dann auch emotionalen Strapazen nun kann man sich durch die Psychologisierung des Diskurses entlasten, die dann als »Komplexitätsreduktion« aufgefaßt werden muß. Diese Deutung – im Anschluß an LUHMANN – unterstellt gerade nicht, daß die Personen sich permanent über ihre Lage durch Legitimationsformeln täuschen; sie impliziert vielmehr – im Gegensatz zu LUHMANN[13] –

---

13 LUHMANN stellt in seinen verschiedenen Schriften ziemlich genaue Beobachtungen zur modernen Situation an und seine Analysen sind äußerst scharfsinnig. Aber ihm eignet eine unverwechselbare Tendenz, jedem Problem eine konservative Wendung zu geben. Wenn er – um nur ein Beispiel zu nennen – in seiner Schrift »Soziale Systeme« (1984) das psychische vom sozialen System durch wechselseitige Gedie provokante Frage, warum Selbstverwirklichung nur als psychologisch-emotionale, nicht auch als soziale oder kulturelle anvisiert wird. »Psychologisierung« in diesem Sinne wäre mit BECKs These vereinbar, daß die Familie Austragungsort, nicht jedoch Ursprung von Konflikten ist. Die Probleme erscheinen nur als »Beziehungskisten«, ihr Kern ist jedoch struktureller Art. Psychologisierung akzentuiert an der modernen Individualisierung lediglich das Moment der Personalisierung, das heißt der individuellen Freisetzung und des Gewinns von Entscheidungs- und Handlungsspielräumen. Die Kosten – der Verlust des Kulturellen und des Sozialen – werden in diesem Diskurs nicht genannt.

Schlußfolgerungen

Ich habe zunächst die Modernisierung der Familie als Pluralisierung von Familienformen beschrieben. Pluralisierung bedeutete dann auch – im Anschluß an BECK (1986) – Individualisierung, die ich in weitere Aspekte differenziert habe. Konkret konnten Modernisierungen dann auf der Ebene des *Alltags*, der *Bilder* und *neuer Verhaltensmuster* beschrieben werden. Schließlich wurde ein weiterer Aspekt, die *Psychologisierung*, beschrieben und eine soziologische Deutung dieses Aspektes versucht. Hier möchte ich zum Schluß einige Andeutungen machen, die die familiensoziologische Forschung anregen könnten.

---

schlossenheit voneinander abtrennt, macht er sich zugleich (etwa in: 1986) über das »Selbstverwirklichungspathos« und die Betroffenheitslyrik – mit Recht lustig. Aber: Wer eben diese Abtrennung vornimmt, kann den Menschen dann nur noch den Weg eben dieser psychologisierenden Selbstverwirklichung lassen, denn die Gesellschaft, in der sie leben, besteht ja – wie Luhmann immer wieder betont – nicht aus Personen, sondern aus Kommunikationen. In der Gesellschaft – im Medium des Sozialen, des Politischen und des Kulturellen – schließt seine Theorie gerade das aus, was sie andererseits fordert. »Verwirklichung« als kulturelles, politisches oder soziales Moment ist dann nicht mehr denkbar. So gesehen ist LUHMANNs Theorie das Negativ seiner eigenen Gegenwartsdiagnose.

Die »Entrollung« (BAHRDT) im Geschlechterverhältnis zu einer Symmetrie[14] (YOUNG u. WILLMOTT, 1973), das Verhaltensmuster der sukzessiven Ehen mit der Folge des rotierenden Kindertauschsystems, die Veränderungen in der Exclusivität des Verwandtschaftssystems, kurz: die Enttraditionalisierung im allgemeinen fordert nicht nur ein enormes innovatives Potential heraus. Es sind Veränderungen im Modernisierungsprozeß, die die Beziehungen der Familienmitglieder von institutionellen auf *konsensuale* Momente umstellen, und zwar in interaktiver, emotionaler und praktischer Hinsicht. Diese konsensualen Momente machen aus modernen Familien ein Beziehungsgefüge mit egalitärer Tendenz, aber deshalb sind sie auch zentral von einem immer möglichen Zerfall des gegenseitigen Einverständnisses bedroht. Wenn unverheiratete Paare mit Kindern sich trennen und nicht von juristischen Vorgaben Gebrauch machen wollen, müßen sie sich noch im Dissens der Trennung auf einen Konsens einlaßen. Fragen, die sich deshalb stellen, sind: Wie eigentlich lösen solche Beziehungskonfigurationen den Konflikt zwischen der Dauer der Liebe und ihrer Lust? Wie läßt sich ein kontinuierlicher Zeithorizont für die Kinder gewinnen, der deren Sozialisation sichert?

Hier zeigt sich die Notwendigkeit einer interpretativen Perspektive auch schon in der soziologischen Fragestellung; und solche Fragen sollten von der Familientherapie aufgegriffen werden. Gelegentlich erscheint es als schwierig, überhaupt weiter von »Familien« zu sprechen, obwohl ich es hier der Vereinfachung halber getan habe. Die von mir beschriebene Modernisierung läßt sich am ehesten als Wandel einer Lebensform, als Formwandel der Familie, beschreiben und Familientherapeuten, mit ihren besonderen Zugängen, das heißt Interpretation von subjektiven Interpretationen, könnten gemeinsam mit der Familiensoziologie Gewinne und Kosten dieser Entwicklung studieren.

Im folgenden will ich dazu einige Erkundungen unternehmen; ich untersuche zunächst die Möglichkeiten eines interpretativen

---

14 Untersuchungen wie die von BRÄHLER und FELDER (1991) zeigen, daß sich dieser historische Wandel innerhalb des therapeutischen Dialogs während einer familientherapeutischen Sitzung wieder abbildet.

Paradigmas in der Familientherapie und stelle dabei auf Institutionalisierungsmuster, auf die Ebene der Bilder sowie auf triadische Konfigurationen ab. Daran anschließend will ich an einem Beispiel der von mir so genannten »Anti-Familie-Familien« zeigen, wie der beschriebene Wandel sich bis in die textuelle Struktur des therapeutischen Dialogs verfolgen läßt. Schließlich werde ich in extenso die Triadentheorie der Familie entwickeln und das Buch mit einer Untersuchung der Schnittstelle zwischen zwei Institutionen, der der Familie und der Helferinstitution, beschließen. Das wird immer wichtiger. Familientherapeuten arbeiten seit den bahnbrechenden Erfahrungen von SELVINI-PALAZZOLI et al (1977) mit dem sogenannten »Zweikammer-Modell«: Sie beobachten den therapeutischen Beobachter durch Einwegscheibe oder mit Hilfe der Video-Technik. Die hierbei realisierte Beobachterbeobachtung kompensiert, daß ein einfaches, nämlich moralisch fragloses Verstehen »in der Sache« im familientherapeutischen Dialog nicht mehr geht; die Anwendung des Zweikammermodells in der familientherapeutischen Praxis ist behandlungstechnische Reaktion auf die multiple Ausdifferenzierung familialer Lebenswelten, auf die mit einer multiplen Beobachtervielzahl geantwortet wird. An die Stelle normativ unbefragter Vereinheitlichung dessen, was in Familien »richtig« ist, tritt die moralische Distanz der Beobachtungen zweiter Ordnung. Das erzeugt Differenz und bewahrt jedes System vor dem drohenden Identitätsverlust, der mit völliger Kongruenz der Beobachterperspektiven einträte, entlastet jedoch nicht von vielfältigen Interpretationsaufgaben, deren Möglichkeiten hier nun sondiert werden sollen. Ohne Verstehen kann familientherapeutisch nicht operiert, ohne Verstehen des Verstehens kann die klinische Theorie nicht entwickelt werden.

Zwischen Systemtheorie und Hermeneutik

»Zu Beginn jeder ernsthaften Untersuchung dieser Fragen sollten wir uns also eine möglichst vollständige Liste der unterschiedlichen Verwendungen der wichtigsten Wörter anlegen. Es gibt einen wichtigen Grund, warum diese Liste so vollständig wie möglich sein sollte (in vernünftigen Grenzen, versteht sich). In Bereichen wie diesem ist es außerordentlich schwierig, den ›Sinn für Positionen‹ zu bewahren, wie man es vielleicht nennen könnte.«
(C.K. OGDEN u. I.A. RICHARDS 1923/1974, S. 155)

Systemisch / soziologische Therapie-Theorie?

STEINER und REITER (1988) schlagen für die systemtheoretische Prozeßforschung vor, im Anschluß an LUHMANN (1984) ein Forschungsprogramm zu entwickeln, in welchem »Therapie als soziales System, dessen Elemente Kommunikationsakte um das präsentierte Problem sind« (S. 119), aufgefaßt wird. Sie grenzen ein Medikamenten-Modell von einem Konversationsmodell ab; ersteres trennt Diagnose und Therapie und kann mit empirisch-statistischen Verfahren untersucht werden; bei letzterem sind andere Untersuchungsverfahren angemessen; »vor allem hermeneutische« Methoden (S. 118). Zwischen Modelle der Kontrolle oder der Autonomie, zwischen therapeutische »action« oder »nicht-Interventionismus« schiebt sich die Notwendigkeit, das Verstehen zu verstehen, und damit wird Anschluß an hermeneutische Traditionen zu finden versucht.

Es scheint, als konvergiere ein solcher Vorschlag mit der hier angeschnittenen Linie. Subjektive Interpretationen gehören ins Theorieregister desjenigen, der den demographischen Wandel erfassen und beschreiben will, aber solche subjektiven Auslegungen und wie sie ihrerseits ausgelegt werden können, drängen sich auch der klinischen Praxis zunehmend auf. Manche der Psychoanalyse nahestehenden Autoren wie CLEMENZ (1986) haben immer wieder darauf hingewiesen, daß auch die systemtherapeutische Praxis das Verstehen weder hinter- noch umgehen kann. Die Frage allerdings: »Wie verstehen?« ist ziemlich ungeklärt und wird Diskussionen erfordern, die sich »zwischen Hermeneutik und Systemtheorie« bewegen müssen.

Kein Zweifel: ein solches Programm, wie von STEINER und REITER (1988) skizziert, hat eine beträchtliche Attraktivität; praktische Erfordernisse fallen mit den beschriebenen bei der Ermittlung des sozialen Wandels zusammen. Der Vorschlag läßt sich überdies mit kritischen Gesichtspunkten von REISS (1987) am familientherapeutischen Diskurs verbinden.

a) Er kritisierte die Orientierung der Familientherapieforschung an Modellen wie allgemeine Systemtheorie, mathematische Gruppentheorie und Theorie der logischen Typen; *deren allgemeiner und abstrakter Charakter lasse zuwenig (familien-)spezifische Hypothesen zu.*
   Gerade der Orientierung an solchen, aus anderen Wissenschaften importierten Modellen entgeht der spezifische Charakter der Familie und ihres Wandels; REISS hält dem die an der klinischen Erfahrung ausgerichtete Theoriebildung FREUDS entgegen, die zu Prototypen des psychoanalytischen Prozesses, des Unbewußten und anderer Themen in Form elaborierter Fallgeschichten gedieh. Solche Mustervorlagen dessen, was »Familie« ist, fehlen weitgehend im familientherapeutischen Diskurs.
b) Die Zentrierung der *Forschungsaufmerksamkeit* in Fallbeispielen auf die *»action« des Therapeuten, weniger auf die Familie selbst,*[1] sieht REISS ebenso kritisch.
   Der familientherapeutische Diskurs interessierte sich überwiegend dafür, wie Familien verändert werden können, welche Steigerungen an Geschicklichkeit therapeutischer Inter-

1 Als Kontrast nennt er durchaus wohlwollend die Psychoanalyse, die in FREUDS Fällen (»Dora«, »kleiner Hans«, »Rattenmann« etc.) viel über Theorie, relativ wenig jedoch über »Technik« vermittelte.

ventionen möglich sind – aber er verlor dabei seinen Gegenstand aus dem Auge.

c) Reiss kritisierte weiter das geringe Interesse an *Heilungs- und Wandlungsprozessen* in nicht-therapeutischen Kontexten.

Dieser Punkt schließlich ist von nicht zu unterschätzender Bedeutung sowohl in klinischer wie in sozialpolitischer Hinsicht.

Reiss schlägt deshalb ebenfalls vor, die Forschung auf konkrete interaktive Austauschprozesse zu zentrieren, das heißt auf »Interaktion« (*in* der Familie, aber auch *zwischen* Familie und Helfersystem) und »Konversation«. Dieses Interesse träfe darüber hinaus mit vergleichbaren Bemühungen in der Psychoanalyse (Thomä u. Kächele 1985, Flader et al. 1982, Buchholz 1992 und 1993), den therapeutischen Prozeß als »Interaktion«, jenseits der oft defensiv gebrauchten Begriffsakrobatik von »Besetzungsverschiebungen« und ähnlichem zu interpretieren. Therapeutische Schulen müßten sich demnach auch durch verschiedene »Diskurstypen« (Koerfer u. Neumann 1982) unterscheiden lassen.

Die Besinnung auf die »Konversation«, die auch – im Sinne der Sprechakttheorie (Austin 1962) – »Handlung« und Be-Handlung ist, hat vor allem einen Vorzug: Man sieht deutlich, daß Therapie durch Sprache und Sprechen[2] geschieht. Andere Therapie-Modelle, in denen Therapie als »Instruktion« aufgefaßt wird oder als »Intervention« werden damit gleichsam zurechtgerückt; sie bringen eher eine Phantasie über den therapeutischen Prozeß zum Ausdruck, die man z.B. als »Guerilla-Taktik« bezeichnen könnte: der Therapeut dringt mittels »Intervention« in den undurchdringlichen Dschungel von Interaktionsgeflechten ein und zieht sich schnell wieder zurück. Die andere Phantasie, wonach einer das »Material« liefert, der andere es »deutet« kann als ein »Lieferanten-Modell« bezeichnet werden.

Der Vorschlag, hermeneutische Methoden zur Untersuchung der »Konversation« heranzuziehen, trifft nun allerdings auf bestimmte Schwierigkeiten, die einerseits mit Theorietraditionen zu

---

2 Freud (G.W. XI, S. 9) betont, daß in der Behandlung »nichts anderes vor(geht) als ein Austausch von Worten zwischen dem Analysierten und dem Arzt.« Dessen Formen und Wirkungen finden neuerdings verstärktes Forschungsinteresse.

tun haben, andererseits mit klinischen Intuitionen. Hermeneutik und Systemtheorie sind bislang eher konträre Positionen gewesen; beide erheben »Universalitätsansprüche« (HABERMAS 1971, LUHMANN 1984), allerdings mit unterschiedlichen Zielrichtungen. Zielen hermeneutische Ansätze eher auf die »Offenheit« menschlicher, vor allem sprachlicher Möglichkeiten, so thematisiert die Systemtheorie eher die »operationale Geschlossenheit«. Ein »System« entsteht gerade durch die selektive Festlegung und Fest-Stellung (Komplexitätsreduktion) einer polyphonen Vielzahl von Möglichkeiten (vor allem der »Bedeutungen«). Ganz problemlos also werden sich qualitativ-interpretative Verfahren dem systemtheoretischen Ansatz nicht zuordnen lassen.[3] Zunächst möchte ich deshalb Problemkonfrontationen entwickeln, die sich ergeben, wenn man den therapeutischen Prozeß ausschließlich systemtheoretisch konzipiert; diese Probleme geraten aus einer hermeneutischen Perspektive in den Blick. Dann sollen einige hermeneutische Möglichkeiten der Deutung des therapeutischen Prozesses dargestellt und es soll skizziert werden, wie eine Integration mit systemtheoretischen Sichtweisen möglich wäre.

Ein erstes Problem: Die Stellung des Subjekts

LUHMANN (1984, 1988) trennt biologische, psychische und soziale Systeme voneinander ab; sie bilden füreinander Umwelten. Betrachtet man die Familie als ein soziales System, so sind dessen Elemente »Kommunikationen«, die stets andere Kommunikationen nach sich ziehen. Die System-Umwelt-Differenz kann auf dem Weg des re-entry[4] wieder ins System eingeführt werden. Ausdrücklich betont LUHMANN (1988), die Familie als ein soziales System bestünde »nicht aus Personen« (S. 75), was an frühere Aussagen anschließt: »Wir können damit auch den Subjektbe-

---

3 Allerdings gibt es neuerdings Bemühungen, etwa konversationsanalytische und systemtheoretische Ansätze miteinander zu integrieren (zum Beispiel HAUSENDORF 1992).

4 LUHMANN übernimmt diesen Term aus der nicht-stationären Logik; gemeint ist die Fähigkeit eines Systems, die System-Umwelt-Differenz innerhalb des Systems wieder abzubilden.

griff aufgeben« (1984, S.111; ähnlich S. 51). »Subjekt« wird durch »selbstreferentielles System« ersetzt; allerdings rückt LUHMANN die »Person« auch wieder an eine zentrale Stelle: sie ist es, die die Anschlußfähigkeit an extrafamiliale Umwelten herstellt und das re-entry bewerkstelligt. Sein Begriff der »Person« ist damit zwiespältig: die Person ist Umwelt für das soziale System der Kommunikationen, gewährleistet andererseits den Aufbruch der operationalen Geschlossenheit.[5] »Person« ist leer; sie ist im sozialen System eine »Adresse« für Kommunikationen, gleichsam der Briefkasten, aber wer eigentlich im Haus wohnt, bleibt jenseits des theoretischen Anschlags. Das ist für die Anlehnung eines Forschungsprogramms über therapeutische Prozesse in Familien von großer Tragweite. Aber auch für das Studium konkreter Familien kollidiert ein solcher Ansatz mit der im vorigen Kapitel aufgezeigten Notwendigkeit des Einbezugs der Ebene subjektiver Interpretationen. In klinischer Hinsicht ist eine solche Theorie weit entfernt vom – wie auch immer »naiven« – Selbstverständnis der Klienten, seien es Familien oder Einzelpersonen. Diese verstehen sich als »Personen« immer in einem erfüllten Sinn, das heißt in biographische und narrative Zusammenhänge verstrickt. Therapeutische Prozeßforschung, die sich an ein solches Modell anlehnt, müßte angeben können, wie diese Differenz in der therapeutischen »Konversation« zu überbrücken sein sollte. Mit der Eskamotierung von »Person« und »Subjekt« entledigt sich LUHMANN jedoch der Möglichkeiten, »Person« theoretisch zu verorten. Ohne einen Begriff vom »Subjekt« kann die klinische Intuition durch Forschung nicht erweitert, verfeinert oder angeleitet werden – und das sollte ein Ziel therapeutischer Porzeßforschung bleiben. PFÜTZE (1988) formuliert in diesem Kontext einen radikalen, klinisch bedeutsamen Einwand gegen LUHMANNS Eska-

5 ELLRICH (1992) diskutiert, ob es LUHMANN wirklich gelingt, die egologischen Voraussetzungen der Husserlschen Phänomenologie zu verlassen. Gerade aufgrund wechselseitiger Intransparenz entstehen soziale Systeme aus den Anschluß- und Selektionszwängen von Ego und Alter, für die LUHMANN eine Logik der Abstimmung entwickelt, die das Problem löst und ständig erneuert. Aber da die Abstimmung stets innerhalb der selbstreflexiven Systeme stattfindet, bezweifelt ELLRICH, ob der Subjektbegriff wirklich aufgegeben wird. Vgl. auch meine Auseinandersetzung mit LUHMANN (BUCHHOLZ 1993).

motierung des Subjekts: »Niemand ist schlimmer dran als jemand, den niemand vermißt«. KRIZ (1988) formuliert eine ähnliche Kritik: Kommunikationen machen immer den Umweg über Personen, sie schließen sich nie direkt aneinander an. VARELA (1989, vgl. auch STRAUB 1992) rückt neuerdings subjektiv intendierte »Handlungen« und »life events« gleichberechtigt neben den System-Aspekt; mit der Wiedereinführung von »Intentionen« erhalten subjektive Sinninterpretationen wieder eine aufgewertete Stellung – und genau hier können hermeneutische Verfahren anschließen. Für sie ist Sinn Produkt wie Projekt von (therapeutischer) Interaktion und Konversation.

Nicht ohne Bedeutung ist, daß LUHMANN auch innerhalb der engeren soziologischen Diskussion sich Einwänden ausgesetzt sieht, die seine Eskamotierung des Subjekts angreifen: WAGNER und ZIPPRIAN (1992) zeigen, daß LUHMANN »sich nachweislich selbst bewußtseinsphilosophischer Konstrukte bediente« (S. 401). Sie werden in rhetorischen Formeln nur versteckt, etwa wenn LUHMANN (1985) die Funktionsweise des Bewußtseins so beschreibt, daß ein Gedanke einen anderen beobachtet. Es sind nicht Gedanken, sondern das Subjekt, das beobachtet. Gerade die Festlegung auf das Konzept der Autopoiese bindet LUHMANN gegen seinen Willen an Identität, die aber ist – therapeutisch von größter Bedeutung – systematisch so unterbestimmt wie sein Umweltbegriff (ZOLO 1985). KNEER und NASSEHI (1992) glauben, hermeneutische Positionen systemtheoretisch übernehmen zu können, aber SCHNEIDER (1992) zeigt, daß gerade die therapeutische Zentraloperation, das Verstehen, auf hermeneutische Zugänge nicht verzichten kann: während LUHMANN die binäre Codierung zwischen Verstehen und Mißverstehen als zentrale Unterscheidung sozialer Systeme beschreibt und dabei offen lassen kann, ob *richtig* verstanden wurde, verfehlt diese Gleichgültigkeit die in sozialen Interaktionen notwendige Präferenz für richtiges Verstehen; erst dann können Aussagen Code-Werte (im System der Wissenschaft: wahr/falsch; in der Jurisprudenz: recht/unrecht; in der Kunst: schön/häßlich) zugeordnet werden. Die Hermeneutik in der Nachfolge GADAMERS bindet das Verstehen daran, die *Frage* zu verstehen, auf die eine gegebene Äußerung die Antwort ist. Das Nicht-Gesagte erhält damit analog zur therapeutischen Praxis eine zentrale Stellung als Hintergrund des Gesagten.

Zweites Problem: Soziale oder personale Systeme?

Das zweite Problem leitet sich mittelbar aus dem ersten ab, wenn man die vorstehenden Überlegungen auf die Familie anwendet. Greift man auf HABERMAS' Unterscheidung (1981) von »System« und »Lebenswelt« zurück, wäre die Familie eher der letzteren zuzuordnen; das ist eine phänomenologisch orientierte theoretische Vorentscheidung, die ihre Stützung darin findet, daß von verschiedener Seite neuerdings die modisch gewordene Gleichsetzung von »Familie« und »System« beklagt wird (KRIZ 1988, VARELA 1989). Das spezifisch Familiale an der Familie droht verloren zu gehen, wenn man soziologische Systemtheorien im familientherapeutischen Kontext *direkt* anwendet. TYRELL (1988, S. 213) formuliert als ein »Bedenken« gegen die Anwendung der soziologischen Systemtheorie LUHMANNscher Provenienz in der Familienforschung: »die spezielle Tauglichkeit der Systemtheorien für die Analyse von konstitutiv ›unpersönlichen‹ Organisationen könnte gerade *gegen* deren Tauglichkeit auch für personorientierte familiale Kleingruppen sprechen.«

Die theoretische Entscheidung, die Familie *nur* als ein soziales System zu konzipieren und gerade deren Geschlossenheit herauszustellen, fordert im therapeutischen Feld einen doppelten Preis: Der theoretische Verlust der »Person« zieht den anderen nach sich, daß nicht mehr genau gesagt werden kann, worin sich eine Familie von anderen Organisationen oder Kleingruppen unterscheidet. Zwar hebt LUHMANN (1982) unter modernisierungstheoretischen Aspekten darauf ab, daß die moderne Familie ein System mit Spezialisierung auf emotionale Bedürfnislagen sei; aber wir haben schon gesehen, daß dem allerdings empirisch entgegengehalten werden kann, daß sie nicht mehr das einzige System mit dieser Spezialisierung ist (BECK-GERNSHEIM 1989, NAVE-HERZ 1988). Es gibt mittlerweile familienanaloge Formen des Zusammenlebens, deren Motiv genau diese Spezialisierung ist. Eine solche »Familie« soll später genauer untersucht werden.

Die Angabe dieser Spezialisierung reicht deshalb für die Herausstellung des »Familialen« am Familien-System nicht hin; ich meine, daß ein Rückgriff auf das Institutionalisierungsproblem hier weiter helfen könnte: Familien sind auch Institutionen, das heißt fixierte, aber emergente Relationen (SCHÜLEIN 1987), und es ist ein modernes Problem, wie Personen mit der »Deinstitutionalisierung« (TYRELL 1988) ihrer Beziehungen umgehen: Als Institution ist die Familie nicht mehr die fraglos hingenommene Lebensform, als verbindliches Modell verliert sie an Legitimation, sie hat keine Monopol-Stellung mehr inne; sie anzustreben kann nicht mehr – wie noch in den 60er Jahren – als selbstverständliche Motivation unterstellt werden (Vgl. dazu TYRELL 1988). Die theoretische Schwierigkeit, »Familie« und »System« voneinander abzugrenzen, reflektiert ein charakteristisches modernes Problem, das solange nicht angemessen konzeptualisiert werden kann, wie der soziale Wandel nicht auch als einer der Veränderung von Institutionalisierungsmustern theoretisch mit aufgearbeitet wird (FALICOV 1988). Dann wird unter therapeutischen Gesichtspunkten interessant, wie die Konkurrenz von familialen und nicht-familialen Lebensformen subjektiv verarbeitet wird[6] – das wäre eine weitere Anschlußstelle für hermeneutische Methoden.

Drittes Problem: Interaktion als sprachlicher-normativer und/oder sinnlich-unmittelbarer Vorgang?

Der Einfluß des PARSONSschen Funktionalismus (PARSONS u. BALES 1955) ist auch bei LUHMANN[7] noch deutlich zu spüren. PARSONS differenzierte soziales Handeln in vier wechselseitig verschränkte Systeme: Organismus, Persönlichkeit, soziales und kulturelles System. Die Verbindung zwischen individueller Struk-

6 Als Beispiel denke ich daran, daß Scheidungen unter anderem auch deshalb als Lösungsmodell für familiale Konflikte gewählt werden können, weil es andere Modelle der Lebensformen (Ein-Eltern-Familien, Wohngemeinschaften, Rentnerkommunen etc.) gibt, die in attraktiver Konkurrenz zur Familie stehen.

7 Und auch bei SIMON (1988), dessen drei »Phänomenbereiche« (Organismus, Sprache, Interaktion) ebenso stark an den Funktionalismus angelehnt sind wie sein Krankheitsbegriff (zum Beispiel SIMON 1988, S. 114: Krankheit als Einschränkung der Anpassungsfähigkeit), ohne daß diese Tradition aufgearbeitet wäre.

tur und sozialem System wird durch die Konzepte der »Rolle«, der »pattern variables« und der »Bedürfnisdisposition« hergestellt; die Psychoanalyse erhält eine strategisch wichtige Position: sie kann durch »Internalisierung« die Anpassung einer Persönlichkeit an die sozialen Rollenerwartungen erklären. Der Akzent liegt hierbei auf »Anpassung«; Motivation ist Teil des sozialen wie des Persönlichkeitssystems. Der PARSONSsche Soziologismus gipfelt in der Konzeption einer »Modalpersönlichkeit«, die sich gerade aus der Übereinstimmung zwischen Rollenerfordernissen und individueller Motivlage ergibt. BUSCH (1985, S. 112) kritisiert hier richtig: »Der eigentlich normale Fall, daß nicht (oder nicht voll) Übereinstimmung herscht mit den zugemuteten Rollenerfordernissen wird bei Parsons zum abweichenden Phänomen.«

Schon bei PARSONS fehlt ein Begriff des Subjekts, das nicht vollständig in den Rollenvorschriften aufgeht, weil die Stabilität von Normen keineswegs zu der Zuversicht verleiten darf, *alle* Handlungen seien normativ festgelegt; *nur* dann, wenn dies der Fall wäre, könnte das theoretische Zur-Deckung-Bringen von Person und sozialem System mit der weitaus vielfältigeren Alltagsempirie übereinstimmen. Das ist die Hypothek des Soziologismus, daß *vor-* und *nicht-sprachlich* faßbare Bedürfnisse bestenfalls peripher auftauchen und somit ein Begriff von Interaktion oder auch Kommunikation etabliert wird, der das »Nicht-Passende« eskamotiert und die reale Widersprüchlichkeit von Subjekt und Rolle (innerhalb des sozialen Systems) einebnet. Kommunikation wie Interaktion bleiben auf einer sprachlogisch rekonstruierbaren Ebene; das Moment der Sinnlichkeit kann von der nur soziologischen Fassung der Kommunikation nicht eingebaut werden. Das aber wäre meines Erachtens nicht nur ein Verlust für die Theorie, sondern widerspräche auch der klinischen Intuition. Der Sinn ist zwar nur sprachlich zugänglich, aber gerade in der therapeutischen Praxis muß die Differenz zwischen der semiotischen Artikulationsweise und dem Körper, der sich gelegentlich vom semantischen Sinn emanzipiert, zum Ausgangspunkt der Interpretation werden. Aus diesen Überlegungen ergäbe sich für das geplante, Hermeneutik und Systemtheorie integrierende Forschungsprogramm die Folgerung, »Kommunikation« mit disjunktiven Modellen zu beschreiben: einmal sozusagen »von oben«, dann ist sie Element des sozialen Systems; dann aber auch »von unten« her, dann ist sie Element des psychischen Systems.[8] Disjunktiv heißt, solche Modelle lassen sich – ähnlich wie die Kopenhagener Deutung der Quantentheorie[9] – nicht ineinander auflösen; aber sie bestehen in gleicher Berechtigung nebeneinander. Noch einmal anders gesagt: Auf der epistemologischen Ebene machen sich bei Familientherapeuten gewisse subjektivierungsfreundliche Tendenzen bemerkbar, etwa in der Feststellung, Objektivität sei eine Illusion, die eines Beobachters nämlich, der meint, beobachten zu können, ohne selbst vorhanden zu sein (HEINZ V. FOERSTER). Auf der Ebene der Konzeption der Familie/der Kommunikation müßte das wiederholt werden: Es ist eine Illusion, es gäbe Kommunikationen ohne Subjekte, die gleichzeitig »Körper« haben und sinnlich sind.

Hermeneutik

Dieser Dimensionen des verborgenen Sinns, der enthaltenen Sinnlichkeit haben sich die hermeneutischen Ansätze stärker angenommen. Im Rahmen qualitativer Sozialforschung sind sie verstärkt zu alternativen Forschungsparadigmen herangereift und finden auch im akademischen Kontext zunehmende Beachtung (LEITHÄUSER u. VOLLMERG 1988, ZEDLER u. MOSER 1983, BONß u. HONNETH 1982, SANDER 1988, LAMNEK 1988, FLICK et al. 1991). JÜTTEMANN (1987) beschreibt, daß über nicht-akademische Thematisierungen zeitgenössische Problemlagen überhaupt

8 Das würde einen Vorschlag von DEVEREUX (1978) realisieren; der soziologische und der psychologische Diskurs können nicht gleichzeitig geführt werden. Beide nacheinander zu führen, würde zu »doppelter Beschreibung« (BATESON 1982) von in Frage stehenden »Kommunikationen« führen – mit voraussichtlichem Gewinn an »Tiefe«.

9 Licht läßt sich als Welle und als Korpuskel beschreiben, beide Modelle widersprechen in mancher Hinsicht einander, aber es gibt kein Entscheidungspexperiment; vielmehr fordert HEISENBERG (1984), aber auch v. WEIZSÄCKER (1981, 1987) eine eher »meditative« Einstellung, die solche Widersprüche aushält und sie in der Person des Forschers integriert.

erst in den wissenschaftlichen Diskusrs eingeführt worden sind (wie z.B. »die Schwierigkeit, erwachsen zu werden« oder das Scheitern biographisch-therapeutischer Rekonstruktionen). Ich werde einige dieser Ansätze in aller Kürze vorstellen und nun von der hermeneutischen Seite aus Anschlußstellen zur therapeutischen Prozeßforschung suchen.

Narratives Interview

Eine Forschungsstrategie, die hierbei eingeschlagen wurde, bediente sich des narrativen Interviews[10] als eines Verfahrens, das was ein Erzählender weiß, von dem er aber nicht weiß, daß er es weiß,[11] zu »erheben«. Das ist eine methodische Figur, die von dem starken Einfluß zeugt, den die Psychoanalyse auf die Entwicklung hermeneutischer Verfahren ausgeübt hat. Grundprinzip ist, daß ein Text immer mehr enthält, als der Autor weiß – abhängig nämlich von den Fragestellungen und Perspektiven, die der Interpret anlegt. Die Methodik des narrativen Interviews interessiert sich hier besonders für solche Dimensionen wie die Erzählstruktur, die zum Ausdruck kommenden Selbstbilder, die zur Geltung gebrachten Weltbilder, die Inszenierung intersubjektiver »Dramen«, die Verwendung der Metaphorik und trachtet gerade danach, die subjektiven Wirklichkeitskonstruktionen zu (re-)konstruieren. Alle diese Dimensionen könnten natürlich auch in einer psychotherapeutischen »Konversation« untersucht werden; hier wäre allerdings der unterschiedliche Kontext einzuarbeiten: beim narrativen Interview ist es der Forscher, der ein »Erkenntnisinteresse« am Erzählenden als »Experten einer Lebensgeschichte« hat; es besteht für den Forscher kein unmittelbarer Handlungs-, allenfalls ein Reflexionsdruck, der ihn nötigt, im Interview selbst das Gespräch in Gang zu halten und das »Material« im Interview so zu organisieren, daß seine Beiträge als Vorgaben für die spätere

---

10 Zusammenfassende Darstellung bei WIEDEMANN (1986).

11 Der manifeste »Text« – etwa ein verschriftetes Interview – enthält einen latenten Text, der methodisch herausgeschält werden muß (WERTHMANN 1975).

Interpretation aufgefaßt werden können. Das ist im therapeutischen Kontext anders: Hier hat der erzählende Patient/die Familie ein (Be)-Handlungsinteresse, dem sich das Forschungsinteresse des Interviewers/Therapeuten unterordnet; es besteht ein zum Teil beträchtlicher Handlungsdruck, der auch die Erzählungen in nicht immer leicht zu durchschauender Weise färbt.

Die Anwendung der genannten Dimensionen des narrativen Interviews müßten auf diese Kontext-Bedingungen zugeschnitten sein oder werden. Subjektivität würde sich in dem Maße abbilden, wie sie dem Interpreten zugänglich ist. Das kann methodisch erschlossen werden: Der Problemdruck von Patienten, der erst die Interview-Situation im klinischen Kontext erzeugt, generiert gleichzeitig einen speziellen Typus von Information: Es soll dem Patienten/der Familie nicht nur ein Bericht *über* das Problem/Störung/Symptom ermöglicht werden, es sollen vielmehr soviel interaktive Freiheitsgrade eingeräumt werden, daß die Störung in der Beziehung zum Interviewer selbst »inszeniert« werden kann. Die Theorie des psychoanalytischen Interviews (ARGELANDER 1970, FRIEDRICH 1984, BUCHHOLZ 1987) spricht hier von der »szenischen« Information. Das setzt einen Gesprächsstil voraus, der mindestens drei Bedingungen erfüllen muß:

a) der Familie muß zunächst (!) die thematische Gestaltung völlig offen gelassen werden;
b) die Familienmitglieder werden als »Experten« ihrer Lebenslage angesprochen;
c) von vornherein wird somit auf die »Situationsdeutungen«, die die Familienmitglieder selbst vornehmen, abgehoben.

Nicht zufällig ist diese Bemerkung über den Gesprächsstil vonnöten, weil damit auf den inneren Zusammenhang von Interpretation und Interaktion verwiesen werden soll. Die Art der interviewenden beziehungsweise therapeutischen Interaktion erzeugt die Informationen, die nachträglich interpretiert werden sollen. Aus diesem Zirkel kommt man nicht heraus; objektivierende Ansätze verlieren gerade die interessierende subjektive Dimension. Im interpretativen Paradigma geht es um die interpretative Kompetenz der Interaktanden.

Interpretative Kompetenz arbeitet sich immer an der Differenz zwischen Selbstauslegung und interpretierten Handlungsmustern ab; man versteht weder den Anderen noch sich selbst je vollständig. Diese Differenz ist zentraler Topos der objektiven Hermeneutik (OEVERMANN et al. 1976, 1979). Hier wird zwischen den »latenten Sinnstrukturen« und einer Realität »subjektiv intentional repräsentierter Bedeutungen« unterschieden. Dieser Unterscheidung liegt eine sozialisationstheoretische Annahme zugrunde: Es gibt ein intuitives Wissen, das sich im Laufe der sozialisatorischen Interaktion zur Identität herausbildet. Das geschieht durch Sozialisation, an deren Anfang die Bezugspersonen dem Kind Sinn stellvertretend zur Verfügung stellen; weil diese dem Kind in ihrer interpretativen Kompetenz weit überlegen sind, können nur manche sinnlichen Formen des Sinns realisiert werden. Andere bleiben zwangsläufig latent. Sie können jedoch als objektive Möglichkeiten an Interaktionstexten wieder herauspräpariert werden. Die latenten Sinnstrukturen unterscheiden sich vom Unbewußten der Psychoanalyse; für sie wird der Ausdruck des »sozialen Unbewußten« verwendet; sie sind nach OEVERMANN (1979) zeitlos. OEVERMANN unterscheidet verfahrenstechnisch zwischen der sequentiellen und der Feinanalyse von Texten, die in acht Schritten beschrieben wird. Durch Interpretation von Texten aller Art soll die individuelle, fallspezifische Rekonstruktion von objektiven Strukturen gelingen.

BUDE (1982) kritisiert die Annahme der objektiven Hermeneutik, daß latente Sinnstrukturen invariant in der Zeit seien. Mit diesem Gesichtspunkt verbindet BUDE (1982) einen weiteren, wonach die objektive Hermeneutik »den Reproduktionsaspekt sozialer Systeme einseitig gegenüber dem Transformationsaspekt heraushebt« (S. 139). Es ist dieser Gesichtspunkt, auf den SIMM (1983) in seiner Interpretation einer familientherapeutischen Behandlung – die auch bei SCHRÖTER (1986) auftaucht – immer wieder stößt: Der Familie konnte der Sinn und die Notwendigkeit von gemeinsamen (!) Gesprächen nicht zureichend einsichtig gemacht werden und an dieser Schwierigkeit »beißt« sich die Deutung der Interaktionen ständig. Ich ziehe daraus erneut den Schluß, daß in familientherapeutischen Situationen die *Herstellung* des zu interpretierenden »Textes« selbst an Interaktion gebunden ist, die den Konsens der Familie benötigt. Von seiten des Therapeuten/Interpreten bedarf es deshalb einer vorgängigen Explikation seiner Perspektiven,[12] weil nur diese ihn »konsensfähig« machen kann. Allerdings wird, was den praktizierenden Therapeuten interessieren muß, in der objektiven Hermeneutik nicht angesprochen: das Problem des »emotionalen Ortes« des Therapeuten. Die therapeutische Interaktion kann nicht *unmittelbar* latente Sinnstrukturen zum Sprechen bringen, weil die Familie dem Therapeuten im »unbewußten Spiel« einen unbesetzten emotionalen Ort anweist. Das produziert ein erhebliches Maß an Handlungs- wie an Reflexionsdruck; andererseits ist das »Selbst-Begreifen« des emotionalen Ortes wie das Ergriffenwerden notwendige Voraussetzung für die Analyse des unbewußten Spiels. Nur wenn der Therapeut den emotionalen Ort reflexiv besetzen kann, ist er mit der Familie im Kontakt, nur wenn er ihn *in der Situation selbst* transzendieren kann, ist er in der Lage, nicht mit den kohäsiven Kräften der Familie verstrickt zu sein und so *mit* der Familie zu sprechen. Die objektive Hermeneutik kann so Texte »zeitlos« aus einer von vorneherein nicht-involvierten, nicht unter »Handlungsdruck« stehenden »Außenperspektive« interpretieren. Sie kann dabei fallstrukturspezifisch vorgehen; ein Interview-Text kann zum Beispiel als »Fall« allgemeiner Probleme psychotherapeutischer Interaktionen interpretiert werden (z.B. SCHRÖTER 1986); derselbe Text kann als »Fall« von interaktiven Rollen oder als »Fall« von sich in Interaktionen zur Geltung bringenden »Persönlichkeiten« interpretiert werden. Inwieweit das spezifisch therapeutische Problem, die Art der Verstrickung des Therapeuten und die Art ihrer »Aufhebung« mit den Mitteln der objektiven Hermeneutik interpretiert werden kann, muß jedoch zunächst offengelassen werden.

12 Vgl. dazu BUCHHOLZ (1990), wo Perspektiven entwickelt und am Fallmaterial demonstriert werden.

Lorenzers Tiefenhermeneutik

Lorenzer (1970, 1974, 1981, 1985) hat in einer Reihe von Arbeiten sein Konzept der »Tiefenhermeneutik« in Auseinandersetzung mit (psychoanalytischer) Symboltheorie vorgelegt. Auch er denkt sozialisationstheoretisch und zeichnet Brüche nach zwischen Sprache und Interaktionsformen, die im Lauf der Sozialisation erzeugt werden. Das Symbol wird dabei nicht nur als eine Dimension des »Geistes«, sondern im Blick auf »innere Natur« verstanden. Allen, selbst den »rationalsten« Interaktionen ist die körperliche Grundlage gleichsam »eingeschmolzen«; Interaktionsformen erhalten einen Namen und werden dadurch bestimmt. Interaktionsformen, die – zum Beispiel aus repressiven Gründen – nicht symbolisierungsfähig sind, werden aus den (Selbst)-Verständigungsmöglichkeiten des Subjekts »exkommuniziert« und behalten ein Eigenleben, sie setzen sich »hinter dem Rücken des Subjekts« durch, können aber nicht »erkannt« werden. Das Subjekt bedient sich des Mediums der »öffentlichen Sprache«; an den in Sprache vollzogenen Interaktionsformen kommen jedoch »privatsprachliche« Bedeutungen zur Erfahrung. Lorenzer setzt so Therapie doppelt an: sie geschieht im Medium der Sprache, ist aber gleichzeitig »Interaktion«, das heißt Inszenierung privatsprachlicher Beziehungsgestalten. Dieses »Sich-Durchsetzen« eigensinniger Bedeutungen kreiert eine interaktive »Szene«, eine dramatische, sich wiederholende Figur unabgegoltener interaktiver Ansprüche, die durch Deutung und Interpretation resymbolisiert werden kann und so das Selbstverständnis erweitert. Entscheidend bei Lorenzer ist die Anbindung der Interaktion an körperliches, sinnliches Geschehen (Busch 1985); Sprache und Kognition sind nicht nur Dimensionen von Bildungsprozessen. Es geht um die Einführung körperlichen Erlebens in gesellschaftliche Praxis, die affektgesteuert an (familialen) Beziehungsobjekten sich vollzieht. Die Rekonstruktion solcher desymbolisierter »Szenen« im therapeutischen Dialog ist Aufgabe der »Tiefenhermeneutik«; das ist von psychoanalytischen Autoren im familientherapeutischen Feld wiederholt gezeigt worden (Buchholz 1982, 1983; Clemenz 1986). Lorenzers Akzent auf der Sinnlichkeit könnte in den familientherapeutischen Diskurs die an den Rand gedrängte Dimension der Sexualität (Massing u. Weber 1987) ebenso wieder einholen wie die Dimension der Zeitgeschichte; Lorenzer erweitert seinen Ansatz zur »Kulturanalyse« (vgl. etwa BELGRAD et al. 1987), aber eben deshalb auch zu einer »Hermeneutik des Leibes« (LORENZER 1988).

Ethnomethodologie

Gemeint ist die Lehre (-logie) von den Methoden, die Menschen einer bestimmten Ethnie stillschweigend und »selbstverständlich« anwenden, um in ihren alltäglichen Routine-Interaktionen Sinn her- oder darzustellen (WEINGARTEN 1985, WEINGARTEN u. SACK 1976). Nicht große soziale Tatsachen werden dabei thematisch, sondern die »kleinen Dinge« des Alltags; sie erlauben eine Rekonstruktion der Wissens- und Regelbestände, die Alltagsinteraktionen »Sinn« verleihen. Sie sind elegant und »kunstvoll« gestaltet. Herstellung und Darstellung von Interaktionen als sinnvoll werden dabei in eins gesetzt; in Alltagsinteraktionen wird dabei von vier »Basiskonzepten« Gebrauch gemacht:

1. Interaktanden interpretieren Interaktionen als sinnvoll, weil sie von der *Reziprozität der Perspektiven* Gebrauch machen.

Idealisierend unterstellt Einer dem Anderen, er würde in der gleichen Lage die gleichen Erfahrungen machen und sie auch ähnlich darstellen. Die Relevanzsysteme nähern sich dabei aneinander an. Die Reziprozität der Perspektiven erlaubt die Herstellung eines Konsenses, wonach die Beteiligten annehmen können, sich in einer gemeinsamen Welt zu befinden. Diese wiederum konkretisiert die Beziehung zwischen den Interaktanden; sie unterstellen sich Zurechnungsfähigkeit und nehmen an, daß sie über die Zeit hinweg »identisch« bleiben.

2. In jeder Interaktion scheint es über die konkret sich manifestierenden Regeln hinaus eine letzte Regel zu geben, wonach man sich an die Regeln zu halten habe. Dies bezeichnet CICOUREL (1975) als *Et-Cetera-Annahme.* Verstöße gegen diese letzte Regel können sanktioniert werden. Sind nur Fragmente des gegenseitigen Verstehens möglich, so erlaubt der Rückgriff auf die Et-Cetera-Annahme die Vervollständigung der Kenntnisse zu einer Gesamtgestalt; eine eventuelle Gefährdung des interaktiven Grundkonsenses kann so abgefangen werden.

3. In Interaktionen wird – was den Familientherapeuten sogleich interessieren muß – von *Normalisierungsstrategien* (WEINGARTEN et al. 1976) Gebrauch gemacht. Einer unterstellt dem Anderen, daß es »normale« Formen der Selbstdarbietung und Konversation gibt und daß eventuell auftretende Diskrepanzen »normalisiert« werden.

4. Der *retro-prospektive Eigensinn* beschreibt, daß Interaktionsteilnehmer eine Vorwärts-Rückwärts-Bewegung in Interaktionen vornehmen. Sie erwarten stillschweigend, daß das, was zu einem gegebenen Zeitpunkt der Konversation unklar, ambivalent, offen oder vieldeutig ist, sich im weiteren Verlauf schon klären wird. So wird in Interaktionen Kontinuität gesichert.

An drei Aspekten möchte ich die Bedeutung dieser Konzeptionen für eine familientherapeutische Hermeneutik herausstellen:

In Alltagsinteraktionen scheint sicher zu sein, daß ohne *Perspektivenübernahme* Interaktionen entweder rasch zu Ende kommen und scheitern oder sich auf eine äußerst schmale Bandbreite einschränken lassen müßen. Für intime, also auch familiale Kommunikationen muß postuliert werden, daß eine solche Einschränkung oder ein erhöhtes Abbruchrisiko nicht ertragen würde; sie sind auf Dauer projektiert, und in dieser Hinsicht unterscheidet sich die Institution Familie von allen anderen. Mitglieder können nur bei der Gründung gewählt, Mitgliedschaften nicht ohne weiteres suspendiert werden. Insofern therapeutische Konversation als »Interaktion mit Sinnherstellung« angesehen werden muß, wäre die Perspektivenübernahme auch hier eine nicht zu suspendierende Forderung. Tatsache ist jedoch, daß Patienten in dieser Sichtweise als Menschen angesehen werden (oder sich selbst ansehen), die zu der »normalen«, das heißt erwartbaren Perspektivenübernahme nicht bereit oder nicht fähig sind oder ihre (familialen) Interaktionspartner durch skurrile – und somit immer auch kreative – Aspekte der Perspektivenübernahme überraschen oder verwirren. Therapie kann dann als Spezialisierung auf Interaktionen mit Menschen beschrieben werden, die Perspektiven nicht oder nicht in der »normalerweise« erwartbaren Weise übernehmen; therapeutische Forschung könnte in dieser Perspektive den *Prozeß der Verständigung unter nicht-perspektivenübernehmenden Bedingungen* und die (Wieder)-Herstellung der Perspektivenübernahme untersuchen. Das wäre in einem der »Konversation« verpflichteten Ansatz zentral, weil auch hier Interaktionen stattfinden, die nach den Basis-Annahmen der Ethnomethodologie auf Perspektivenübernahme nicht verzichten können. Im psychoanalytischen Feld gibt es dazu Ansätze. TÄHKÄ (1981) deutet Psychotherapie als »phasenspezifische Interaktion«. Die Phasen der psychosexuellen Entwicklung werden als kognitive Orientierungsstufen interpretiert; eine »Fixierung« an eine bestimmte Phase kommt einer Restringierung erweiterter Möglichkeiten zur Perspektivenübernahme gleich. Solche Ansätze könnten auch in der Familientherapie weiter erforscht werden.

Herstellung von *sinnhaften Alltagswelten und -routinen* ist Ziel und Inhalt von Interaktionen; allerdings ist die gemeinsame Her- und Darstellung von Familienwelten (DÖSEL 1980) oft nicht gegeben; die Sinnproduktion in einer gemeinsamen, familialen Alltagswelt ist zusammengebrochen oder gestört. *Solche Zusammenbrüche und »Weltverluste« könnten ethnomethodologisch erforscht* und Ideen für ihre therapeutische Wiederherstellung entwickelt werden.

»*Normalisierungsstrategien*« (WEINGARTEN et al. 1976) sind vielfach beobachtbare Gesprächstaktiken gerade bei Familien mit schweren psychosozialen Problemen. Familien, in denen zum Beispiel Gewalthandeln im Alltag vorkommt, machen im Interview von solchen Strategien Gebrauch. Die Ethnomethodologie und ihre Basiskonzepte könnte hier einen Zugang ermöglichen, indem solche Strategien nicht nur als »Abwehr/Widerstand« disqualifiziert, sondern als familien- und interaktionsspezifische Form der Sinnherstellung interpretiert werden (vgl. dazu HONIG 1986, BEIDERWIEDEN, WINDAUS u. WOLFF 1984).

Zusammenfassend möchte ich somit sagen: Das von STEINER und REITER (1988) vorgeschlagene Forschungsprogramm, (Familien-)Therapie als »Konversation« zu untersuchen, kann nur begrüßt werden. Die ausschließliche Anbindung an LUHMANNS Theorie sozialer Systeme allerdings droht von vorneherein ein therapeutisch zentrales Problem – das eines *auch sinnlichen Subjekts* – an den Rand zu drängen; die hier durchgemusterten hermeneutischen Ansätze bringen demgegenüber je unterschiedliche Aspekte der Subjektivität zur Geltung. Ich habe einige Nahtstellen aufzuzeigen versucht, an denen so unterschiedliche Theorietraditionen wie Hermeneutik und Systemtheorie mit klinischem

Gewinn aneinander gefügt werden könnten. Einen weiteren Vorteil sehe ich durch die Einbeziehung hermeneutischer Methoden gegeben: sie führen neben Sinnlichkeit und Sexualität eine sozialisationstheoretische Perspektive systematisch auch in den familientherapeutischen Diskurs wieder ein; in *diesem* Diskurs haben solche wichtigen Themen lange Zeit eher ein Schattendasein geführt.

Im weiteren wird es nun darum gehen, die Forderung zu erfüllen, die ich oben aufgestellt habe: die Perspektiven des Forschers/Therapeuten zu erläutern, mittels derer Familien und familienanaloge Beziehungskonstellation wahrgenommen werden können.

Drei Perspektiven

»Und schon bekomme ich Mut, denn ich weiß, daß diese Dinge, mit denen sich befaßt, wer die menschliche Persönlichkeit zu erforschen sucht, auch den Mathematiker beschäftigen; und die Mathematik ist ja tatsächlich auch eine entkörperlichte Form der menschlichen Persönlichkeit.«
(D.W. WINNICOTT 1990, S. 62)

Familie als »leeres« Konzept – methodische Überlegungen

Die zahllosen, zur Familie konkurrierenden Lebensformen, erzwingen, so meine ich, einen Verzicht auf eine Definition dessen, was »Familie« in *allgemeiner* Bestimmung, als Abstraktum, heißen soll; das ist jedoch keineswegs ein Nachteil.

Soweit ich manche physikalischen Darstellungen verstanden habe, sind auch dort zentrale Konzepte wie »Masse« oder »Energie« nicht definitorisch festgelegt, sondern erhalten Bedeutung durch ein Koordinatensystem aufeinanderverweisender Begriffe; ähnliches gilt, im Bereich der Psychoanalyse, für Konzepte wie das »Selbst«, von dem LOVLIE (1982) sagt, es sei so wenig definierbar, wie das GRUNBERGER (1976) vom Narzißmus behauptet. Und wer vermöchte schon zu sagen, was ein System ist – außer das System selbst, das seine eigene beste Beschreibung ist?

Familie als »leeres« Konzept zu behandeln vollzieht in der Theorie nach, was der beschriebene soziale Wandel längst erzwungen hat. Damit werden auch, das sei hier nur angedeutet, bestimmte sozial- und familienpolitische Weichenstellungen vorgenommen. »Die« Familie läßt sich nicht mehr als sozialer Nahbereich für die Versorgung von Bedürftigen rekrutieren, um die öffentlichen Haushalte zu entlasten, wenn man nicht zugleich juristisch die anderen Lebensformen der Familie gleichstellt. Die Pflege der Alten beispielsweise kann nur dann als »selbstverständliche« oder als »natürliche« Leistung von der jüngeren Generation gefordert werden, wie dies konservative Politiker in der Diskussion über die Pflegeversicherung neuerdings verstärkt wieder tun, wenn deren nicht-traditionelle Lebensformen gesetzgeberisch anerkannt werden. Die Versorgung von Schwachen (Alternden, Kranken, Arbeitslosen) kann nur solange als »natürliche« Leistung der Familie verlangt werden, solange man die Augen vor der Tatsache verschließt, daß hier nichts *natürlich* ist, denn die familiale »Normalform« beginnt ein Minderheitenprogramm zu werden. Hier einfach zu unterstellen, daß »die« Familie unproblematisch verfügbar ist, verkennt die Lebenslage von etwa der Hälfte der Bevölkerung. Die Gefühle haben sich geändert, das *Normale* und das *Natürliche* sind nicht mehr dasselbe. Der Diskurs darüber erweist sich immer stärker als ideologisch motiviert. Familienpolitik muß nicht primär fordern, wie Familien zu sein hätten; sie muß die verschiedenen Lebensformen, in denen Familienmitglieder sich heute bewegen, anerkennen und die politischen Rahmenbedingungen dafür schaffen, daß Individualisierung und Familie zusammen gehen, zusammen gelebt werden können.

Die Familientheorie, will sie auf dem Stand der Zeit sein, kann nicht mehr gehaltvoll von »der« Familie reden; sie muß eine Vorreiterfunktion übernehmen und Familie als »leeres« Konzept etablieren, das jenen Platz markiert, der dann individuell variabel ausgestaltet werden kann. Das entlastet von den normativen Implikationen, die jeder Konkretisierung eigen sind. Dies hat sich in den Diskussionen über den familialen Lebenszyklus gezeigt. Liest man heute die einst von Satir (1975) vorgeschlagenen Etappen des familialen Lebenszyklus, dann wird einem sofort deutlich: damit kann man eine Vielzahl von Familien nur noch dann beschreiben, wenn man in Kauf nimmt, die Pluralität familialer Lebensformen als *Abweichung* aufzufassen. Das wird den Familien nicht gerecht und enthüllt nicht mehr als die eigene, unreflektierte Normativität.

Wir brauchen eine konzeptuelle Offenheit für die moderne Vielfalt familialer Lebensformen, aber das heißt nicht Beliebigkeit. Die Soziologie des familialen Wandels zeigt gerade, daß »Familie« sich von alternativen Lebensformen durch die *Formen ihrer Institutionalisierung* unterscheidet; »Familie« steht ihrem bürgerlichen Ideal nach auf zwei Beinen: dem Rechtsinstitut der konjugalen Ehe und dem Prinzip der Liebeswahl. BECK-GERNSHEIM (1989) hatte beschrieben, daß gerade die alternativen Lebensformen sich einer »Spezialisierung auf emotionale Bedürfnislagen« verdanken – aber sie sind, weil sie eine andere Form der Institutionalisierung wählen, eben keine bürgerlichen »Familien«, und sie wollen es auch nicht sein. Auf die Institutionalisierungsthematik komme ich zurück.

Unter wissenschaftstheoretischen Gesichtspunkten zwingt gerade die Kritik an den konzeptuellen Verdinglichungen, wie sie zu Recht von konstruktivistischer und »epistemologischer« Seite (zum Beispiel DELL 1986) ausgeführt worden ist, dazu, sich der Perspektivenabhängigkeit eigener Beschreibungen stets gewiß zu sein. Aber auch das muß nicht zur Beliebigkeit verführen.

Ich will das etwas erläutern: Das wissenschaftliche Ideal einer Beschreibung der Wirklichkeit so, als existiere diese unabhängig von den Beobachtern und Beschreibern, ist längst aufgegeben worden. HILARY PUTNAM hat dies Ideal polemisch, aber zutreffend, im Kontext der abendländischen Metaphysik als »God's eyes view« apostrophiert. Es beinhaltete nämlich die Vorstellung, man könne die Welt von außen, wie mit Gottes Augen, beschreiben. Spätestens seit NIETZSCHE Gottes Tod ausgerufen hat, können wir diese Sicht als grandiose Projektion erkennen, und sie wirft uns auf die Notwendigkeit zurück, uns unserer eigenen Macht als Schöpfer dieser Welt bewußt zu werden, mit all den auch ethischen Konsequenzen, die eine solche immanente Position beinhaltet; denn Schöpfung bedeutet immer auch Zerstörung. Aber wir sind auch Geschöpfe unserer Erfahrungen, unserer Auseinandersetzungen mit und in der Welt, und das bedeutet: ein »radikaler Konstruktivismus« ist nicht akzeptabel. Wir können wahrscheinlich unendlich viele Beschreibungen unserer Welt anfertigen, aber es gibt eine Welt. Unter dem Einfluß sprachanalytischer Philosophie und der kognitiven Linguistik (LAKOFF 1987) setzt sich allmählich eine Position durch, die GREENWOOD (1992) als »semantischen Realismus« bezeichnet; JOHNSON (1987) diskutiert diese Entwicklungen sehr gründlich und ruft im Titel des letzten Kapitels seines Buches leidenschaftlich aus: »All This, and Realism, Too!«

Nicht teilen kann ich deshalb die radikale Position, daß wir mit Beschreibungen erst unsere Wirklichkeiten auch *erzeugen*. Die

Radikalität *dieses* Konstruktivismus führt nämlich zur Beliebigkeit der »Je-Meinigkeit«, die in einem therapeutischen Kontext vollkommen unbrauchbar ist (HALTMAYER u. RIEDLER-SINGER 1991). LEVOLD, WEDEKIND, GEORGI (1990) machen klar, daß eine radikal-konstruktivistische Position bei Familien mit Inzestproblemen, Gewalt, Mißhandlung oder Vernachlässigung zu therapeutisch verheerenden Ergebnissen führen muß.

Man stelle sich gedankenexperimentell Meinungs- und schon Beobachtungsunterschiede bei der Beobachtung von Familiensitzungen vor. Diese Unterschiede brauchen unter der radikalen Voraussetzung dann nicht mehr ausgefochten zu werden, weil man sich bequem auf die immunisierende Position zurückziehen kann, das Beschriebene sei eben »je meine« Wirklichkeitskonstruktion. Im Fall von Kontroversen (schon der Beobachtung, erst recht aber der Interpretation) wird der Dialog in der Regel sehr rasch *beendet*; im Fall der Übereinstimmung (zweier Beobachter oder Interpreten etwa) wird der Dialog zwischen ihnen *überflüssig*. Völlige Kongruenz der Beobachterperspektiven bedroht immer die Identität des Systems, es löst sich auf.

Mir erscheint die Epistemologie des radikalen Konstruktivismus somit eher als ein Reflex des modernen polymorph kontroversen Pluralismus von Realitätsprinzipien, den eben die Vielfalt der Lebensformen erzeugt.

Um zwischen der Scylla immunisierender JeMeinigkeit und der Charybdis totalisierender Verdinglichungen hindurchzusteuern, wäre es nützlich – so nun mein (auf den ersten Blick schlichter) *methodischer* Vorschlag zu einer Hermeneutik der Familie –, BATESONS (1982) Prinzip der »doppelten Beschreibung« zu benutzen und es zugleich zu erweitern: *je eine* Familie könnte dann unter verschiedenen Perspektiven beschrieben werden, die sich im Geist des Betrachters zu einer Einheit integrieren könnten – so wie bei BATESON die Informationen des rechten und des linken Auges durch ihre Synthese erst »Tiefe« erzeugen. Die Erweiterung des BATESONschen Prinzips könnte in einer dreifachen, oder »triadischen«, Beschreibung liegen. Daraus folgt für ein Forschungsprogramm a) die Beschreibung der Perspektiven und b) die methodische Vorschrift, jede Familie durch mindestens drei Perspektiven zu beschreiben. Damit könnte dem Totalitätsanspruch, den jede einzelne Perspektive für sich genommen erhebt, mächtig entgegengewirkt werden. Familien sind eben nicht nur Institutionen, nicht nur kommunizierende Systeme, nicht nur unbewußte Austauschplätze von Rollenkonfigurationen oder Delegationen, nicht nur Marktplätze ideologischer Roßtäuscher, nicht nur Kommunikationsmedien oder Verschiebebahnhöfe langfristiger Transaktionen. Sie sind das aber alles auch! Methodisch gewendet: Die entsprechenden Konzepte sind Weisen der Wahrnehmungsorganisation (das heißt »Perspektiven«); sie helfen, die Überkomplexität des Geschehens in Familien, aber auch während familientherapeutischer Sitzungen, einigermaßen zu ordnen.

Sowenig wie eine Landkarte die Komplexität der Realität nur »reduziert« – was könnte ein Autofahrer schon mit einer 1:1-Abbildung der Straßen anfangen?! – sondern *durch Abstraktion* Information erzeugt, so sind Perspektiven Abstraktionsmedien der Ordnungsgewinnung; sie erzeugen Wissen. Unterschiedliche Konzepte erzeugen natürlich unterschiedliches Wissen, aber sie könnten im Bewußtsein der Konzept- bzw. Perpektivenabhängigkeit miteinander integriert werden.

Der methodische Zwang für den Forscher besteht deshalb nun darin, an jeder einzelnen Familie die Pluralität der Perspektiven durchzuführen. Forschungspragmatisch gewendet, könnte das so aussehen, daß Familieninterviews verschriftet werden und in einem mehrfachen interpretativen Durchgang durch den Text dieser gleichsam aus verschiedenen Perspektiven beleuchtet wird. Ein solches Vorgehen ist fallspezifisch genug, um die »Individualität« jeder einzelnen Familie (oder familienanalogen Konfiguration) zu erhalten; es könnte zudem, nach einer vielfachen Serie von Erfahrungen mit Interpretationen, zu verdichtenden Aussagen über größere Fallkomplexe gelangen. Es ist, was auch STEINER und REITER (1988) in Ergänzung zur systemtheoretischen Orientierung fordern, hermeneutisch und würde damit Anschluß an die mittlerweile anerkannten Forschungsstrategien qualitativer Sozialforschung[1] gewinnen. Durch Festlegung von Beschreibungsperspektiven wird das »leere« Konzept der Familie mit dem interpretativ vermittelten Inhalt einer je konkreten Familie gefüllt.

---

1 Vgl. dazu das vorangegangene Kapitel.

Perspektiven

Die Perspektive der »institutionellen Familie«

Eine erste Perspektive bietet sich als die der »institutionellen Familie« an; das folgt aus TYRELLS Beobachtung von der Deinstitutionalisierung sowie aus dem beschriebenen Wandel der Familienformen. Der Institutionenbegriff ist in der Familiensoziologie ziemlich belastet; wer ihn verwendet, steht leicht im konservativen Stall. Doch auch dort gibt es kritische Anmerkungen zur Institutionentheorie der älteren Familiensoziologie (vor allem SCHELSKY und GEHLEN), wie sie ROSENBAUM (1973) und neuerdings SCHÜLEIN (1987) formuliert haben. ROSENBAUM bemerkt schon damals, daß die kritische Antithese zur Institution die »Person« sei, die sich ihre Institutionen schaffe, die ihr dann quasi-objektiviert entgegen treten. Das würde in einem therapeutischen Kontext einen Institutionenbegriff nahelegen, der die *Institutionalisierung als Dialog* zu rekonstruieren erlaubt. SCHÜLEIN (1987) gibt die Anregung dazu; er faßt die Institution von vornherein von der Seite der Beziehung her auf. Institution – das ist für ihn eine »fixierte, emergente Relation«. An dieser Formel können die beiden polar gegensätzlichen Momente der »Fixierung« und der »Emergenz« näher bestimmt werden: »Fixierung« meint das Moment der »Versteinerung« des Dialogs, der sich gleichsam festfährt; »Emergenz« meint das erstmalige Auftreten neuer Eigenschaften bei gesteigerter Komplexität, bezieht sich hier aber auch – durch den Bezug zum englischen »emergency« sehr schön zum Ausdruck gebracht – auf den institutionellen Notfall, auf den reagiert werden muß, um das Verhältnis von »Institution« und »Person« neu zu balancieren. Auf einer neuen Stufe tauchen neue Dimensionen auf, die aus der Fixierung heraus helfen.

In Erweiterung der SCHÜLEINschen Formel möchte ich die Annahme vorschlagen, daß Familien in wenigstens drei *Bereichen* solche Institutionalisierungen aushandeln müssen:

Bereich der Alltagsorganisation

Ich nenne ein Beispiel: Gerade angesichts erhöhter Mobilitätsanforderungen ist das Alltagsmanagement ein sich zuspitzendes Problem geworden. Die Verteilung des familiären Zeitbudgets stellt ein prominentes Problemfeld dar. Wieviel von der knappen Ressource Zeit widmet der Vater seinen Kindern, wieviel seiner Frau am Abend? Lassen sich, um Zeit zu gewinnen, zwei Dinge zugleich erledigen, beispielsweise ein Einkauf mit dem Besuch beim getrennt lebenden Partner und der Kinderübernahme dort? Wer bringt die Kinder in den Flötenunterricht? Es ist entlastend, wenn hier Absprachen institutionell fixiert sind, jedoch so, daß sie bei wunsch- oder altersmotivierten Veränderungen von Beziehungslagen »emergent« werden können. In die notwendige Fixierung solcher Absprachen muß zugleich resonante Sensibilität für Veränderungsbedarf gleichsam eingebaut werden.

Bereich der Bestandserhaltung

Die Notwendigkeit der Emergenz von Institutionalisierungen erzeugt dies Problem: Familien als psychosoziale Institutionen müssen sich reproduzieren können, aber sie können es nur, indem sie sich selbsterzeugten Veränderungen (neben von außen importierten Problemlagen) anpassen. Einerseits Reproduktion, andererseits nur durch Veränderung – das Thema der »Selbstanpassung« ist ein zentrales Konfliktfeld der Institution Familie. Anders gesagt: Veränderungen, *die durch die Alters- und Wunschdynamik* erzeugt werden, sind solche, durch die sich meines Erachtens Familien wesentlich von anderen Institutionen unterscheiden. Beispiel: Bedürfnisse von zu stillenden Kleinkindern sind andere als die von Krabbelkindern als die von Schulkindern und so fort – das erzwingt Anpassungsleistungen der je anderen Familienmitglieder, aber unter der Bedingung, daß die Familie sich als »Bestand« erhalten soll. Eine gewiße erlebte Kontinuität muß gewahrt bleiben. Was für den Einzelnen als »Anpassungsproblem« erscheint, ist für die Familie als Ganze ein Problem des »Zusammenpassens«, der Bestandserhaltung unter stets variablen Bedingungen.

Bereich der Loyalitätsbeschaffung

Loyalität als institutionentheoretischer Begriff kennzeichnet das Potential der Institution, ihre Mitglieder emotional und durch Werte an sich zu binden. Wie andere Institutionen auch, bilden Familien dabei Mythen aus, die kollusive Handlungsmuster steuern. In Anlehnung an WEDEKIND (1986) lassen sich dabei *charismatische, religiöse und kohäsive Orientierungen* unterscheiden. Ohne solche – und andere – Orientierungen könnte die »institutionelle Familie« ihre Reproduktion nicht aufrecht erhalten. Loyalität und Orientierung können horizontal (etwa bei Stieffamilien, wenn eine geheime Bindung des Kindes an den abwesenden Elternteil besteht) oder vertikal (Beispiel: die Bedeutung von Jock Ewing für die Fernsehfamilie in »Dallas«) gespalten werden.

Will man die Institutionalisierung *dialogisch* rekonstruieren, muß man sagen, daß sie zwischen den Personen in mindestens diesen drei Bereichen »ausgehandelt« werden muß. *Aushandeln* (A) ist demnach eine erste Etappe des Dialogs, dem ein *Zusammenspiel* (Z) dann folgt, wenn eine Einigung erreicht werden konnte. In der Regel folgt dem »Zusammenspiel« eine dritte Etappe, die *Formalisierung* (F), deshalb, weil die ausgehandelten Vereinbarungen mit den sich verändernden Beziehungslagen nicht mehr »zusammenpassen«; wenn ein Schulkind bei Verdruß durch Stillen beruhigt würde, würden wir uns wundern. »Formalisierung« kennzeichnet eine Etappe, in der sich die beteiligten Personen zwar noch an die Absprachen halten, sie aber bereits als »überholt« empfinden und auf sie mit Apathie reagieren. Wenn sich dies Gefühl vordrängt, tritt die Institutionalisierung in eine vierte Etappe, die *Desorganisation* (D) ein: die bislang gültigen Regeln und Absprachen stehen in Frage, »passen« mit Beziehungslagen nicht mehr zusammen und bedürfen – das ist der institutionelle Notfall der Emergenz – eines neuen »Aushandelns«. An die Desorganisation schließt sich erneut die Phase des »Aushandelns«, aber auf höherer Stufe, an.

A-Z-F-D ist demnach ein kreisförmiges Modell, daß sich zur Spirale erweitert, wenn es in den familialen Lebenszyklus integriert werden soll. Höhere Stufen werden im Anschluß an die Desorganisation erreicht. Zu beachten ist: Es ist damit nicht eine

Norm beschrieben, sondern die Entwicklungslogik von dialogischen Prozeßen, die zur entlastenden Institutionalisierung führen.

Was leistet das A-Z-F-D-Modell bei der Untersuchung von (therapeutischen) Dialogen mit Familien? Ich meine, das Modell hat einen doppelten diagnostischen Wert: es kann zur Einschätzung des »Standes« einer Familie im Lebenszyklus, etwa für therapeutische Zwecke, wie auch zur Untersuchung des Wandels von Formen der Institutionalisierung verwendet werden. Es können damit verschiedene Modi der Institutionalisierung beschrieben werden: Die Erfahrung des Gelingens oder Scheiterns geht in die jeweils nächste Runde mit ein. Wenn der nonverbale Dialog einer Mutter mit ihrem neugeborenen Säugling bereits beim »Aushandeln« scheitert, gibt es eine gewiße Wahrscheinlichkeit, daß auch höhere Stufen des Aushandelns nicht gelingen. Der spiralförmigen Konstruktion des Modells liegt ein epigenetisches Prinzip zugrunde; danach gehen höhere Stufen der Entwicklung aus vorangehenden hervor, aber sie lassen sich nicht vollständig prognostizieren; eben dies ist mit der Emergenz gemeint. Das Gelingen der Interaktion und des Dialogs auf den zeitlich vorgelagerten Stufen ist Voraussetzung für die Bewältigung der späteren; Scheitern führt zu »Fixierungen«, die mit erhöhter Wahrscheinlichkeit auch auf höheren Stufen zu Schwierigkeiten führen werden.

Somit läßt sich das Modell zu einer Quasi-Typologie entwikkeln: Es gibt ans Aushandeln fixierte »Familien« (zum Beispiel Wohngemeinschaften mit Endlos-Dialogen), ans Zusammenspiel (Pseudo-Harmonische), an die Formalisierung (sog. zwangsneurotische) oder an die Desorganisation (zum Beispiel »Multiproblem«-Familien) fixierte Familien – wobei sich die »Fixierungen« je nach Etappe im Lebenszyklus unterscheiden ließen. Das daraus resultierende therapeutische Problem, das zu untersuchen äußerst reizvoll wäre, besteht in der Frage, welche Formen des therapeutischen Dialogs lösen die Fixierung so, daß Emergenz auftreten kann?

Diese Perspektive hat nichts mit »Entlarven« zu tun; sie anerkennt vielmehr die Notwendigkeit der Selbsttäuschung. Es geht um die interaktive Produktion von »Ideologien«. Der Ausgangspunkt ist nicht die »Wahrheit« als Gegenpol zur »Ideologie«, sondern wiederum die »Beziehung«. Im Sinne des semantischen Realismus könnte man sagen: es muß eine Beziehung geben, damit sie falsch verstanden werden kann, ja, die Chance ist sogar ziemlich groß; Nicht-Verständigung ist der wahrscheinliche Fall, wenn Menschen unterschiedlicher Herkunft, mit heterogenen Beziehungserfahrungen und divergierenden Erwartungen aufeinander treffen. Das strukturelle Problem ließe sich so beschreiben: Wie eigentlich kann die Unwahrscheinlichkeit einer Verständigung selbst unwahrscheinlich werden? Die Ausbildung eines Systems systematischer Selbst-Täuschungen über die Nicht-Verständigung wird dann nicht unwahrscheinlich.

Interaktive Realitäten sind stets in komplexitätssteigernder Bewegung: Interaktionen erzeugen Regeln,[2] die auf die Interaktion zurückwirken und sie zeitlich überdauern.[3] Neue Interaktionen der gleichen Partner folgen dann nicht nur ihrer aktuellen Logik, sondern sind »übersteuert« von vorausgegangenen Interaktionserfahrungen, die sich als Regeln sedimentiert haben. Durch den Interaktionen inhärenten Zwang zur Bildung von Regeln[4] entsteht eine *interaktive Wirklichkeit zweiter Ordnung*: die der interaktiven Re-

---

2 Regeln sind abstrahierende Auszüge von Interaktionserfahrungen, die als solche »markiert« werden und Handlungen leiten, auch wenn sie nicht formuliert werden können. Eine häufige »Markierung« besteht in der Ausbildung von Regeln, die festlegen, was als »selbstverständlich« gelten soll.

3 Das geschieht durch die implikative Macht des Kontextes (Vgl. BUCHHOLZ 1988). Beispiel: Wenn ein Patient davon redet, er müsse dies oder jenes »zugeben«, gibt er in relativ zwingender Weise zu erkennen, daß er glaubt, nicht beim Therapeuten, sondern beim Staatsanwalt zu sein. Äußerungen implizieren somit bestimmte Diskursregeln; der Betreffende wird erwarten, daß er »verhört« wird.

4 Von der Ethnomethodologie (zusammenfassend: WEINGARTEN 1985) als »Basisregeln« beschrieben. (Vgl. das vorangehende Kapitel).

gelsysteme. Auch diese kann noch einmal überstiegen werden, wenn menschliche Individuen in differenzierter Interaktionserfahrung ihre in Regeln sedimentierten Beziehungserfahrungen einander konfrontieren. Das ist zum Beispiel bei Ehepartnern, aber auch schon bei der Partnerwahl der Fall. Die mit der Markierung des »Selbstverständlichen« versehenen Regeln untersucht die Ethnomethodologie unter dem Stichwort der »Normalisierungsstrategien«. Sie sind häufig aus der Herkunftsfamilie und anderen relevanten Beziehungserfahrungen abgeleitet worden und stoßen bei der Begegnung zweier zukünftiger Partner auf andere »Selbstverständlichkeiten«. Dann müssen sie sich den Zwang zur Relativierung gefallen lassen, soll die Beziehung auf Dauer gestellt werden. Wer als Mann selbstverständlich annimmt, daß das Abendessen von seiner Frau auf den Tisch gestellt wird (weil das seine Mutter mit seinem Vater auch immer schon so gemacht hat), kann im Fall der Enttäuschung dieser Erwartung drei prinzipielle Möglichkeiten realisieren:

a) er kann die Beziehung zu seiner Frau gänzlich abbrechen;
b) er kann die Bandbreite von Interaktionen schmälern;
c) er kann durch »Relationierung von Relationen« (SCHÜLEIN 1987) sich die Herkunft seiner Erwartungsregel klarmachen: daß sie in anderen Beziehungen entstanden ist und daß deshalb für die Beziehungsregulierung zu seiner Frau neue Regeln konstruiert werden müssen.

Die erste Möglichkeit soll hier nicht weiter verfolgt werden; die Konfrontation der heterogenen Erfahrungen und Erwartungen wird als so different und frustrierend erfahren, daß die Beziehung rasch beendet wird. Es sollte klar sein, daß damit nicht wirklich Beziehungen zwischen Ehepartnern beschrieben werden, sondern prototypisch vorhandene Lösungsmöglichkeiten.

Die zweite Möglichkeit beschreibt die Bedingungen der Produktion von »Ideologie« im gekennzeichneten Sinn, und gleichzeitig gibt es eine konzeptuelle Verbindung zur Perspektive der »institutionellen Familie«, besonders zum Bereich der Loyalitätsbeschaffung. Die Desorganisation des Alltags (Abendessen) erfordert neue Absprachen, ein neues Einsteigen in einen Prozeß des Aushandelns. Wird dieser Einstieg ins »Aushandeln« – konfliktbedingt – vermieden, entstehen fatale Folgewirkungen: die interaktive Bandbreite wird noch schmaler. Dann kommt es zu einer sich selbst stabilisierenden Fixierung, denn eine weitere Folge des fehlenden Aushandelns wird die Erhöhung des Grades der Desintegration sein mit erneuter Einschränkung der interaktiven Bandbreite – es entsteht ein metazirkuläres Interaktionsproblem vom gleichen Typ, wie es von WATZLAWICK et al. (1974) schon vor vielen Jahren beschrieben wurde. Dieser Zusammenhang zwischen institutioneller Desintegration und Ideologieproduktion ist in den Sozialwissenschaften schon länger bekannt (Vgl. zum Beispiel WIRTH 1940).[5] Einschränkung der interaktiven Bandbreite, verstanden als institutionelle Desintegration, erzeugt vorzüglich interaktive »Selbsttäuschungen« als ideologische Momente. Im Beispiel: Der Mann kann auf die Idee kommen, daß seine Frau das Essen nicht auf den Tisch bringt, liege an ihrer von ihrer Mutter vererbten Bösartigkeit, oder an ihrer »Krankheit«; die Frau könnte auf die Idee kommen, sich gegen entsprechende Äußerungen zu schützen, indem sie eine Migräne entwickelt. Das genau ist dann der Gewinn der Selbsttäuschung: Die Interaktion als ganze wird erhalten, indem sie eingeschränkt wird, aber um den Preis, das Bedeutungen vorgeschrieben werden. Wegen dieses Vorschreibens und Vorschriftenmachens spreche ich von der »ideologischen Perspektive«. Auf ihre Erklärung einer Migräne könnte er später am Abend einen seiner unerklärlichen Wutanfälle bekommen ...

Die letzte hier beschriebene Möglichkeit der »Relationierung von Relationen« übersteigt die Wirklichkeit der bislang geltenden interaktiven Regelsysteme; es wird eine neue, gemeinsame Wirklichkeit des Paares kreativ erzeugt,[6] und damit findet zugleich

---

5 Bei diesem Autor (WIRTH 1940, S. 473) heißt es schon, den Zusammenhang zwischen »institutioneller« und »ideologischer« Perspektive beleuchtend: »the extent to which consensus is undermined, is the measure of that society's state of disorganization«. Und am Ende seines Aufsatzes heißt es wie zur Unterstützung des interpretativen Paradigmas: »it is not so irrelevant as some have thought to take account of what people say« (S. 482).

6 CASTORIADIS (1990, S. 80) schreibt: »Solche Bedeutungen sind also verschieden von denjenigen, die einzelne Individuen einzelnen Handlungen faktisch beimessen, und werfen damit ein schier unerschöpfliches Problem auf. Denn Bedeutungen sind nicht auf Ursachen zurückführbar und verketten sich zu einer Ordnung, die von der der

eine Lösung von »alten« Loyalitäten statt. Die Realität der neu entstandenen Beziehung zeichnen drei Merkmale aus:

a) eine gewisse Einmaligkeit. Eine solche Beziehung kann Mann nur mit dieser Frau, Frau nur mit diesem Mann haben.
b) eine relative Unabhängigkeit von äußeren Einflüssen. Die neu kreierten Regeln dichten sich über die Zeit zunehmend gegen Beeinflussungsversuche ab.
c) eine Schichtung in die Tiefe; es entsteht eine interaktive Tiefenstruktur. Im Beispiel kann der Mann sehen, daß seine Frau andere Erwartung an die Gestaltung des Abendessens hat, er kann den Ursprung seiner Erwartungen in nicht mehr aktuellen Beziehungskontexten sehen, und daraus resultiert der zwanglose Zwang, neue Erwartungen auszubilden, und das gleiche gilt für die Frau.

Mit einem Wort: »Relationierung von Relationen« bedeutet für Interaktionspartner, die Abhängigkeit der Erfahrung und Erwartungen von »selbstverständlichen« Perspektiven zu erkennen, und genau dadurch öffnen sich neue Handlungs- und Erlebensräume.

Die Perspektive der »ideologischen Familie« sucht demnach nach solchen die Kohäsion ermöglichenden Selbsttäuschungen; als methodische Perspektive ist sie anschlußfähig an die Untersuchung medialer Einflüsse.

Es wäre beispielsweise äußerst aufschlußreich einmal zu untersuchen, in welcher Weise Fernsehserien wie »Dallas« oder »Lindenstraße« die Selbstdeutungen von Familien beeinflussen – im Unterschied etwa zur Serie »Die Familie Hesselbach« (aus den revitalisierten 50er Jahren). Hier könnten – wiederum zeitgeschichtlich – mediale »Familienwelten« in ihrem Einfluß auf die interaktive Produktion von Ideologien ausgezeichnet werden.

Einmal etablierte »Ideologien« sind Selbstläufer. Als Normen steuern sie Erleben, Erwartungen und Verhalten von Familienmitgliedern; als Komplex organisierter Wirklichkeitskonstruktionen stiften sie kohärente Beziehungen der Familienmitglieder untereinander, aber auch zur Umwelt; als Komplex psychosozialer Definitionsmacht entspringen sie den kommunikativen Einigungsprozessen (Vgl. HESS u. HANDEL 1975). Ich brauche nicht

---

Kausalzusammenhänge verschieden und doch untrennbar in diese verwoben ist.«

zu betonen, daß daraus Fragen von gleichrangigem Interesse für Forscher wie für Therapeuten resultieren: An welchen Stellen wird die Konfrontation von Beziehungserfahrungen (besonders aus der Herkunftsfamilie) aufgegeben oder abgebrochen? Welche ideologischen Produktionen halten die familialen Beziehungen auf Dauer aufrecht? Welche schränken sie an welcher Stelle empfindlich ein? Und schließlich können diese Fragen auf der Ebene des therapeutischen Systems wiederholt werden: Welche ideologischen Produktionen verwenden Familienforscher und -therapeuten, die ja schließlich alle selbst aus Familien stammen? Und in welcher Weise beeinflußen ihre »Ideologien« die Bandbreite interaktiver Möglichkeiten mit der Familie?

Die Perspektive der »unbewußten Familie«

Von Familientherapeuten der verschiedensten Schulen wird immer wieder betont, daß die Einnahme einer »Außenperspektive« der Familie gegenüber bei gleichzeitiger Fähigkeit, im Kontakt zu verbleiben, eine Voraussetzung für die Ausübung der therapeutischen Kunst ist.[7] Abgesehen davon, daß es wahrscheinlich ebenso viele »Außenperspektiven« wie Therapeuten gibt – diese richtige Annahme hat eine Implikation, die meines Wissens bislang kaum bedacht wurde: Die Fähigkeit zur Einnahme der Außenperspektive muß *in der Sozialisation* (von Therapeuten wie von Familienmitgliedern) *erworben* worden sein, sei diese nun familial oder postfamilial. FÜRSTENAU (1984) nennt dies im Zusammenhang psychoanalytischer Entwicklungstheorie die »postödipale« Position.

CLAESSENS (1979) macht in diesem Zusammenhang darauf aufmerksam, daß hier ein philosophisch-anthropologischer Gesichtspunkt brauchbar wird, den PLESSNER (1982) eingeführt hat: die »exzentrische Positionalität«. PLESSNER (1982, S. 11) sagt:

---

7 WELTER-ENDERLIN und HILDENBRAND (1992) haben dies kürzlich in professionalisierungstheoretischer Hinsicht beschrieben.

»Positional liegt ein Dreifaches vor: Das Lebendige *ist* Körper, *im* Körper (als Innenleben der Seele) und *außer* dem Körper, als Blickpunkt, von dem aus es beides ist. Ein Individuum, welches positional derart dreifach charakterisiert ist, heißt *Person*. Es ist das Subjekt seines Erlebens, seiner Wahrnehmungen und seiner Aktionen, seiner Initiative. Es weiß und es will. Seine Existenz ist wahrhaft auf Nichts gestellt.«

Man kann leicht sehen: PLESSNER schlägt ebenso eine dreifache Beschreibung, aus drei »Positionen« heraus, vor, wie ich es den hier erweiterten BATESON tun lasse; und die geistige Integration dieser Positionen kennzeichnet einen »vollen« Begriff der Person. Bei PLESSNER ist das anthropologisch begründet. CLAESSENS (1979), der sonst PLESSNER sehr zustimmt, nennt einen Einwand, dessen Kern hier in aller Kürze zusammengefaßt sei: Wir können uns die »exzentrische Positionalität« nur als eine menschliche *Möglichkeit* vorstellen, die aber zu ihrer Realisierung selbst wiederum der Interaktionen bedarf – und die sind meist familialen Ursprungs. Deshalb muß die familiale Interaktion darauf hin untersucht werden, inwieweit sie »exzentrische Positionalität« herstellt. CLAESSENS selbst zieht ältere psychoanalytische Arbeiten heran (wie die von SPITZ); ich glaube, daß sein Gedanke wertvoll und praktisch relevant genug ist, um mit neueren Sozialisationstheorien untermauert zu werden.

Eine Möglichkeit ist, die CLAESSENSsche Idee mit der »Psychischen Geburt des Menschen«, wie sie MAHLER (1978) beschrieben hat, zu verbinden. Man kann dann etwa sehen, daß das Heraustreten aus der Symbiose, indem das Kind gewissermaßen zum Vater auf den Arm flüchtet und von dort aus die Mutter betrachtet, dem Kind eine erste »exzentrische Position« ermöglicht, die zunächst vom Vater in der familialen Interaktion real verkörpert wird. Säuglinge, ans symbiotische Muster gewöhnt, suchen bei Vätern ebenfalls den Nippel und machen Saugbewegungen – von der Perspektive des Kindes aus gesehen erscheint die Familie als eine »Triade mit zwei Müttern«. Sie folgt der »Triade der Symbiose«. Die unvermeidliche Differenz-Erfahrung macht dem Kind den Geschlechtsunterschied schließlich klar und hilft ihm, die neue vom Vater repräsentierte Position weiter auszubauen, mit der Folge jedoch, daß die vergrößerte Trennung von der Mutter Angst auslöst und den Wunsch, zu ihr zurückzukehren: das Kind pendelt zwischen Symbiose- und Autonomiewünschen hin und her. Dies »Pendeln« ist wichtig, weil es ihm *alltagspraktisch* die Notwendigkeit der »doppelten Beschreibung« vor Augen führt: Mal sieht es die Mutter nah, auf ihrem Schoß; mal sieht es die Mutter fern, von Vaters Schoß aus, und das ermöglicht es, die unterschiedlichen Erfahrungen miteinander zu »vergleichen« (BATESONS zentrale kognitive Operation bei der »doppelten Beschreibung«). Der Ambitendenzkonflikt kann nur durch Überschreitung bisheriger Begrenzungen gelöst werden; das Kind erwirbt mit der neuen exzentrischen Position (gegenüber der symbiotischen Dyade) die zentrale menschliche, doch paradoxe Beziehungserfahrung: daß *Selbsterhaltung nur durch Selbstüberschreitung möglich* ist. Und das setzt sich dann in der ödipalen Triade fort. Hier kann sich das Kind mit verschiedenen Positionen – der eigenen, der von Vater oder Mutter – wechsel- und probeweise identifizieren und erwirbt auf diese Weise eine allmähliche Vorstellung vom »Ganzen« der Familie – und, was für die psychoanalytische Sicht zentral ist, eine Vorstellung oder Phantasie davon, wie sich die Beziehung zwischen den Eltern in einer elementaren Dimension, der Sexualität, gestaltet. Dabei bildet es sich charakteristische Hypothesen, die als »infantile Sexualtheorien« (das sind Muster kindlicher Wirklichkeitsorganisation) beschrieben worden sind.

Mit einem Wort: Die Perspektive der »unbewußten Familie« kann nicht nur eine entwicklungsgenetische Typologie von familialen Triaden aufstellen, die später sehr ausführlich beschrieben werden sollen. Ihre Bedeutung liegt in der allmählichen Konstituierung der »exzentrischen Position«. Sie kann darüber hinaus zwei Bereiche thematisch werden lassen, die aus dem familien*therapeutischen* Diskurs herausgefallen sind: a) die *Sexualität* und b) die *frühkindliche Entwicklung*. Überlegt man sich weiter, daß der erste familiale Konflikt mit der Differenz zwischen dem phantasmatischen Kind und dem realen Kind beginnt – häufig erlebt als Frage »Welches Geschlecht wird das Kind haben? Ein Junge? Ein Mädchen? Und was ist es dann wirklich?« – so müßte die erste familiale Triade als eine der Phantasie bezeichnet werden. Mit der Phantasie kommt eine relevante weitere Dimension in den familientherapeutischen Diskurs zurück.

Klar ist: alle drei Perspektiven stehen in einem mehrgenerationalen Kontext, so daß das »Perspektiv«,[8] mit dem eine Familie betrachtet werden kann, sich graphisch so darstellen läßt:

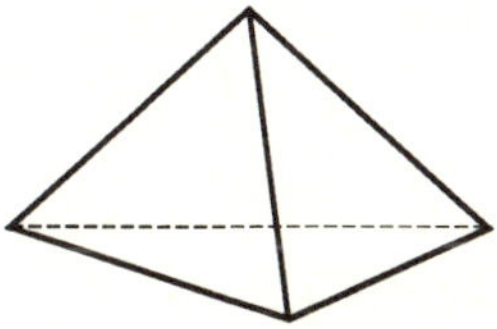

Blicken wir nun zur Erprobung des soweit entwickelten perspektivischen Modells durch die einzelnen Okulare des Perspektivs auf den folgenden Text aus einer familientherapeutischen Sitzung.

Fallbeispiel

Die 16-jährige Beate, Tochter des 42-jährigen Facharbeiters und seiner 41-jährigen Frau, hat vor 8 Monaten begonnen, in der Nacht wieder einzunässen. Während des Erstinterviews muß die ganze Familie plötzlich gemeinsam aufstehen und auf die Toilette gehen. In der Stunde vor der, über die ich hier berichten möchte, hatte sich dramatisch ergeben, daß der Vater sich stets lieber einen Sohn gewünscht hatte – Beate bekam mit der Mutter zusammen einen Weinkrampf, war aber zwischen den beiden Stunden erstmalig symptomfrei. In dieser 4. Sitzung nun ist die Rede davon, ob Familienmitglieder sich hassen dürfen oder nicht, daß Beate ein Gefühl hat, durch Welten von den Eltern getrennt zu sein, und daß sie auch diese so wahrnimmt. Die Mutter spricht mit zur Seite gewandtem Kopf davon, daß ihr Mann nicht zu Hause, Beate in der Schule sei und wenn sie von dort nach Hause komme, sei sie zu ihr (der Mutter) immer so abweisend.

8 Das ist ein anderer, altmodischer Ausdruck für »Seh-Rohr«.

Mutter: Beate, kannst du dann nich ma mit mir sprechen? (Flehend im Ton, weinend): Sieh doch ma, ich muß da putzen und mir fehlt das da so, die Ansprache mein ich.

Beate: Wa-rum! (Kalt)

Mutter: Bitte sprich doch ma mit mir (schneuzt sich).

Vater: Tagsüber hat meine Frau selten 'n Ansprechpartner; meine Mutter is halt noch da; für mich is es halt schwierig in der Woche, Ansprechpartner zu sein.

Therapeut: Sie spüren, Ihre Frau ist arg einsam – und da haben Sie Beate mit dieser Aufgabe beauftragt.

Vater: Zumindest für diese Zeit.

Mutter: Sie will mich immer so schnell los sein, wir sprechen über Belangloses, über ihre Musik oder so, aber daß sie mal zu mir kommt, passiert nie!

Therapeut: Ja, und wenn Beate nun größer wird, reifer und vielleicht dran denkt, so aus'm Haus ...

Mutter: Da hab ich noch gar nich dran denken dürfen (heftiger losweinend).

Vater: Es ist halt so: Wir können uns nich frei bewegen. Da is die Oma und des geht halt derzeit net.

(Es wird nun erläutert, daß die Oma – Mutter des Vaters – nach einer Krebsoperation aus dem Krankenhaus zur Familie in Pflege gegeben wurde; sie wisse nicht, daß die Ärzte ihr nur noch wenige Wochen des Weiterlebens gegeben haben. Vor 8 Monaten war die Oma schon einmal im Haus zur Pflege, danach kam die Operation und wegen des zu erwartenden baldigen Ablebens der Oma käme ihre Unterbringung in einem Pflegeheim nicht in Frage. Mutter gab ihre Berufstätigkeit wegen der Pflege auf. Schon vor 8 Monaten wehrte sich Beate vehement gegen die Aufnahme der Oma ins Haus; die Oma ist pflegebedürftig und näßt ein!)

Vater (seine Erläuterung abschließend, zu Beate): Mutti nimmt es ganz anders auf als ich, weißt De.

Mutter: Ich hab Angst, sie fällt die Treppe runter und dann ham wir, auf Deutsch gesagt, die Polizei am Arsch und ich laß mir bei uns im Dorf nich nachsagen, ich hätte meine Schwiegermutter nich gepflegt.

Vater: Das ist das Problem meiner Frau. Is'n schwieriger Mensch, meine Mutter. Mich belastet das nich so ...

Therapeut: Was auch kein Wunder is, nich, Sie haben ja alle Vorteile davon.

Vater:	Ja, das stimmt. – Ich kann nur darauf warten, daß der Ernstfall eintritt.
Beate:	Wer wartet da nich drauf!
Therapeut:	Sie (zur Mutter) pflegen die kranke Schwiegermutter, und das reibt sie ziemlich auf, und da möchten Sie, daß Beate auch Sie sozusagen ein bißchen pflegt, mit Ihnen spricht, Sie sozusagen etwas streichelt. Und zu schaffen macht Ihnen, daß da eine Tochter sich weigert, ihre Mutter zu pflegen.
Mutter:	Ja. Ich denke immer dran, wenn ich ma so alt bin, dann will ich wenigstens gut gehandelt haben, dann soll mein Schwiegersohn mich auch nich aus'm Haus werfen (weint).
Beate:	Ich hasse meine Großmutter. Ich hab damals immer gesagt: Entweder die oder ich! Ihr könnt mein Tagebuch lesen damals. Da hättet Ihr Euch fragen lassen können im Dorf, warum hat Eure Tochter Selbstmord ... Ich hatte 2 Alternativen: Selbstmord oder Abhauen, das steht da drin! (Weint).
Therapeut:	Sie hassen Ihre Großmutter vielleicht so sehr, weil Sie die doppelte Arbeit machen müssen, nicht? Ihre Mutter erlaubt sich ja den Haß auf die Oma nich so.
Beate:	Ja. Und, weil bei der Oma die schlechten Gefühle zugelassen sind: die lügt wie gedruckt, redet schlecht über andere Leute ...
Vater:	Das stimmt, die ist ziemlich bösartig. Dich (zu Beate), das kann ich Dir sagen, bring ich nie in so'ne Situation.
Beate:	Was meinst'n? Versteh ich nich.
Vater:	Das muß doch ma aufhören, daß Eltern so die Kinder belasten; lieber bring ich mich um.

Durchgang durch den Text

Blickt man durch die Perspektive der *institutionellen Familie* auf den Text, so lassen sich die Konflikte deutlich ausmachen: Die Pflege der Oma erzwingt eine rapide Umstellung der *Alltagsorganisation* (Mutter gibt Berufstätigkeit auf); ihr Erscheinen im Haus gefährdet den *familialen Bestand*, worauf Beate mit ihrer Symptomatik reagiert; beide Eltern richten Erwartungen der *Loya-*

lität an Beate: Vater möchte, daß sie ihn als Ansprechpartner bei seiner Frau vertritt, Mutter möchte sie als eigene Pflegerin. Die Loyalitätserwartungen an Beate stehen dabei in einem deutlichen Abwehr-Verhältnis zur ungeklärten Loyalität des Vaters an seine Mutter. Er stimmt zu, sie sei bösartig, mutet aber ihre Bösartigkeit seiner Frau zu, die unter der Belastung »nervlich« schier zerbricht. Man kann sagen, die Pflegenotwendigkeit der Oma ist eine für die Familie *extern importierte Konfliktlage*.

Anders bei dem zweiten institutionellen Konflikt, der sich ebenfalls um die Veränderung in diesen drei Bereichen dreht, aber *altersmotiviert* ist: Beate ist in einem Alter, wo ihre Ablösung ansteht – und aufgrund der anderen Konfliktlage mit der Großmutter ist diese Thematik suspendiert: Beate soll stillschweigend ihre diesbezüglichen Wünsche zurückstellen. Die importierte Konfliktlage drängt den internen Veränderungsimpuls zurück, *fixiert* damit die Relationen und verhindert *Emergenz*.

Unter der Perspektive der *ideologischen Familie* stellen sich die gleichen Sachverhalte anders dar; man kann prägnant mehrere Versuche erkennen, Bedeutungen vorschreiben zu wollen: Mutter möchte Beate eine Rolle als Pflegerin vorschreiben, der Vater ihr einen Ersatz für sich selbst. Beate weist das kalt ab und partizipiert an der Selbsttäuschung: Der offen aussprechbare Haß auf die Großmutter verdeckt die Aggression in der Binnengruppe; die Auseinandersetzungen über Vaters Bindung an seine Mutter, über die Zumutungen an seine Frau durch die Pflege werden vermieden. Das heißt, es gibt eine Markierung des »Selbstverständlichen« (Oma muß gepflegt werden) und sie verhindert die *Relationierung der Relationen*. Gemeinsam wartet man auf den »Ernstfall« – das ist der »Krieg«. Man kann sagen, wer die Kombattanten sind: Es geht um den Geschlechterkampf, der hier sehr archaisch ausgetragen wird. Archaisch deshalb, weil es eine nach wie vor bestehende Bindung gibt an Vorstellungen von »Gut«-Sein (»... dann will ich wenigstens gut gehandelt haben«) und »Böse«-Sein. Die wechselseitigen Rollenzuweisungen schaffen vermeintliche Zwänge – die Frauen treten als Pflegerinnen füreinander auf, der Vater weist sich eine privilegierte Rolle zu; eine Zuweisung, die von den Frauen toleriert, vielleicht nicht einmal bemerkt wird. Diese ideologische, wenn auch nicht seltene Aufteilung, wird von Beates Weigerung, mit der Mutter zu sprechen, durchbrochen; sie will die Mutter nicht »pflegen«, ihr Symptom allerdings vertauscht die Rollen: sie konkurriert mit der Großmutter ums Gepflegt-Werden durch die Mutter. (»Entweder die oder ich«). Was die ideologische Bedeutungsvorschrift (Gut-Sein müssen) nicht erlaubt, findet sich dann bei der Großmutter (»... weil bei der Oma die schlechten Gefühle zugelassen sind«); der Oma ist erlaubt, was die Jüngeren noch nicht dürfen. Die analoge Regel könnte lauten: Quod licet Jovi, non licet bovi. Ohne die Integration des Bösen scheint es weder eine *Ablösung* für Beate geben zu können noch eine *Paarbildung* der Eltern. Die Geschlechter müssen sich bekämpfen.

Unter der Perspektive der *unbewußten Familie* läßt sich die Symptombildung noch weiter verfolgen: Beates zurückgedrängte, das heißt in der Familie repressiv gehandhabte altersentsprechende Wünsche setzen sich, unter Mitteilung eines verschlüsselten Sinns, durch. Das Symptom spricht. Sie soll ja – damit die Familie das doppelte institutionelle Problem der Alltagsorganisation und der Bestandserhaltung lösen kann – das für sie anstehende Thema der Ablösung zurückstellen zugunsten der Ermöglichung der Pflege von Großmutter und Mutter, und es ist, als ob sie auf diese normative, ideologische Erwartung mit der Mitteilung reagiert: »Wenn ich schon nicht groß werden darf, bleibe ich eben klein und mache wieder ins Bett.« Ihr Symptom ist eine ironische Paraphrase des an sie gerichteten Anpassungsdrucks. Gleichzeitig soll sie die weinerliche Mutter »pflegen«; die Mutter wird damit zum »Kind«, das Ansprache braucht, Beate wird zur »Mutter«. Die unbewußten Positionen in der Triade entsprechen den institutionellen Rollenerwartungen keineswegs, und das macht den Konflikt unlösbar. Beate die »Mutter«, die Mutter das »Kind« – und so bildet Beate mit dem Vater das Paar. Die ödipale Triade »rotiert«; die »institutionellen« Rollen (Mutter/Tochter) entsprechen keineswegs denen im unbewußten Spiel. Durch die Sprache des Symptoms erreicht Beate gegenüber den an sie gerichteten elterlichen Erwartungen zwar eine »exzentrische Position«, doch kann sie noch nicht aus der Triade »aussteigen«. Sie bildet mit dem Vater das Paar, das zwei pflegebedürftige »Kinder« (Mutter und Großmutter) hat, aber sie will genau das auch wieder nicht aus einem angebbaren Grund: Ihr wird im rotierenden Spiel die Rolle der »Mutter« (= Frau des Vaters) angetragen, aber sie ahnt oder spürt, daß der Vater seinerseits an eine andere Frau, seine Mutter, am stärksten gebunden ist. Er kann sein Versprechen nicht einhalten, und Beate kann es nicht einklagen, weil es nie gegeben worden ist. SELVINI et al. (1992) bezeichnen diese Konstellation als *imbroglio*, als betrügerische Verstrickung. Deshalb ist das Symptom ein Kompromiß.

Daß Beate gerade das Symptom des Einnässens wählt, erklärt sich aus der Konkurrenz und ironischen Identifizierung mit der einnässenden Großmutter; die Konkurrenz geht – das ist die vordergründige Triade – um die Zuwendung der Mutter. In einer tieferen Schicht geht es um die ödipale Zuwendung des Vaters: dem ist – so stellt Beate wütend fest – seine Mutter wichtiger und lieber als seine Tochter. Beate hat das in einem Kampf einige Zeit zwar deutlich gemacht, wenn auch erfolglos. Sie konnte nicht verhindern, daß die Großmutter ins Haus kam.

Die mehrgenerationale Perspektive macht hier vor allem noch einen Gesichtspunkt sehr klar: Die interne Aggression wird durch die gleichsam reflexive Vorstellung gehemmt, daß jeder selbst einmal in die Position des der Pflege Bedürftigen kommen kann, der nicht aus dem familialen Verbund herausgeworfen werden möchte. Diese Fähigkeit zur Perspektivenübernahme ist immer auch ein Stück Zivilisation, auf der die Aggressionshemmung basiert. Die Aggressivität wendet sich in der Vorstellung vom Selbstmord nach innen, und gleichzeitig wird dabei eine intergenerationelle Verkettung regelbildend phantasiert: Die jeweils jüngere Generation hat sich für die ältere aufzuopfern; hier wird der normative Gehalt des ideologischen Themas als Mythos und seine psychosoziale Definitionsmacht in der mehrgenerationalen Verkettung sichtbar. Ein Stillstand zwischen den Generationen tritt dabei ein, von dem die Phantasie herrscht, daß er nur durch das Opfer des eigenen Lebens durchbrochen werden könnte (»Das muß doch ma aufhören, daß Eltern so die Kinder belasten; lieber bring ich mich um«). Das jedoch würde nicht nur der je nächsten Generation, hier also Beate, unerträgliche neue Schuld aufbürden; es ist vielmehr die Projektion des aggressiven Wunsches gegenüber der älteren Generation: Der Vater wartet auf den Ernstfall, den aktiv herbeizuführen er sich nicht – wie sollte er auch? – gestatten kann. Was bleibt, ist das Opfer: Wenn man sich schon von der eigenen Mutter nicht durch Mord erlösen kann, so die unbewußte Phantasie, müssen die anderen Frauen ihre Freizeit, ihre Freiheit, ihre Ablösungswünsche opfern; die, der ursprünglich der mörderische Impuls galt, wird ins Unantastbare erhöht, wird zur Göttin.

Bemerkungen zur Therapie

Unter therapeutischen Gesichtspunkten ergibt sich nun eine unerwartete Zielsetzung: Will die Familientherapie – der Forderung von DUSS-VON WERDT (1976) entsprechend – *auch* »angewandte Familiensoziologie« sein, muß sie den Familien die Lösung ihrer Institutionalisierungsprobleme ermöglichen, indem sie die unbewußten Motive und ideologischen Verstrickungen, die gerade das verhindern, aufklärt und die »Sprache des Symptoms« im familialen Kontext entschlüsselt.

Mit der Analyse dieses Beispiels wollte ich zeigen, wie sehr institutionelle Fixierungen, ebenso wie ideologische Versuche der Bedeutungsver- oder vorschreibung, unbewußte Verankerungen haben. Ihr Sinn ist, selektiv bezogen auf die je spezifische Institutionalisierungsproblematik, zu entziffern. Das ist die therapeutische Aufgabe einer psychoanalytischen Familientherapie; aber »Sinn entschlüsseln« ist genau auch das zentrale Anliegen hermeneutischer Verfahren.

Angesichts der genannten attraktiven Konkurrenzen zur familialen Lebensform kann es sowohl zur therapeutischen als auch zur forscherischen Aufgabe werden, alternativen Lebensformen bei der Bewältigung ihrer noch weitgehend wenig gekannten Institutionalisierungsprobleme zu helfen. Nach meiner Erfahrung täuschen sich gerade alternativ Lebende häufig über die Gründe ihrer Beziehungsschwierigkeiten in »ideologischer« Weise, wenn sie beispielsweise annehmen, ihre Schwierigkeiten seien ausschließlich »psychischer« Natur, und dabei übersehen, daß es gerade für sie eine Notwendigkeit gibt, neue Institutionalisierungsformen nicht-familialer Art zu entwickeln. Das fordert ein beträchtliches innovatives Potential heraus, zumal dann, wenn es dafür wenig gesellschaftlich gestützte »Modelle« gibt. Konkret denke ich etwa an die Versorgung von Kindern, an deren Alltagsorganisation, und zwar dann, wenn Trennungen oder Scheidungen anstehen mit der Folge der Herstellung eines neuen »Bestandes« (als Ein-Eltern-Familie, als Stieffamilie ooder ähnliches); wenig erforscht sind Alltagsrealitäten, ideologische Absicherungen und unbewußte Verarbeitungen besonders auch in der Praxis des gemeinsamen Sorgerechts.

Dabei werden – bezogen auf je eine konkrete »Familie« – Fragen der folgenden Art interessant:

1. Welche institutionellen Regelungen – bezogen auf das Niveau im Lebenszyklus und auf die jeweilige Etappe im A-Z-F-D-Modell – interferieren wie mit welcher Wunschdynamik?

2. Welche unbewußten Fixierungen interferieren wie mit der Lösung eines institutionellen Problems?

3. Wie werden interne Ideologien gleichsam verabredet? Welche ideologischen Motive verzerren die Fremd- und Selbstwahrnehmung der Familienmitglieder?

4. In welcher Weise trägt die Familie zur Entwicklung von Rollenkompetenzen, der Fähigkeit der Perspektivenübernahme und so weiter bei?

Könnte es also sein, daß das Problem moderner, alternativer Lebensformen nicht eines der »Beziehung« ist, sondern eines der auszuarbeitenden Modelle alternativer Institutionalisierungen? Wie werden in alternativen Lebensformen Institutionalisierungsprobleme – differenziert in die genannten Bereiche – gelöst, und welche Folgen haben die gefundenen Lösungen? Wie werden Lösungen ideologisch abgesichert? In welcher Weise treffen zwischen den Generationen tradierte »Bilder« von familialen Lebensweisen aufeinander und verschärfen familiale Konfliktlagen? Welche »Handlungsspielräume« (WEYMANN 1989) werden von intergenerationell vermittelten Familienbildern erzeugt? Wie konfrontieren sich die verschiedenen Bilder des Familienlebens aus verschiedenen Generationen *in* den Familien selbst? Mir scheint, die Familientherapie könnte sich dieser Fragen zusammen mit den Formen ihrer subjektiven Verarbeitung (unbewußt und bezüglich ideologischer Produktionen) dann verstärkt annehmen, wenn sie die systemisch-kommunikative Perspektive durch eine hermeneutische und soziologische ergänzen könnte. Die Zentrierung des familientherapeutischen Diskurses auf die »action« des Therapeuten sollte durch eine hermeneutisch aufmerksame Untersuchung der Familien – und ihrer konkurrierenden Lebensformen – wieder komplettiert werden.

Im folgenden Kapitel werde ich die Analyse eines Abschnittes aus der familientherapeutischen Behandlung einer solchen alternativen Beziehungskonstellation durchführen.

Dilemmata moderner Familienformen

»Eine weitere Schwierigkeit liegt darin, daß die Ehe ja eine soziale Institution ist und daß ihre Problematik vom Psychologischen her überhaupt nur beschränkt zugänglich ist.«
(KAREN HORNEY 1928, S. 39)

Für das 18. und 19. Jahrhundert konnte die Untersuchung von HEIDI ROSENBAUM (1982) den Nachweis führen, daß Familienformen Produktionsbedingungen und sozialen Klassen zugeordnet werden konnten. Damit war die Behauptung, die Familie sei eine »Gegenstruktur« zur Gesellschaft, als ein Moment des bürgerlichen Familien-Ideals herauspräpariert (ROSENBAUM 1973). Dem setzte TYRELL (1979) die These von der »relativen Autonomie« der modernen Familie entgegen; sie sei von direkter sozialer Kontrolle strukturell abgeschirmt. Die Generationenzugehörigkeit scheint für die Entwicklung neuer Leitbilder der Familie entscheidender zu sein als soziale Schicht oder Bildung (GOLDBERG 1991; SCHNEIDER 1990). Gegenstandslos wird die Rede von »der« Familie: wir haben es mit einem polymorph kontroversen Pluralismus (ROUSSEL 1988) von Familienformen zu tun.[1]

Wollte man die Kernproblematik modernen Familienlebens auf eine Formel bringen, so mit den folgenden Fragen: Wie kann man »Familie« leben bei gleichzeitiger Vervielfältigung der Familien-

1 Eine breite Literatur diskutiert den Zusammenhang zwischen dem Aufkommen neuer sozialer Bewegungen und »alternative lifestyles« (BOCK et al. 1988, HOLLSTEIN 1981, HENNIG 1988, MACKLIN und RUBIN 1983, SCHÜLEIN 1989, GIESEN 1986, WILLKE 1983). Der Einfluß des sozialwissenschaftlichen Diskurses in den Medien hat zur Annahme einer neuen »fiktiven« Identitätsformation (WEHRSPAUN 1988) geführt (kritisch zur »Versozialwissenschaftlichung« OEVERMANN 1985). Wie alternativ Lebende im Bedarfsfall therapeutisch zu behandeln seien, wurde diskutiert (LEVITT und RUBINSTEIN 1974, PHILIPPS 1983).

formen und einem Mangel an institutionalisierten Prototypen? Wie kann das Dilemma zunehmender Individualisierung bei gleichzeitigem Wegfall institutioneller Stützen (CLAESSENS 1979, TYRELL 1988) balanciert werden, wenn »Familie« in ihren Ansprüchen an die Intimisierung besonders aufgeladen ist (ZIEHE 1989, LUHMANN 1982, NAVE-HERZ 1988)? Man kann Familie traditionsentlastet »selber machen«, muß sie aber auch innovativ erfinden, und die »Anti-Familie-Familien« (BUCHHOLZ 1988, 1990, BUCHHOLZ u. KOLLE 1989) eignen sich in besonderer Weise dazu, solche Konfliktlagen moderner Familienformen zu untersuchen. Familiensoziologie und familientherapeutische Erfahrungen müßten sich hier produktiv durch qualitative Methoden verbinden lassen. Diese machen individuelle Motivierungen zugänglich, ohne die nach ROUSSEL (1988) die »demographischen Erdbeben« seit den 60er Jahren nicht erklärt werden können.

Zum Pluralismus der Familienformen

Ich steige noch einmal in veränderter Weise ins Thema des Pluralismus der Familienformen ein.

Gibt es eine Motivationskrise bei Ehe- und Familiengründung? Hat sich die Arbeitsteilung in der Familie verändert? Gibt es die neuen Väter eigentlich? Hat das Scheidungsrisiko zugenommen? Dazu einige demographische Daten: Das Heiratsalter ist gestiegen, aber die Heiratsneigung hat abgenommen; aus den USA wissen wir, daß fünf Sechstel der Männer und drei Viertel der Frauen, die eine Ehe eingehen, eine gute Chance haben, im Alter zwischen 24 und 32 zum ersten Mal geschieden zu werden; ähnliche Ergebnisse gelten für die Bundesrepublik. Das hat manche fordern lassen, die Frauen sollten weniger berufstätig sein. Schließlich weiß man: Je höher das Einkommen der Frau im Verhältnis zu dem des Mannes, desto höher die Scheidungswahrscheinlichkeit. CHERLIN (1979) nannte das in guter amerikanischer Tradition den »independence effect«. TRENT und SOUTH (1989) haben für unterschiedliche Gesellschaften gezeigt, daß die Scheidungshäufigkeit mit dem Anteil vollerwerbstätiger Frauen kovariiert – und dieser Befund ist unabhängig von anderen Faktoren! Die

Scheidungswahrscheinlichkeit bewegt sich in der Bundesrepublik auf die 40%-Marke zu. Scheidung und Scheidungsfolgen sind gleichsam, zählt man Kinder und Eltern zusammen, zu einem institutionalisierten Moment der Soziobiographie etwa der Hälfte der Bevölkerung geworden, aber die Stigmatisierung – auch im Verhältnis zu sich selbst – ist keineswegs aufgehoben.

Da Scheidungen verschiedene Familienkonstellationen nach sich ziehen, entstehen in allen Schichten Formen wie die Nachscheidungsfamilie, die Stief-Familie oder die Ein-Eltern-Familie. Mit diesen Namen drückt sich die semantische Hilflosigkeit gegenüber einem widersprüchlichen Phänomen aus: Scheidungen werden selbst wieder institutionalisiert und sollen gar wie Hochzeiten gefeiert werden. Zwar ist man an den Mythos eines einheitlichen Familien-Ideals gebunden – im übrigen aber geht man individuelle Wege. Der Preis dafür sind erhebliche Innovationskosten. Der Individualismus wird zugleich psychologisiert.

SCHNEIDER (1990) untersuchte die subjektiven Trennungs- oder Scheidungsgründe bei nichtehelichen Lebensgemeinschaften, Ehepaaren mit und ohne Kindern und bei Paaren ohne gemeinsamen Haushalt. Er stellt fest, daß die »klassischen« Scheidungsgründe (Alkoholismus, finanzielle Probleme) kaum noch[2] genannt werden; es findet eine Verschiebung von den »harten« zu den »weichen« Trennungsgründen zusammen mit einer Psychologisierung des Diskurses statt.

Man könnte vom Paradox einer »institutionalisierten Freisetzung« sprechen, das sich z. B. auch als »Partner-Mobilität« (nach einem Wort von HARTMANN TYRELL) manifestiert. Mit dieser lizenzierten Öffnung der Optionen dringen individualisierte Motive als Entscheidungsträger vor. Weniger die Tradition entscheidet; weniger ökonomische oder instrumentelle Motive bestimmen Eheschließung und Familiengründung. Vielmehr kann und muß man eine persönliche Entscheidung treffen; die psychologische Motivierung trägt entscheidend zur Herausbildung der Anti-Fa-

2 In seiner Untersuchung am ehesten noch bei den hochinstitutionalisierten Beziehungsformen, den Ehepaaren mit Kindern; deren subjektive Belastung ist auch am größten. Sie brauchen am längsten, um eine Scheidung vom ersten Gedanken daran bis zur Tat ausreifen zu lassen.

milie-Familien bei. Der Konflikt zwischen der konjugalen Ehe als Rechtsprinzip und als nicht-codifizierbarem Liebesverhältnis bricht in dem Maße auf, als Intimitätsansprüche bei zunehmender Einsicht in die verrechtlichte Ungleichheit zunehmen.

Merkmale der Anti-Familie-Familien

Diese Lebensform ist aus den »Kommunen« hervorgegangen und hat sich zu den Wohngemeinschaften verbreitert (SCHÜLEIN 1983, 1989; WILKE 1983). Motive der »Anti-Familie-Familien« finden sich nicht nur bei Studenten; sie repräsentieren und realisieren eine Einstellung gegenüber dem bürgerlichen Ehe-Ideal, die sich bei Lehrern, alternativen Handwerkern, aber auch bei geschiedenen Mittvierzigern findet: Daß die Institutionalisierung einer Beziehung durch Eheschließung zu restriktiv sei, und diese Kritik geht einher mit großer Bereitschaft, innovatives Potential einzusetzen. Auch dies soll durch einige demographische Daten verdeutlicht werden.

Von 1963 bis 1978 nahm der Anteil der Bevölkerung um 28% zu, der sich von der Ehe als Lebensform distanziert (SCHMIDTCHEN 1988). Sie bilden eine Teilgruppe der sogenannten »Ehen ohne Trauschein« – noch so ein merkwürdiger Ausdruck – , die ein gewandeltes generatives Verhalten zeigen. Ihre Zahl hat von 1972 bis 1982 um 277% (NAVE-HERZ 1988) zugenommen; es wird in einer Untersuchung des BMJFG (1985) geschätzt, daß bis zu 2,5 Mio Menschen in dem leben, was NAVE-HERZ (1988), ein »neues Partnersystem« nennt. Die Ehe verliert durch »die Entkoppelung des Zusammenhangs von Ehe und Zusammenleben«, von dem TYRELL (1988) spricht, ihre Monopolstellung. Untersuchungen über die Motive zum Zusammenleben (»cohabitation«, MACKLIN 1978) deuten darauf hin, daß die Sozialisation der Kinder mindestens eine weitere funktionelle Spezialisierung der Ehe und Familie darstellt [3]

3 WURZBACHER, der das gleiche Datenmaterial seiner Untersuchung über »Leitbilder deutschen Familienlebens« zugrunde legte wie SCHELSKY (1969), konstatiert schon damals einen Übergang von der

So unterscheiden sich Ehen und Anti-Familie-Familien hinsichtlich ihrer Institutionalisierung (verheiratet oder nicht) und hinsichtlich ihrer Motive zur Wahl der Lebensform, weniger jedoch hinsichtlich der Trennungs- beziehungsweise Scheidungsgründe; hier scheint der Umstand, ob Kinder vorhanden sind oder nicht, die Dimension der Institutionalisierung und der subjektiven Motivierung zu überlagern. Der zentrale Unterschied zum ehelichen Standard-Modell liegt in den personalen Motivierungen.

Weil der moderne Formwandel der Familie gebrochen ist durch ein hohes Maß an subjektiver Auseinandersetzung mit der zu wählenden Lebensform, verlangt die Pluralität der Lebensformen Entscheidungen und Begründungen, die gleichwohl nicht immer möglich sind. Die Frage etwa »Warum Kinder kriegen?« (SPANGENBERG u. ALTEVOGT-BRAUNS 1983) oder die persönlichen Stellungnahmen zu Krankheiten, Alter und Tod – also all jene »letzten Fragen« (PARSONS 1964), die OEVERMANN (1985) in seiner Kritik an der Versozialwissenschaftlichung moderner Identitätsformationen der »Lebenspraxis« zurechnet – all diese Fragen sind einer rationalen Begründung nicht bis ins letzte zugänglich, aber die Begründungsansprüche an die Legitimität der eigenen Entscheidungen steigen ebenso wie die an Intimität und Konsens.

Traditionell entlasten institutionelle Stützen nicht nur von der jeder dauerhaften Beziehung inwohnenden Ambivalenz; sie bieten darüber hinaus biographische »Vorlagen«, in die man nur »einzusteigen« braucht und für den Fall des Konflikts gibt es standardisierte Regulierungen (vor allem das Rechtssystem). Der Wegfall institutionalisierter Stützen hingegen macht sich bei den Anti-Familie-Familien besonders im Dissens der Trennung schmerzhaft bemerkbar, wo eine konsensuale Lösung erforderlich wird, für die emotionale Ressourcen mobilisiert werden müßten, die in Trennungssituationen nicht oder kaum aufgebracht werden können: alles bedarf der gegenseitigen und verläßlichen Absprache.

Meine These ist nun: Wenn solche Paare scheitern, dann nicht deshalb, weil institutionelle Stützen nun einmal unabdingbare Not-

---

»Elterbestimmtheit der Kinder zur Kindbezogenheit der Eltern« (zit. nach SCHÜTZE 1988).

wendigkeiten der *conditio humana*[4] sind; sie scheitern, wie ich zu zeigen versuche, wenn sie in ihren unbewußten Familienmodellen ans Traditionelle der eigenen Herkunftsfamilie verhaftet geblieben sind und den Anspruch der »subjektiven Modernisierung« noch nicht eingelöst haben.

Hier wird die Anwendung hermeneutischer Erschließungen verborgener Bedeutungszusammenhänge erforderlich.

Hermeneutische Methoden

Unter Hermeneutik will ich hier das verstehen, was MOLLENHAUER (1989) in einem Göttinger Vortrag über »die pädagogisch-hermeneutische Diagnose« als die »Kunst, Mitteilungen von Anderen zuverläßig auszulegen« angesprochen hat; wir legen aus und uns dabei hinein, und ohne Auslegung keine Interaktion. Hermeneutik als Lehre der Auslegung arbeitet somit immer mit zwei Parametern, mit der Sinngestalt des Textes und mit den interpretativen Kapazitäten des Interpreten, und beide sind nicht unabhängig voneinander.

FREUD (1905) hat diese gegenseitige Verweisung schon früh erfahren müßen. Als er um die Jahrhundertwende mit den Schwierigkeiten des Falles Dora ringt und als Dora ihm einen Traum mitbringt, der seine Vermutungen zu bestätigen scheint, schreibt er triumphierend an den damaligen Freund WILHELM FLIESS nach Berlin, daß der Fall »für die vorhandene Sammlung von Dietrichen«[5] wohl aufgehen werde.

Diese Metaphorik macht es deutlich: Die hermeneutische Entschlüsselung öffnet nur jene Türen, für die auch Dietriche, wenigstens aber die passenden Schlüssel, vorhanden sind. »Schlüssel« – das sind Interpretationskonstrukte, mit deren Hilfe wir durch

---

4 Wie konservative Vertreter der Institutionentheorie (GEHLEN 1957) nahelegen wollen. Kritisch zu GEHLEN CLAESSENS (1979), aber auch SCHÜLEIN (1987). Wie das institutionelle Moment auch wieder in die familientherapeutische Diskussion eingebracht werden kann, habe ich in meinem Buch »Die unbewußte Familie« (1990) zu zeigen versucht.

5 FREUD im Brief an FLIESS vom 14. Oktober 1900

Abstraktion Erfahrung organisieren und auf diese Weise Wissen erzeugen. Wenn FREUD etwa davon spricht, der manifeste Traum habe einen latenten Sinn, dann kann man diese Differenz von »manifest/latent« zu einem methodisch-hermeneutischen Schlüssel machen, der den verborgenen Sinn eines Traumes öffnet. Die entsprechende methodische Anweisung lautet dann etwa: »Lies jeden Traumtext so, als ob noch ein anderer Text verborgen darin enthalten wäre!« Durch die Anwendung solcher Deutungsregeln wird die Alltagshermeneutik, die jeder Interaktion inhärent ist, verfeinert, sie wird – wie MOLLENHAUER das benannt hat – zu einem »gebildeten Ratespiel«, das allerdings seine Schlüssel und die Schlösser, zu denen diese passen, gut kennen sollte – und das heißt in der Regel auch: die Schlösser kennen, zu denen die Schlüssel *nicht* passen.

Mit der beschriebenen methodischen Wendung wird deutlich, daß der hermeneutische Zugang die latente Bedeutung »entdeckt«, indem er sie konstruiert;[6] sie ist eine Bedeutung, die – der Musik vergleichbar – nur im Augenblick des Hörens existiert, und wenn die Interpretation nachvollzogen werden kann; die Interpretation soll deshalb möglichst in einer Gruppe von Interpreten gesichert werden.

FREUDS Vorstellung, daß der Fall Dora »für die vorhandene Sammlung von Dietrichen« aufgehe, muß nun aber auch als Bestandteil der therapeutischen Interaktion angesehen und als solcher dann »dekonstruiert« werden: sie entbehrt nicht einer gewißen erotischen Zweideutigkeit (WELLENDORF 1987, HERTZ 1983). FREUD entwirft sich mit den »Dietrichen« als Dieb, der damit

6 SPENCE (1987 und 1988) weist immer wieder auf diesen Irrtum hin: für Entdeckung wird gehalten, was Konstruktion ist. MEICHENBAUM (1988) bestätigt dies in seiner Erwiderung auf SPENCE an einem heiteren Beispiel: Ein psychotherapeutischer Freund von ihm habe den Anruf seiner Putzfrau erhalten, die gesagt habe: »I have no future«. Der erfahrene Therapeut beginnt sofort, sich Sorgen zu machen: War sie nicht am Morgen verstimmt? Hat sie sich nicht anders verabschiedet als sonst? Ist sie vielleicht suicidal? All diese Gedanken strömen ihm zum Bild einer Depression mit katastrophalen Folgen zusammen – bis aus den weiteren Äußerungen der Putzfrau klar wird: »Future« ist der Name des Reinigungsmittels.

illegitim das Geheimnis des »Falles«, eines jungen Mädchens von 16 Jahren, zu öffnen versucht – doch daß wir das verstehen können, verdanken wir auch wieder ihm.

Daraus lassen sich methodische Schlußfolgerungen ableiten: die Ebene des unbewußten Sinns wird erreicht, wenn wir primäre von sekundären Deutungen unterscheiden. Primäre Deutungen sind komplexitätsreduzierende Bebilderungen der Interaktion, die von den Interaktanden selbst vorgenommen werden. Ein Beispiel für eine solche primäre Deutung ist FREUDS »Dietrich«: mit diesem Gleichnis bebildert er seine Interaktion mit Dora. Er sieht sich als einer, der mit verschiedenen Schlüsseln ihr Schloß zu öffnen sucht.

Die Ausarbeitung der primären Deutung zeigt dann, daß eine weitere Bedeutungsschicht darin enthalten ist, die An «Deutung« wird durch die »sekundäre«, im eigentlichen Sinn psychoanalytische Deutung enthüllt, der Beobachter wird beobachtet. Dazu ein weiteres Beispiel:

MELANIE KLEIN deutete – wie es ihrem Konzept entsprach – einem kleinen Jungen alles, was er während der Behandlungsstunden bei ihr tat, als seinen unbewußten Wunsch, er wolle mit ihr sexuell verkehren. In der 5. Sitzung berichtete der Junge einen Traum; er hatte von jemandem geträumt, der es als seine Aufgabe ansah, die Welt mittels bestimmter Formeln zum Frieden zu bekehren. MELANIE KLEIN hat auch diesen Traum mit ihren Formeln gedeutet, aber JOHN GEDO (1986), Psychoanalytiker aus Chicago, kommt auf diese alte Geschichte zu sprechen und bemerkt trocken, dieser Traum bringe wohl deutlich die Wahrnehmung des Jungen von abgewehrten Selbstaspekten seiner Therapeutin zum Ausdruck.

GEDO macht ganz selbstverständlich von einem Deutungsmodell Gebrauch, wie ich es oben skizziert habe: Die psychoanalytische Situation ist eine interaktive;[7] beide Beteiligte »bebildern« ihre Interaktion, und diese Bildgebung kann auch durch einen Traum erfolgen. Der Traum bedarf hier nicht der Deutung, sondern er ist selbst schon eine »primäre« Deutung, ein Kommentar,

7 Die grundsätzliche Einbettung der therapeutischen Situation in eine Interaktion, und damit eine Absage an jeden Individualismus, habe ich (1988) unter Rückgriff auf die Sprechakttheorie darzustellen versucht.

aber diese Bedeutung enthüllt sich erst, wenn man die Deutung deutend »dekonstruiert«.

Wenn wir uns GEDO anschließen, dann lassen sich für die Frage der Hermeneutik unbewußter Sinnzusammenhänge zwei Schlußfolgerungen ziehen:

1. Einer psychoanalytisch inspirierten Hermeneutik erscheint der Prozeß des sich-gegenseitig-Auslegens (die primäre Deutung) als *unbewußte Kommunikation.*

2. Was GEDO hier vorführt, ist exemplarisch für die Chancen einer Hermeneutik von Familiengesprächen. GEDO deutet das Unbewußte nicht direkt, sondern er deutet sekundär die primäre »naive« Deutung des Jungen, und er macht dabei von einem Prinzip Gebrauch, wonach der Sinn einer Mitteilung weniger im Mund des Sprechers als vielmehr im Ohr des Hörers entsteht.

Die unbewußte Kommunikation macht es notwendig, die sekundäre Deutung von Deutungen macht es möglich, auch Familiengespräche trotz ihrer überwältigenden Komplexität einem Deutungsversuch zu unterziehen. Hörer reagieren auf mögliche Bedeutungsoptionen so, daß ihre Reaktion als Selektion verstanden werden kann; Hörer – also beispielsweise Kinder oder Ehepartner – realisieren selektiv bestimmte Bedeutungen, und dieser Vorgang müßte sich hermeneutisch rekonstruieren lassen. Im Laufe eines Interviews mit einer Familie schälen die Familienmitglieder selektiv bestimmte Bedeutungen heraus, auf die sie in zwei Weisen »festgelegt« sind: Äußerungen der Familienmitglieder gruppieren sich um eine dramatische Szene, an der sie handelnd und deutend beteiligt sind; solche »Szenen« enthalten einzelne Elemente, die ihrerseits in anderen »Szenen« auftauchen und die als »Erlebnissymbole« (CLAESSENS 1979) bezeichnet werden sollen. Ein Erlebnissymbol hat eine Stellvertreterfunktion; es repräsentiert ein Erlebnis aus einem Kontext in einem anderen Erfahrungszusammenhang, Vergangenheit kann so in der Gegenwart erlebt werden. Die Selektion von Bedeutungen erweist sich damit als keineswegs willkürlich, wenn auch nicht vollständig determiniert.

Im folgenden versuche ich eine solche Auslegung zu konkretisieren, um etwas über die unbewußte Dynamik der im ersten Abschnitt genannten Anti-Familie-Familien zu erfahren.

Ein Interviewtext

Es handelt sich im folgenden um das dritte Gespräch mit Herrn L. und Frau K., beide Mitte 30, die eine gemeinsame 7-jährige Tochter Hilke haben. Herr L. und Frau K. sind nicht verheiratet, sie lebten seit Hilkes Geburt zusammen in einer Landkommune; seit einem knappen Jahr haben sie sich getrennt, Hilke ist mit ihrer Mutter in eine gemeinsame Wohnung in ein nahegelegenes Dorf gezogen, während Herr L. am alten Ort wohnen blieb. Hilke läßt sich seit dieser Zeit nichts mehr sagen, sie terrorisiere beide Eltern und diese können sich nicht auf Absprachen, die Alltagsregelungen von Hilke betreffend, einigen.

Der Vater berichtet eine charakteristische Szene:

Vater: Gestern hab ich Hilke nach der Schule zu Lene (Frau K.,der Mutter von Hilke) gebracht, Lene hat zu der Zeit noch gearbeitet. Hilke und ich wollten dann schwimmen gehen, und ich bin runter gegangen ans Auto, um was zu richten, und als ich wieder rauf kam, hatte Hilke die Tür zugeworfen, und ich konnte nicht mehr rein. Ich hab halt keinen eigenen Schlüssel für Lenes Wohnung.

Herr L. schildert hier eine dramatische Szene aus dem familialen Alltag, die sich am Vortag mit seiner Tochter ergab. Neben einem ersten Widerspruch – er bringt Hilke zu deren Mutter Lene, obwohl die gar nicht zu Hause ist, um dann mit Hilke schwimmen zu gehen – fällt eine andere Unstimmigkeit auf: Seine Erklärung, er habe keinen eigenen Schlüssel, erstaunt nicht nur deshalb, weil sie im Tonfall zurückgenommen und bescheiden gemacht wird, sondern weil sie als eine »Erklärung« abgegeben wird. Wofür besteht hier ein Erklärungsbedarf?

Hilke hat die Tür zugemacht und er konnte nicht rein. Die soziologische Dimension dieser Szene wird erkennbar, wenn man sich auf einer Art Kontrastfolie vorzustellen versucht, ein autoritärer Vater hätte diese Szene noch in den 60er Jahren berichtet; er hätte nicht erklärt, keinen Schlüssel zu besitzen, sondern hätte eine mehr oder weniger lautstarke Auseinandersetzung mit der Tochter begonnen. Statt dessen wird hier der Konflikt konsensuell zu regeln versucht; der Preis für den Konsens ist der Erklärungszwang des Vaters. Es ist, als wolle der Vater sagen: wenn er den Schlüssel gehabt hätte, wäre das Problem nicht entstanden oder leicht zu lösen gewesen. Zwang zum Konsens heute, wo damals autoritäre Bestimmung gewesen wäre.

Aber: warum erzählt er die Geschichte dem Therapeuten? Hier äußert sich eine unausgesprochene Erwartung: daß der *Therapeut* Hilke zur Rede stellen soll – natürlich »therapeutisch«, also wiederum konsensorientiert. Dazu bräuchte allerdings der Therapeut den »Schlüssel« – und man kann sehen, daß diesem eine Bedeutung als »Erlebnissymbol« zukommt, die sich erst noch herausschälen muß. Die Bedeutung entsteht im Ohr des Hörers und deshalb empfiehlt es sich, auf die nun stattfindenden Bedeutungsselektionen zu achten.

Die Mutter fährt fort:

Mutter: Hilke hat es mir am Abend erzählt, und daß sie dann den Vater nach 'ner halben Stunde wieder rein gelassen hat. Es kommt ja auch drauf an, wie man das jemandem sagt; Reinhart (Herr L.) ist ja auch sonst sehr unaufmerksam, beim Essen oder so, da hab ich auch Schwiergkeiten mit.

Vater: Das Problem ist halt, ich kann da das Hausrecht nicht ausüben.

Die Mutter gibt hier eine gewisse Zwiespältigkeit zu erkennen, auch sie will den Konflikt konsensuell regeln und schlägt deshalb eine offene Deutungsmöglichkeit vor: Es könnte sein, daß Hilkes Verhalten eine Reaktion auf die *im allgemeinen* »unaufmerksame« Art des Vaters ist. Diese »Art« soll nun erklären, weshalb er überhaupt in diese Situation geraten ist. Gerade die Offenheit ihrer Deutung schiebt dem Vater allerdings den »schwarzen Peter« zu; sie ist pragmatisch gesehen ein Angriff gegen ihn, auf den er mit Verweis auf das Hausrecht reagiert, das er in der Wohnung seiner Freundin nicht ausüben könne. Das Hausrecht in der Wohnung seiner Ex-Freundin zu besitzen wäre, so eine erste Bedeutungsschicht des Erlebnissymbols, Zeichen für den Schlüsselbesitz. Er ist aber auch zugleich Indikator für ein ungelöstes institutionelles Problem, auf das der Vater aufmerksam machte: das Hausrecht.

Jetzt fangen wir an zu spüren, daß dieser in der institutionellen Sache richtige Hinweis auf die problematische juristische Seite ihrer Beziehung hier in einer Weise verwendet wird, die eher Fragen aufwirft. Der Vater bietet eine quasi-juristische Deutung der

Situation an, aber sie überzeugt nicht ganz, weil er gleichzeitig betont, wie wenig er mit »Schlüsselgewalt«, mit wie wenig »Hausrecht« er ausgestattet sei. Er, der eine alternative Lebensform abgekoppelt von institutionellen Vorgaben gewählt hat, besteht auf der Ausstattung mit formalen, institutionalisierten Rollenmerkmalen des Rechtssystems – das ist ein merkwürdiger Widerspruch. Es bestätigt sich, daß der »Schlüssel«, der funktional mit dem »Hausrecht« von ihm gleichgesetzt wird, nicht nur eine konkretreale, sondern auch noch eine symbolische Bedeutung hat. Hinter dem Problem mit der Alltagsregelung muß sich noch eine andere Bedeutung verbergen; die Lösung des »institutionellen« Problems, der Besuchsregelung, ist blockiert, solange an ihm noch eine andere Bedeutung mit abgehandelt wird.

Die Mutter berichtet nun, daß Hilke sich auch bei ihr schon öfter in ihr Zimmer eingeschlossen hat, und sagt dann:

Mutter: Hilke, daß du dich verschließt, ist doch im Grunde erst, seit wir in der neuen Wohnung wohnen.

Hilke: Sei still! Du hast mich doch gestern nicht abholen wollen, weil du dann mit Reinharts Arbeitskollegen zusammengetroffen wärst nach dem Schwimmbad.

Mutter: Ja, das stimmt, ich hab immer das Gefühl, daß Du Dich meiner schämst, Reinhart, vor Deinen Arbeitskollegen. Was ich nie verstanden habe.

Vater: Schämen ist nicht das richtige Wort, wir fangen halt immer gleich Streit an.

Therapeut: Es scheint so zu sein, daß immer einer ausgeschlossen sein muß; diesmal sind Sie, Frau K., anscheinend aus der Beziehung zu den Arbeitskollegen ausgeschlossen. Umgekehrt war es hier so, daß Mutter und Tochter zusammen sind, und Sie, Herr L., kommen nicht rein.

Die vom Vater einleitend berichtete dramatische Szene war keineswegs ein einmaliges Ereignis, Hilke verschließt sich öfter; und gleichzeitig wird damit eine neue Deutung angeboten: Hilke schließt nicht den Vater aus, sie schließt sich ein. Hilke reagiert mit einer Enthüllung der Motive der Mutter, die nicht erleben möchte, daß Reinhart sich ihrer schämt. Hier hat die Mutter sich verschlossen, und wir erfahren sogleich, daß Reinhart sich seinerseits vor ihr verschließt, weil er den Streit vor seinen Arbeitskollegen fürchtet. Dieses in den verschiedenen Szenen strukturell identische Moment des gegenseitigen Ausschließens hebe ich in meiner ersten therapeutischen Deutung heraus.

Darauf nun reagiert Hilke, indem sie mir ein Bild überreicht, daß sie auf einem kleinen mitgebrachten Block während der Stunde gemalt hat und dazu sagt:

Hilke: Da staunt jemand Bauklötze (lacht und läuft wieder auf ihren Platz).
Mutter: Ja, Reinhart, Du warst so oft so unaufmerksam, und immer dieses Fluchtverhalten, kaum kam mal 'n bißchen Spannung irgendwie auf, hast du gleich Hasch geraucht. Pfeife, ab hinter den Schleier. Immer war unser Kontakt damit unterbrochen.
Vater: Du hast das doch gar nicht mitgekriegt, wenn ich geraucht hab.
Mutter: Ich wußte nie, ist er für mich erreichbar oder nicht?
Therapeut: Ist die Tür zu oder nicht? Reinhart, Sie scheinen sich manchmal so hinter den Schleier zurückzuziehen, und dann haben Sie, Frau K., keinen Schlüssel.
Mutter: Ja, genau.
(kurzes Schweigen).

Zwei Ergebnisse der bisherigen Interpretation halte ich fest:

1. »Sich-Verschließen« ist nicht nur eine Art Überschrift für die dramatische Szene zwischen Vater und Tochter, sondern für die wechselseitigen Beziehungen innerhalb der Familie.

2. Das, was anfangs auf einer konkret-realen, den institutionellen Konflikt auszeichnenden Ebene sich abspielte, bekommt *auch in der Wahrnehmung der Familienmitglieder* eine symbolische Bedeutung.

Nach einem gewissen Schweigen überreicht Hilke mir ein neues Bild und erlaubt mir, vorzulesen, was sie darauf geschrieben hat:

Therapeut: Hilke meint, da sei etwas, was den Vater böse macht.
Vater: Wir haben uns immer wieder gefragt, ob es möglich sein würde ein gemeinsames Sorgerecht ... und ich hab Dich immer wieder gebeten, Dich auch mal in meine Lage ... (schweigt).
Therapeut: Was Sie böse macht, scheint's, ist, daß Sie Vater sind, aber sich als Vater nicht so richtig berechtigt fühlen.

Vater: Ach, das ist ein altes Problem. Meine Mutter ist vor einem Jahr gestorben,[8] sie hatte einen Herzfehler und war immer viel im Krankenhaus, und da war schon immer bei uns 'ne andere Frau im Haus, die die Wäsche machte und so. Und mein Vater war eigentlich Bäcker, und wir waren aber vier Kinder und hatten nie Geld, und da kam er immer abends, machte das Abendessen und verschwand dann noch mal zu 'ner anderen Arbeit. Als Kind hab ich ihn halt kaum kennengelernt. Ich war auch oft bei so'ner Tante.

Mutter: Das möchte ich auch mal sagen: Mit der Beziehung zu Deinem Vater war ich auch nie einverstanden, die war einfach unangemessen.

Vater: Naja, er hatte sehr viele Schwierigkeiten, den Tod meiner Mutter zu verdauen, und da hat er sich sehr allein immer gefühlt, er war gerade berentet worden und hätte endlich Zeit gehabt für seine Frau, und da starb die. Und er hatte überhaupt keine Kontakte bei uns im Dorf, die hatte immer meine Mutter so gemacht. Er war halt aus der DDR gekommen[9] ins Dorf meiner Mutter, und jetzt war er allein, und ich hab ihm da halt im wesentlichen zugehört, ihm mal die Wäsche gemacht und war halt zwei- bis dreimal die Woche bei ihm abends ... ich war halt doppelt behängt, hier und dort, aber die Beziehung zu meinem Vater war mir halt sehr wichtig. Ich hatte früher immer schwere Autoritätsprobleme mit ihm, bin mit 16 Jahren von zu Hause weg und jetzt so seine Schwäche erleben ...

Therapeut: Ja, und jetzt haben Sie ihn so umsorgt, so wie damals diese andere Frau, und es scheint, daß Sie nicht so sehr den Platz des Sohnes, sondern eigentlich mehr den Platz der Mutter ihm gegenüber eingenommen haben, Sie helfen ihm so gegen die Einsamkeit ... zu Hause scheint die Mutter mehr die Türen auf- und zugemacht zu haben, die hatte den Schlüssel, knüpfte die Kontakte.

Vater: Jaa, das stimmt irgendwie ... der Schlüssel, das ist irgendwie das Väterliche (lacht) mein Vater hatte auch nie einen bei sich ...

Hilke: Guck mal, Herr Buchholz!

(Hilke spielt am Puppentheater König und Königin).

---

8 Also zum Zeitpunkt der Trennung der Partner!

9 Schon in den 50er Jahren.

Was diesen Textausschnitt betrifft, so ist das eingetreten, was ich mit der anfänglichen Rede von den »Dietrichen« schon etwas vorbereitet hatte; der »Schlüssel« ist das Symbol des Väterlichen, aber ich glaube, der Weg, auf dem dies erfahrbar wird, ist doch aufschlußreich. Nicht der Interpret weiß das von vorneherein, sondern diese Bedeutung erschließt sich allmählich.

Zudem ist der Zusammenhang zweier »life events« deutlich geworden: die Datierung des Konflikts mit Hilke fällt zeitlich mit dem Tod von Herrn L.s Mutter zusammen. Herr L. hat hier nicht nur einen Konflikt zwischen zwei Loyalitäten zu bewältigen, sondern er ersetzt dem Vater die Mutter – und das hat auch eine soziologisch relevante Komponente. Da er in späteren Sitzungen davon spricht, daß er sich beim Zuhören gegenüber dem Vater tatsächlich irgendwie weich und eher weiblich empfunden habe, unterstelle ich die psychoanalytische Annahme eines sogenannten negativen Ödipuskomplexes hier einmal als erwiesen; sein Selbstkonzept verändert sich, und da ihm in seiner neuen Familie gleichsam die traditionellen institutionellen Stützen fehlen, um sich als Mann zu fühlen, bringt er dies defiziente Selbstgefühl in seiner ersten Äußerung zum Ausdruck: Er hat den Schlüssel nicht, und er erwartet ihn von einer Institution, wie etwa dem Rechtssystem – ersatzweise vom Therapeuten.

Damit will ich selbstverständlich nicht sagen, daß man sich nur mit traditionellen institutionellen Stützen als Mann fühlen kann, aber die moderne Frage, welche Identitätsentwürfe aus der Identifizierung mit den eigenen Eltern noch tragen und welche einer Änderung bedürfen, um den eigenen und neuen Ansprüchen an die Legitimität zu entsprechen, ist hier in einer unbewußten Verankerung zu sehen. In der Familie seiner Herkunft verhält er sich gemäß der alten Liebesmetapher, wonach Liebe zur Aufopferung verpflichtet – hier dem Vater gegenüber und in der unbewußten Bedeutung einer Identifizierung mit seiner Mutter; in seiner eigenen Familie allerdings gilt eine andere, neue Liebesmetapher: Kann die »Beziehung« (statt der Liebe) zu mehr Autonomie beitragen, wenn sie von vorneherein als »Problem« verstanden wird?[10]

---

10 Swidler (1980) hat auf den Wandel der Liebeskonzepte hingewiesen; mir erscheint es nicht ganz unwichtig zu verdeutlichen, daß in Anti-Familie-Familien über Liebe wenig im Sinn einer Passion, ei-

Deutlich dürfte geworden sein, in welcher Weise sich in diesem Fall institutionelle (rechtliche) Problematik und unbewußte Bedeutungsgebung miteinander verschränken; welcher Zwang zu konsensuellen Lösungen herrscht – Liebe wie Trennung gleichermaßen werden zu (Beziehungs-)Arbeit; wie sehr die institutionelle Freisetzung individuelle Motivierungen erkennbar werden läßt. Sie tragen die Chance der Personalisierung als eines Aspektes der mit der Freisetzung einhergehenden Individualisierung in sich. Der andere einleitend beschriebene Aspekt der Individualisierung, die Isolierung wird im Zusammenhang mit der mehrgenerationalen Verstrickung intensiviert. Auf diese Dilemmata von Anti-Familie-Familien wollte ich aufmerksam machen.

Diskussion

Ich möchte zum Schluß dieses Kapitels einige wenige Konsequenzen dieser hermeneutischen Untersuchung der Anti-Familie-Familien verdeutlichen.

Der *hermeneutische Zugang* am Text eines familientherapeutischen Gesprächsausschnitts exemplifiziert die These von der zunehmenden Bedeutung subjektiver Motivierungen und Konflikte bei alternativen Lebensformen. Darüber hinaus konnte, so hoffe ich, die andere These verdeutlicht werden, wonach unbewußte mehrgenerationale Tradierungen in dem Maße freigesetzt werden können, als institutionelle Vorlagen für die Wahl der Lebensform freigesetzt werden. Die Dilemmata, die mit der Freisetzung verbunden sind, vergrößern unter Umständen Entscheidungsrisiken, solange diese Lösungen nicht modellhaft erprobt sind, erhöht sich die Chance eines regressiven Rückgriffs auf eigentlich abgelehnte biographische Muster. Dies ist eine Erweiterung des mehrgenerationalen Konzepts, wie es SPERLING et al. (1982) vorgeschlagen haben.

---

nes leidenschaftlichen Erlebens gesprochen wird, sondern die Liebe von der »Beziehungs«-Metapher ersetzt wird, und das schließt einen Diskurs ein, in dem über Beziehung vor allem als über ein »Problem« geredet wird.

Es wird sich als sinnvoll erweisen, den Begriff der *life events* in einer *subjektivierten Fassung* zu erproben und vor allem die individuelle Verarbeitung – im konkreten Fall hier die Rotation in die Position der verstorbenen Mutter – zu untersuchen. In mikrosoziologischer Perspektive werden die Beziehung zwischen den Generationen vom Erlebnissymbol organisiert, und zwar so, daß unbewältigte reale Konflikte der einen Generation sich als seelische Konflikte der anderen Generation manifestieren. Diesen Befund, den ich auch an hermeneutischen Analysen anderer Familienformen immer wieder gefunden habe, nehme ich mittlerweile als gesichert an (BUCHHOLZ 1990 d)

SMELSER hatte ein Auseinanderdriften zwischen instrumentellen und affektiven Bereichen, zwischen Arbeit und Liebe, in der modernen Gesellschaft gesehen, und DREITZEL (1969) hatte eine zunehmende Isolierung der Verhaltensbereiche rollentheoretisch prognostiziert. SWIDLER (1980) zeigt jedoch, daß es eine quasi subkutane Fusionierung beider Bereiche gibt, die man beim Studium der Anti-Familie-Familien beobachten kann: Auch die Liebe wird zur Arbeit, zur Beziehungsarbeit (BECK-GERNSHEIM 1986, 1989, 1990). Das ist nicht nur Wortspiel. Der Liebe stehen nicht mehr äußere, sondern innere Hindernisse entgegen. Die Idee, den »richtigen Platz« in der Gesellschaft zu finden, verband im bürgerlichen Liebesmythos die Erfüllung der Liebe mit dem Erwachsenwerden und versöhnte die widerstreitenden Kräfte von adoleszenter Rebellion und einzugehendem commitment mit der Gesellschaft. Prestigeträchtige berufliche Positionen sind jedoch heute mit erheblichen Anforderungen an die Mobilität verbunden, den »richtigen Platz« gefunden zu haben wird eher als Ankunft in einer Sackgasse erlebt. Der »richtige Platz« wird – im Kontext einer Psychologisierung des öffentlichen Diskures – das eigene Selbst mit mobil einsetzbaren Ressourcen, es muß sozusagen »vibrieren«, um sich neuen Anforderungen gegenüber bereit und offen zu halten. Das ist eine Offenheit, die sich zugleich schützt, sie konfligiert jedoch mit den Liebesbindungen, und es entstehen neben den schon genannten weitere neue semantische Meisterleistungen, wie etwa die, daß jemand mit seinem »jetzigen Lebenspartner« 5 oder 6 Jahre zusammenlebe – das jedoch ist ein Alter, in dem Kinder gerade schulreif sind.

Am Ende seines Buches über »Liebe als Passion« faßt LUH-

MANN (1982) den Weg des Liebes-Codes über die Idealisierung und Paradoxierung zusammen und postuliert für die moderne Gegenwart eine *Problemorientierung*: Liebe wird in der radikalisierten Leit-Differenz zwischen persönlichen und unpersönlichen Beziehungen als »Problem« gelebt, beschrieben und erschrieben. Wie kann man aufrichtig sein, wenn Liebe gleichzeitig als Validierung der Selbstdarstellung aufgefaßt wird? Und wie bringt man die im Alltag vorhandene, gleichsam klinisch trivialisierte Selbstbeobachtung und Beobachtung von Beobachtungen mit der Liebe zusammen? Etwas süffisant merkt LUHMANN (1982, S.218) hier an, die Führung der Liebenden sei vom Roman auf die Psychotherapeuten übergegangen; aber das kann nur auf manche ideologische Produktion bezogen sein. Möglich wäre demgegenüber, und das habe ich hier anzudeuten versucht, eine Psychotherapie, die von den Einsichten einer auch historisch orientierten Soziologie profitiert und ihr dafür umgekehrt das zur soziologischen Weiterverarbeitung zureicht, was in aller Regel nur mit dem therapeutischen Ohr vernommen werden kann.

Ich möchte der Vermutung Ausdruck geben, daß hier eine unbewußte Dynamik sozialen Wandels sich manifestiert, die bislang von institutionellen Vorgaben gleichsam verriegelt und verregelt worden war; in dem Maße, wie solche Schlösser geöffnet werden, könnten wir es in der Zukunft auch mit einer Zunahme der Bedeutungen unbewußter Dynamiken im Zusammenleben zu tun bekommen. Und manche werden wir auch zu fürchten haben.

Wie lassen sich unbewußte familiale Dynamiken fassen und beschreiben? Am Beispiel der einnässenden Beate ließ sich die Wirkmächtigkeit triadischer Konstellationen verdeutlichen, und am Beispiel von Herrn H. konnte man sehen, wie Triaden auch im mehrgenerationalen Spiel rotieren. Deshalb will ich im folgenden die Theorie von den familialen Triaden weiter verfolgen und darstellen und damit verdeutlichen, daß wir uns jetzt jenem Teil des Buches nähern, in welchem Soziologen von den klinischen Erfahrungen profitieren können, nachdem ich ja zunächst mit einem eher soziologischen Akzent begonnen habe.

So wird es mir dabei um den klinisch wie sozialwissenschaftlich relevanten Nachweis gehen, daß die Differenz zwischen der institutionellen Rolle und der Rolle im unbewußten Spiel ein konstitutives Moment des familialen Konflikts darstellt; aber ich möchte auch nicht versäumen, darauf hinzuweisen, daß ich zwar Triaden beschreibe, aber in vollem Bewußtsein dessen, daß das nur eine heuristische Technik der Darstellungsvereinfachung bei gleichzeitiger Steigerung der Dimensionalität ist. Wahrscheinlich brauchen wir Denkmodelle, die noch größere Zusammenhänge zu konzeptualisieren gestatten, ohne auf Ideen wie die einer sinnlichen Subjektivität, Person und Phantasie zu verzichten.

Die Rotation der Triade

»... und wie rasch das Eine auseinandergebrochen wird in drei, die Dreieinigkeit! Drei, die einfachste Familienzahl, die man sich denken kann.«
(D.W. WINNICOTT 1990, S. 68)

Perspektivität, Person und Beziehung: Ergänzungen des Triangulierungskonzeptes

Was Psychoanalyse ausmacht, ist in zentralen Bereichen nicht diskursiv vermittelbar; die Psychoanalyse führt deshalb sehr unterschiedliche Diskurse, die aus verschiedenen Perspektiven sich einem Zentrum zu nähern versuchen, das andererseits nicht außerhalb des jeweils geführten Diskurses existiert. Solche Diskurse führt GILL (1987) auf. Neben Autoren, die das psychoanalytische Verfahren am besten in der Hermeneutik aufgehoben und ausgedrückt sehen, stehen solche, die als ihr Zentrum die Naturwissenschaften sehen; die einen möchten die Hexe Metapsychologie gerne verbrennen, die anderen können nicht auf sie verzichten wegen des Energiebegriffs, andere wollen sie durch informationstheoretische oder handlungssprachliche Konzepte[1] ersetzt sehen.[2] In welchem Verhältnis steht das Triebkonzept zur »Objektbeziehung«, die Selbstpsychologie zu interaktionistischen Ansätzen? GILL (1987) befürwortet schließlich das, was er den *person point of view* nennt: Die »Person« steht im Mittelpunkt der psychoanalytischen Wahrnehmung. »Person« braucht gar nicht inhaltlich angegeben zu werden; es ist – wie das der Familie – ein »leeres Konzept«, wie der Trieb, der Narzißmus und viele andere

1 Neben SCHAFER (1981) ist hier auch die Arbeit von SCHWARTZ (1987) zu nennen.

2 SCHMIDT-HELLERAU (1993) hat die Diskussion um die Metapsychologie kürzlich informativ zusammengefaßt.

mehr. Solche Konzepte erweisen ihren Nutzen durch die Erzeugung eines Koordinatensystems, innerhalb dessen Beobachtungen sinnstiftend integriert werden können. Solche Koordinatensysteme erzeugen Wissen, sie bilden nicht nur vorhandene »Information« ab. »Person« ist *ein* »point of view«, das heißt, es gibt andere, die ebenfalls möglich sind, und so plädiert GILL für einen Ansatz, den man perspektivisch und interpretativ zugleich nennen könnte: Mehrere Perspektiven stehen gleichberechtigt nebeneinander, sie erzeugen »disjunktive Modelle«,[3] die im Kopf des Betrachters zu einer Integration gebracht werden müssen. In dieser Hinsicht ist GILLS Vorschlag der Absicht LORENZERS (1984) verwandt, der die Eigentümlichkeit der psychoanalytischen Methode durch die Gleich-Gültigkeit ihrer naturwissenschaftlichen Fundierung *und* ihres Sinn verstehenden Verfahrens gewahrt sehen möchte; so kann die Psychoanalyse den Titel einer »Hermeneutik des Leibes« (LORENZER 1988) beanspruchen.

Neuere Entwicklung in der kognitiven Linguistik (JOHNSON 1987, LAKOFF 1987) bestätigen diese psychoanalytische Grundkonzeption. Der Körper wird hier als »generischer Term« eingeführt, dessen Produktionen auf dem Weg einer »metaphorischen Projektion« selbst abstraktestes Denken schematisieren. Beispielsweise bildet die frühkindliche Erfahrung ein Balance-Schema aus, etwa beim Erlernen des aufrechten Gangs oder bei Fertigkeiten wie dem Fahrradfahren; wer das durch Anwendung physikalischer Gesetze der schiefen Ebene oder des freien Falls lernen wollte, wird es nicht schaffen. Eben solche körperlich fundierten Balance-Schemata lassen sich dann in ganz anderen Domänen wiederfinden, wenn wir etwa davon sprechen, eine Beziehung sei »im Gleichgewicht«. JOHNSON (1987) zögert nicht, auch mathematische Gleichungen als von solchen leiblich fundierten Erfahrungen abgeleitet anzusehen. Der Körper als Bedeutungsgenerator – hier öffnen sich viele Möglichkeiten für eine neue Theorie der Bedeutungen, die an die »Metaphernanalyse« (BUCHHOLZ 1993) anschließen können.

---

3 Auch in der Physik nähert man sich der Definition von Grundbegriffen mit »disjunktiven Modellen« (vgl. dazu Modell 1986). DEVEREUX (1980) sieht in FREUD den Entdecker des »Komplementaritätsprinzips«.

Das Konzept der »Person« nun ist nach drei Seiten hin offen: zum Körper (oder besser: »Leib«), zum Intrapsychischen wie zur Interaktion: »Psychoanalysis must not only integrate the intrapsychic with the interpersonal, but it must also reach a synthesis between bodily and interpersonal interaction, recognizing all the time that interpersonal interaction can symbolize bodily interaction, understanding symbol in the wide sense, as denoting any signifier.« (GILL 1987, S. 32)[4]

Daraus ergeben sich bestimmte Folgerungen für die Konzeptualisierung der therapeutischen Technik, in deren Zentrum GILL die Ermöglichung des sinnlichen Erlebens der Beziehung für den Patienten durch den Therapeuten sieht: »The implications of the person point of view for the technique of psychoanalysis and psychotherapy depend on whether the therapy aims to make patterns of interpersonal interaction as explicit as possible. For me the acceptance of that aim defines psychoanalysis.« (GILL 1987, S. 35)[5]

»Beziehung« wiederum ist nun ein Konzept, das selbst perspektivisch angelegt sein muß; wie BATESON (1982) richtig ausführt, bedarf es der »doppelten Beschreibung«, damit Beziehung wahrgenommen werden kann. Die »Beziehung« gelangt nur dann in den Blick, wenn die Perspektiven des Einen *und* die des Andern miteinander integriert werden können.

Was also für die Psychoanalyse als ganze gilt, daß sie ihre »Tiefe« nur erfährt, erzeugt und vermitteln kann, wenn sie einen polymorph kontroversen Pluralismus von Perspektiven erzeugen, zu-

---

4 Deutsch etwa: »Die Psychoanalyse muß nicht nur das Intrapsychische mit dem Interpersonalen integrieren, sondern sie muß auch eine Synthese zwischen leiblich/körperlichen und interpersonalen Beziehungen erreichen unter ständiger Berücksichtigung, daß eine interpersonale Beziehung auch körperliche Interaktion symbolisieren kann, wobei Symbol in dem weiten Sinne verstanden werden soll, daß es jedes Bezeichnende bezeichnen kann«.

5 Deutsch: »Die Implikationen des Gesichtspunktes der »Person« für die psychoanalytische Behandlungstechnik hängen davon ab, inwieweit die Therapie darauf hin arbeitet, Muster der interpersonalen Beziehung so explizit wie irgend möglich zu machen. Für mich ist Psychoanalyse durch die Akzeptanz dieses Zieles definiert.«

lassen und integrieren kann, gilt auch für die therapeutische Situation selbst: Die »Person« ist nur durch die »Beziehung« und diese nur durch ständige Perspektivität erfahrbar.

Die Bewegung zwischen den Perspektiven erzeugt nicht nur Wissen; sie vermeidet auch den in der Geschichte der Psychoanalyse häufigen »Fehler«, auf den WURMSER (1981) hinweist, daß eine einzelne Einsicht aus dem gesamten Theorie-Gebäude herausgebrochen wird auf Kosten des Übrigen; sie vermeidet auch den anderen »Fehler«, daß Konzepte sich ausdünnen, wenn sie einmal entdeckt sind: Alles fällt unter »Narzißmus«, unter »frühe Störung«, unter »Borderline«, unter »Schuld«, unter »Spaltung«. Und schließlich kann auch die »danger of inertia« (WURMSER 1981, S. 5) vermieden werden: daß nämlich einmal etablierte Gedankenwege immer wieder ausgetreten werden. Hinweise auf neues Terrain werden nicht aufgenommen; die Landkarte behält ihre weißen Flecken, in einigen wenigen Regionen kennt man sich aus.

Demgegenüber meint das Komplementaritätsprinzip ein anderes Denken: Einsichten werden umso profunder, je mehr ihre Gegensätzlichkeiten verstanden werden. Von einer Einsicht kann man oft sagen, daß sie selbst, aber auch ihr Gegenteil wahr ist, und es könnte, wie MODELL (1986) vermutet, sehr gut so sein, daß es gerade die Widersprüche – Selbstähnlichkeit, aber ungleiche Strukturen – in FREUDs Werk sind, die seine unaufgelöste Faszination ausmachen. Intrapsychische Struktur und Interaktion gehen je auseinander hervor, aber sie lassen sich nicht ineinander auflösen – um nur ein Beispiel zu nennen.

Der philosophische Anthropologe PLESSNER (1982) liefert hier, wie ich schon angedeutet habe, weiterführende Überlegungen. Für ihn zeichnet sich der Mensch durch »exzentrische Positionalität« aus:

> »Der Mensch ... lebt und erlebt nicht nur, sondern er erlebt sein Erleben. Ihm ist der Umschlag vom Sein innerhalb des eigenen Leibes zum Sein außerhalb des eigenen Leibes ein unaufhebbarer Doppelaspekt der Existenz, ein wirklicher Bruch seiner Natur. Er lebt diesseits und jenseits des Bruches, als Körper und Seele *und* als die psychophysisch neutrale Einheit dieser Sphären« (PLESSNER 1982, S. 10f.).

Plessner packt diese »Einheit des Bruchs« in jene schon erwähnte prägnante Formulierung von der dreifachen Positionalität des Lebendigen, nach der das Lebendige Körper *ist*, *im* Körper und *außer* dem Körper ist als ein Blickpunkt, »von dem aus es beides ist.«

Für Plessner ist »Person« somit an drei Momente gebunden: an den Vollzug des »Bruchs« der drei Positionen, an deren »Einheit« sowie an die Integration der jeweiligen Perspektiven, die sich aus der Besetzung von Positionen ergibt. »Person« wird ein ideelles, geistiges Konzept. Ihm ist das doppelte Moment der *Selbsterzeugung*[6] und, schon angedeutet in Plessners Formulierung, das der *Selbstüberschreitung* zu eigen. Moderne Theoretiker des Selbst zögern nicht länger, die Ausdehnung von dessen »Pseudopodien« zu untersuchen und zwar freier von Wertungen, nach denen eine solche Fähigkeit, die Welt zur eigenen Sache zu machen und sich zur Ur-Sache der Welt, in einem pejorativen Sinne »narzißtisch« sei. Dies ist ein wichtiges Anliegen der narzißmustheoretischen Arbeiten von Kohut gewesen, das wieder vergessen wurde, auch wenn Wahl (1985) es ins Zentrum der Narzißmus-Debatte gerückt hatte.

Gegen Plessners philosophisch-anthropologische Gedankenführungen wird zu Recht eingewandt (zum Beispiel von Claessens 1979), daß sie menschliche Möglichkeiten als empirisch ohne weiteres vorhandene unterstellen, während es doch umgekehrt gerade zu ihrer Realisierung spezifischer Interaktionen bedarf. Ohne interaktive Hilfestellungen von außen würden Menschen von Geburt an nicht zu ihrer »exzentrischen Positionalität« gelangen können. Claessens (1979) ordnet solche Interaktionen dem Bereich

---

6 »Selbsterzeugung« meint jene Kreativität, die Stein und Stein (1984) im Anschluß an Hölderlins »poetisches Selbst« einer psychoanalytischen Kreativitätstheorie zugrunde legen; es könnte von hier aus Verknüpfungen zu modernen Konzepten der »Auto-Poiese« geben. Einen solchen Versuch, die Psychoanalyse an die biologische Epistemologie (Maturana 1982) durch Reinterpretation anzukoppeln, legten Brocher und Sies (1986) vor; allerdings kommen sie über eine Parallelisierung und Analogisierung nicht hinaus. Eine notwendige Auseinandersetzung mit den naturphilosophischen Traditionen seit Schelling hat Heuser-Keßler (1986) begonnen.

der »Soziabilisierung« zu, den er der eigentlichen »Sozialisation« zeitlich voranstellt; gemeint ist, was in psychoanalytischer Terminologie mit »frühen« Beziehungen gekennzeichnet wird: hier werden die Voraussetzungen für die Sozialisation geschaffen. Die sozialisatorische Paradoxie, der die Psychoanalyse auf der Spur ist, kann nun genauer angegeben werden. Sie besteht in einer Eigenart der conditio humana, wonach wir uns kulturell aneignen müssen, was wir biologisch schon besitzen.

Mir erscheint es nun sinnvoll, den Bereich der »Soziabilisierung« mit Hilfe einer Erweiterung der von MAHLER et al. (1978) entwickelten Konzepte genauer auszufüllen, so daß ein Versuch gemacht werden kann, den »person point of view« sozialisationstheoretisch zu fundieren. Er gipfelt in der Entdeckung einer anderen menschlichen Paradoxie: der Selbsterhaltung durch Selbstüberschreitung.

Die Triade als Subjekt

Die Untersuchungen von MAHLER und Mitarbeitern (1978) haben zusammen mit vielen anderen (etwa von SPITZ und BOWLBY) eine neue Dimension in das Verständnis der menschlichen Entwicklung und ihrer Störungen eingeführt.[7] Sie beschreibt eine aufsteigende, spiralförmige Entwicklungslogik, die sie mit dem Zustand des Totalen Subjekts – dem geschlossenen System des sogenannten normalen Autismus – beginnen und die sie in eine integrierte, das heißt individuierte Subjektivität einmünden läßt. Sie benutzt eine neue, berührende und inspirierende Sprache (»Auftanken«, »checking back«, »Ausschlüpfen« usw.), die sie weit über manche triebtheoretischen Engherzigkeiten hinausgelangen läßt (Vgl. EAGLE 1988). Das Konzept der Triangulierung, das aus ihren Forschungen stammt, ist mittlerweile ein Standard psycho-

7 SCHÜßLER und SCHÜßLER (1992) haben in ihrem Überblick über die Forschungen der »baby-watcher« (STERN, LICHTENBERG, EMDE u.a.) gezeigt, daß die neuere Forschung die entwicklungspsychologischen Annahmen von BOWLBY, aber auch von BALINT eher stützt.

analytischer Beschreibungen früher Entwicklungsprozesse geworden (vgl. ABELIN 1975; ROTMANN 1978, 1985, 1986; ERMANN 1985; HIRSCH 1988, FISCHER 1981; LAZAR 1988).[8]

Drei Linien der Kritik sind an MAHLERS Untersuchung festzustellen: Neben einem *mittelschichtspezifischen* »bias« schließe ihre Untersuchung praktisch die *Väter* aus; zum andern ist das Konzept des frühkindlichen *Autismus* empirisch nicht zu halten (vgl. SCHÜßLER u. SCHÜßLER 1992).

BAURIEDL (1988) bezieht sich auf die zweite Linie und sieht im Ausschluß des Vaters ein folgenschweres Problem: Die familiale Triade mit ihren schwierigen Balancierungsleistungen habe eine Tendenz, den Dritten auszuschließen, so daß sich die Triade reduziert auf »Dyade + ausgeschlossener Dritter«. Das aber ist ein Quell familialer Störungen, den die Theorie nicht einfach blind wiederholen dürfe. Tatsächlich sind psychoanalytische Autoren hier ambivalent.

Als Beispiel zitiere ich SPITZ (1973, S. 20), der über die frühe Entwicklung sagt: »Objektbeziehungen setzen ein Subjekt und ein Objekt voraus. In unserem Fall ist das Neugeborene das Subjekt.« Gemäß seinen eigenen Voraussetzungen kann sich ein Neugeborenes jedoch in dieser Weise noch gar nicht als Subjekt differenzieren; die Rede von »Subjekt« und »Objekt« auf dieser Stufe setzt voraus, was doch erst entwickelt werden soll. SPITZ (1973, S. 16) selbst schreibt wenige Seiten zuvor, daß das Neugeborene das erste Lebensjahr »sozusagen in einem ›geschlossenen System‹ verbringt, welches nur aus zwei Komponenten, nämlich Mutter und Kind, besteht.« Selbst wenn wir annehmen, daß diese Beobachtung empirisch triftig ist, muß als Subjekt der Entwicklung nicht das Kind, sondern das »geschlossene System« angenommen werden – die spezifische Qualität der *Beziehung* zwischen Mutter und Kind, die Möglichkeit des »Spielraums« (sensu WINNICOTT 1971) zwischen beiden, ist Subjekt der Entwicklung. LAZAR (1988) sieht bereits im Akt des Stillens die gemeinsame Erzeugung eines bisher noch nie dagewesenen »Dritten«: ein neues

8 In klinischer Hinsicht zeigen den Nutzen dieses Konzepts die Arbeiten von KIND (1988), PFANNSCHMIDT (1987) und ZEUL (1988); auch in den Forschungen über sexuellen Mißbrauch von Kindern wird es verwendet (NEY 1988).

Objekt – die Ausfüllung der (Mund-)Höhle des einen Körpers durch (erigierbares) Gewebe des anderen – entsteht; statt »entsteht« könnte ich auch sagen: wird lebenspraktisch »doppelt beschrieben«. So wie die »doppelte Beschreibung« des binokularen Sehens lebenspraktischer Vollzug ist, wird die leiblich-sinnliche Beziehung zwischen Mutter und Kind schon hier zum Generator der Erzeugung einer ideellen Struktur, die LAZAR als »drittes Objekt« beschreibt – es vermittelt der Beziehung Tiefe und Perspektivität. Es ist jedoch, anders als es das landläufige Verständnis von »Beschreibung« will, mehr als bloßes »Abbild«, sondern Praxis der Selbsterzeugung und Selbstüberschreitung zugleich.

In dieser Sicht ist es nur konsequent, wenn wir – um den Vater wenigstens in der Theorie nicht auszuschließen – weiter annehmen, daß das Subjekt der Entwicklung die gesamte Triade ist.

Eine solche Perspektive gestattet es nun, MAHLERS Konzeptionen aufzunehmen und fortzuführen, selbst wenn einzelne Annahmen von ihr empirisch nicht bestätigt werden können; wenn wir die Triade als Subjekt ansehen, ergibt sich die Möglichkeit einer Reinterpretation und Erweiterung ihrer Konstruktion.

Eine Typologie von Triaden

Nimmt man die These von der Triade (bestehend aus Vater, Mutter und Kind, oder aus Mutter, Kind und »drittem Objekt«) als Subjekt der Entwicklung ernst, dann wird deutlich, daß das Kind nicht erst mit seiner Geburt in die Triade eintritt und sie vervollständigt; vielmehr existiert das Kind – möglicherweise sogar schon vor seiner Zeugung – als ein Phantasma. Der Anfang[9] ist das Zu-

---

9 Ich möchte hier erwähnen, daß WINNICOTT (1958, S. 37) der Fähigkeit, allein zu sein, einen doppelten Anfang zuspricht: »Die Fähigkeit, allein zu sein, ist entweder ein höchst verfeinertes Phänomen, das in der Entwicklung eines Menschen nach der Herstellung der (gemeint: ödipalen; Einfügung von mir, MBB) Dreiecksbeziehung zustande kommen kann, oder sie ist ein Phänomen der frühen Kindheit, das besondere Aufmerksamkeit verdient, weil es das Fundament ist, auf dem das verfeinerte Alleinsein aufgebaut ist«. Damit visiert WINNICOTT eine

sammentreffen von Mann und Frau, in deren Phantasie das Kind ein Übergangsobjekt ist: es existiert nur im imaginären Raum. Als »phantasmatisches Kind« wird es Träger gemeinsamer elterlicher Projektionen – Wünsche und Ängste, die im Laufe der Schwangerschaft und nach der Geburt abgearbeitet werden müssen; den Konflikt zwischen dem *Realen Kind* und dem *Phantasmatischen Kind* erleben alle Familien paradigmatisch an der Frage: »Ist es ein Junge? Ist es ein Mädchen?«

Die Differenz zwischen beiden, dem realen und dem phantasmatischen Kind, formt den ersten Konflikt der Triade. Als Phantasieträger ist das Kind geradezu prädisponiert, irgendwo auf dem Kontinuum zwischen den Positionen »Kind-als-Monster« und »Kind-als-Erlöser« eingeordnet zu werden.[10] »Entwicklung« nun meint genau jenen Prozeß, bei dem es dem Kind und seinen Eltern gelingt, eine Differenz – den »Spielraum« – zwischen sich und die elterliche Phantasie zu legen; das Herauswachsen aus der Einbindung in elterliche Phantasmen ist »Selbst«-Behauptung im Wortsinne. Die pathologische Alternative zur Entfaltung des Spielraums ist ein »falsches«, ein nur konform auf mütterliche Imperative reagierendes Selbst. In der Entfaltung des »Spielraums« gelingt oder scheitert der Übergang vom Körper zur symbolischen Identität, der gebunden ist an Perspektivität, die in der Triade lebenspraktisch vor-existiert. KÖHLER (1986, S 77) zitiert den amerikanischen »baby-watcher« SANDER mit den Worten: »Was wir benötigen, ist eine Epistemologie der menschlichen Objektbeziehungen.«

Die Triade der Phantasie

So gewinnt die These von der Triade als Subjekt eine erste Differenzierung: Die Szene der Objektbeziehungen läßt sich als »Triade der Phantasie« konzipieren. Allerdings: schon die Paarbeziehung läßt sich streng genommen nicht als »Zweierbeziehung«

---

spiralförmige Entwicklungslogik an. Wir begegnen ähnlichen Themen und Konflikten stets neu, aber auf sozusagen höherer Stufe.

10 SCHACHTER (1985) beschreibt Familien, wo diese extremen Pole auf die Geschwister verteilt waren: ein »Engel«, ein »Teufel«.

auffassen. Schon früh, im Jahre 1899, schreibt FREUD an FLIEß: »Ich gewöhne mich auch, jeden sexuellen Akt als einen Vorgang zwischen vier Individuen aufzufassen. Darüber wird viel zu reden sein.« (FREUD 1950, S. 249). FREUD legt hier den Grundstein für seine Theorie der Bisexualität. Spät im Leben schreibt er: »Es gibt nur eine Libido, die in den Dienst der männlichen wie der weiblichen Sexualfunktion gestellt wird. Wir können ihr selbst kein Geschlecht geben«. (FREUD, GW XVI, S. 140). Auch im Rückgriff auf den griechischen Mythos, wonach die Menschen ursprünglich ein Geschlecht waren (GW XIII, S. 6), pointiert FREUD den Gesichtspunkt, daß die Partnerwahl im Grunde ein »Wiederfinden« ist, eine Suche »zur Wiederherstellung eines früheren Zustandes« (FREUD 1915) – und das ist eine seiner Definitionen für den Trieb.[11] Was WILLI (1975) und BECK-GERNSHEIM (1992) in den Titel ihrer Beiträge aufnehmen, »die Zweierbeziehung«, beschreibt somit nur eine manifeste Ebene; die psychoanalytische Erfahrung ist hier vielschichtiger. Nicht nur in sexuell-erotischer Hinsicht ist der Schluß erlaubt, daß wir es bei Paaren wohl nie mit nur zwei Personen zu tun haben; immer sind, in innerlicher Repräsentierung, andere konstitutiv mit anwesend. Die Herstellung der Zweierbeziehung ist, so gesehen, eine psychische und interaktive Leistung, die immer erst erbracht werden muß, vielleicht ein utopisches Ziel, das nicht erreicht, aber angestrebt werden kann.

Weil hier, in der Paarbildung, der Ausgangspunkt liegt, muß der Akzent psychoanalytischer Beschreibungen auf der frühen Mutter-Kind-Beziehung als Verkürzung aufgefaßt werden. Es geht in der Triade um ein Doppeltes: das Fertigwerden mit Vater und Mutter und um die Bewältigung der Bisexualität.

---

11 Nach REICHE (1986) lösen sich im Moment des Orgasmus die Bilder des Männlichen und des Weiblichen auf, sie verschmelzen – ein Gedanke, der FREUDS Vorstellung vom Eros als jener Kraft, die immer größere Einheiten stiften möchte, gut bestätigt.

Die Triade der Symbiose

Die »Triade der Symbiose« bildet eine nächste Etappe der Szene der Objektbeziehungen. Diese Namensgebung ist ungewöhnlich, weil die Symbiose als ein duales Geschehen konzipiert ist. Ich behalte diese eingebürgerte Bezeichnung bei, obwohl sich auch hier triadische Momente erkennen und beschreiben lassen: Innerhalb der Beziehung zwischen einer Mutter und ihrem Säugling gibt es die bereits im Anschluß an LAZAR (1988) beschriebene Dreidimensionalität, eine neue Teilobjektkonstellation, die als ein »Verbindungsglied« eine noch nie dagewesene Verknüpfung schafft.

> »Dieses Verbindungsglied sehe ich bereits als ein ›Etwas‹ bzw. als das ›Dritte‹, das in der Beziehung zwischen Mutter und Kind *immer* vorhanden ist, ebenso wie Vaters Penis in Mutters Scheide gewesen sein muß,[12] um das Kind überhaupt zeugen zu können. Die Mutter-Kind-Dyade ist insofern eine Illusion.« (LAZAR 1988, S. 30).

Die Erschaffung des »kombinierten« Objekts ist eine Triangulierung, die den schöpferischen Zeugungsakt zwischen Mann und Frau zum Vorbild hat: das Kind wird »doppelt beschrieben« (BATESON). Zeugung, Kreativität und Beziehung sind hier Begriffe, die noch in eins zusammenfallen. CASTORIADIS (1990, S. 491) sieht dies als Bühne einer Ur-Identität an, die als ein nicht sagbares Begehren das Unbewußte strukturiert: »Das Sein ist unmittelbar Sinn« (S. 488); das Begehren richtet sich auf jenen »›Urzustand‹ vor aller Trennung und Differenzierung, jene Proto-Vorstellung, die die Psyche nicht mehr hervorzubringen imstande ist, die aber ins psychische Feld unzerstörbare Kraftlinien eingezeichnet hat, daß darin Gestalt, Sinn und Lust eine unzertrennliche Einheit bilden« (S. 491). Und dann fährt er, wie um PLESSNERS Motiv von der Einheit des Bruchs aufzugreifen, fort: »Nur in der Psyche selbst findet es ein Bild, um sich Gestalt zu geben. Hat die Psyche erst einmal die Erfahrung des Bruchs mit ihrem monadischen Zustand gemacht, wozu das ›Objekt‹, der andere und der

12 Angesichts neuer Technologien ist das ein Satz, der schon veraltet klingt.

eigene Körper sie nötigen, so hat sie für immer ihre Mitte verloren und ist stets an dem orientiert, was sie nicht mehr ist, was nicht mehr ist und nicht mehr sein kann. *Die Psyche ist ihr eigenes verlorenes Objekt.«* (S. 492). Um diese Hervorbringung der Psyche geht es, und sie ist für CASTORIADIS zugleich »Entfremdung« durch einen unvermeidlichen Bruch.[13]

Das triangulierende Moment vollzieht diesen Bruch und bekommt im Zusammenhang der Frage nach den Möglichkeitsbedingungen des Erreichens »exzentrischer Positionalität« eine ausgezeichnete Stellung: Im Prozeß der beginnenden Soziabilisierung schiebt sich ein Drittes in die manifeste Dual-Beziehung, wodurch die Dichte und Enge der Symbiose ab ovo eine Chance zu ihrer Öffnung erhält. Es zeichnet sich die Möglichkeit einer Entwicklung ab, in der es um die ständige Übersteigung des Vorhandenen mit dem Ziel der Selbsterhaltung geht: Das Selbst der Dual-Union (SPITZ' »geschlossenes System«) kann nun nicht mehr nur individualistisch in bezug auf den Säugling verstanden werden; es erhält sich paradoxerweise auf lange Sicht nur dann, wenn die Symbiose verlassen und aufgegeben werden kann; das ist deshalb möglich, weil sie in sich Möglichkeiten zu ihrer Übersteigung enthält.

Ich spreche von der »Triade der Symbiose« aber auch noch in einem anderen Sinn. WINNICOTT hat an vielen Stellen feinfühlig beschrieben, daß auch die Mutter »gehalten« werden muß, so daß sie in der Lage ist, die tiefe Regression mit dem Säugling zu teilen, aber ihr auch wieder zu entsteigen. WINNICOTT ist vorgehalten worden, er beschreibe ein etwas bürgerliches Familienidyll; ich glaube allerdings, daß die Erfahrungen vieler alleinstehender Mütter ihm eher recht geben könnten. Psychoanalytische »family-watchers« bestätigen seine Auffassungen eher. KESTEMBERG et al. (1986, S. 141) schreiben:

13 Vor CASTORIADIS haben ganz ähnliche weitreichende Vermutungen Kliniker wie etwa WINNICOTT ausgesprochen, und FREUDS These von der »Urverdrängung« (1915) findet eine Fundierung; aber es geht auch um die Verknüpfung mit dem Mythischen: Ein alter ägyptischer Mythos verkündet, wenn die Menschen geboren würden, käme ein Engel, der ihnen den Finger auf die Lippen lege und sie verschließe; im Augenblick ihres Todes würde dieser Bann wieder gelöst. Das ist das »Sein«, über das nicht gesprochen werden kann (STEIN 1988).

»Aber seine Bedeutung gewinnt der Vater auch durch die Unterstützung, die er seiner Gefährtin während der Zeit bieten kann, in der sie ihren Narzißmus auf das Kind projiziert und dem Gefühl ausgeliefert ist, entweder vollkommen zu sein oder vollkommen zu versagen. Eine Unterstützung, die seine Rolle als Miterzeuger bestätigt und die Tür zur Rückverwandlung der Mutter in eine Frau offenläßt. Eine Bedeutung schließlich, die ihm aus der unmittelbaren Rolle zuwächst, die er – wie wir noch sehen werden – für das Kind spielt.«

Die Triade mit zwei Müttern

Es sind drei Beobachtungen, die mich annehmen lassen, daß nun eine »Triade mit zwei Müttern« folgt: Seit Väter sich mehr auf die Beziehung zu ihren Kindern einlassen, treffen sie verstärkt und erstaunt auf die Tatsache, daß Säuglinge, wenn sie vom Vater auf dem Arm gehalten werden, den Kopf zur Brust des Vaters drehen und Saugbewegungen zu machen versuchen. Etwas ältere Kinder (etwa ab dem 10. Lebensmonat) tasten mit der Hand auf Vaters Brust danach, ob er nicht auch einen Busen wie die Mutter habe. Schließlich, in der Phase des beginnenden Spracherwerbs, sind Kinder sehr unsicher; häufig verwechseln sie »Mama« und »Pappa« oder erfinden neue Namen wie »Mappa«, »Pams« (Mischung als »Pappa« und »Mams«). Solche Alltagsbeobachtungen, die sicher der Bestätigung bedürfen, lassen mich vermuten, daß Kinder den bei der Mutter erfahrenen symbiotischen Beziehungsmodus beim Vater fortsetzen wollen; der Vater fungiert hier als »zweite« Mutter. Der »Unterschied, der einen Unterschied macht«[14] ist noch nicht entdeckt. Das widerspricht nicht unbedingt dem von Kinderbeobachtern festgehaltenen Beziehungsunterschied zwischen der »nurturing mother« und dem »exciting father« (YOGMAN 1982, STERN 1985). Kinder machen von ihren »Objekten« in unterschiedlicher Weise Gebrauch. Ist in der Triade der Symbiose ein »Objekt« nichts anderes als eine Verlängerung der kindlichen Aktivität (LICHTENBERG 1983, S. 100), so erhält das »Objekt« nun neue Funktionen.

---

14 Das ist BATESONS (1980) Formulierung für »Information«.

Die »Triade mit zwei Müttern« ist eine »Passage«: Sitzt das Kind auf Mutters Arm, schaut es zum Vater; sitzt es auf Vaters Arm, schaut es zur Mutter.[15] Das Kind benutzt den einen, um den anderen aus der Distanz wahrnehmen zu können – bei gleichzeitiger Sicherheit; es kann die Sicherheit des symbiotischen Beziehungsmodus (beim Vater) benutzen, um eine Differenzerfahrung zu beginnen. Was die Entwicklung antreibt, ist dann der »Unterschied« in den erlebten Beziehungen. Das gleiche »Objekt« kann aus einer Nah- und einer Distanzperspektive wahrgenommen werden, beide Perspektiven konstituieren durch ihren Vergleich »Tiefe«.

Beide Geschlechter entdecken den »Unterschied«, der vom Phallus repräsentiert wird, als eine lebenspraktische »Information«. Sie macht einen Unterschied; die Entdeckung der Zweigeschlechtlichkeit in der Beziehung zwischen den Eltern mobilisiert die Auseinandersetzung mit der eigenen Bisexualität. CHASSEGUET-SMIRGEL (1988) zeigt, daß manche Widersprüche in FREUDS Theorie der Weiblichkeit sich auflösen lassen, wenn man die Annahme des phallischen Monismus fallen läßt; Kinder, so entwickelt sie am Material des »Kleinen Hans«, haben durchaus ein Wissen, daß die Vagina existiert. Wie dieses Wissen allerdings repräsentiert ist, bleibt auch bei CHASSEGUET-SMIRGEL undeutlich; eine Lösung dieses theoretischen Dilemmas zeichnet sich ab, wenn man annimmt, daß Wissen und »Sein« nicht durch »Repräsentation« verbunden sind, sondern in eins fallen. Die Symbolisierung des erlebten Unterschieds zwischen Vater und Mutter durch den Phallus mobilisiert nach dieser Annahme beim Jungen die latente weibliche Seite und die Identifizierung mit dem Unterschied (»weg von der Mutter« ist, nach STOLLER 1979, auf dieser Stufe die Bedeutung von »Männlich«); beim Mädchen läßt sie den »Unterschied zum Unterschied« entdecken, und damit leitet sich die beginnende Auseinandersetzung mit dem »fehlenden Teil« ein.

Ich bediene mich hier der Perspektive des Kindes, obwohl es leicht zu ergänzen ist, daß die Entwicklung des Kindes auch in

---

15 Ich vernachlässige hierbei, daß viele Kinder mehr als zwei »attachment figures« haben: Geschwister, Großeltern, Bekannte, andere Verwandte etc.

den Eltern sehr unterschiedliche und bewegende Reaktionen hervorruft. Es ist der Darstellung geschuldet, daß wir uns einzelner Perspektiven nacheinander bedienen müssen, die wir dann ineinander fügen, um einen Eindruck vom Gesamt der triadischen Bewegung zu bekommen. In genau diesem »Nacheinander« und in der anschließenden »Integration« (STEIN 1979) sehe ich auch jene psychische Leistung, die sich etabliert, wenn das Kind den Unterschied realisiert. Durch die Beziehung zum Vater, der in den Raum der mütterlichen Abwesenheit tritt, wird eine neue Zwischenetappe exzentrischer Positionalität erreicht: Das Kind kann die aus der Distanz wahrgenommenen »Objekte« vergleichen mit den Erfahrungen aus der Nähe, der »Vergleich« ist jene affektiv-kognitive Operation, die dem Kind im Sinne PIAGETS (1926, 1974) die Ausbildung eines sensomotorischen Schemas nicht nur eines »Objektes«, sondern von der »Beziehung« zwischen Objekten ermöglicht, indem beide Perspektiven miteinander in Beziehung gesetzt werden. Der Übergang vom Arm der Mutter auf den des Vaters errichtet eine neue Position, ex-zentrisch zur vorigen – das Selbst häutet sich. Die Triade schafft »Epistemologie«. KEGAN (1986) beschreibt die Übergänge zur »Exzentrik« in der Form, daß das Kind zunächst seine Affekte »ist«; von der neuen Position aus »hat« es sie. Die neue Position etabliert ein anderes Selbst. In der Triade führt die lustvolle und freudige Entdeckung des Trägers des Unterschieds allerdings auch zur Wahrnehmung der gewonnenen Distanz zum alten »Objekt«[16] – hinzu kommt die in diese Etappe fallende Entwicklung autonomer Funktionen wie etwa des Laufens –, und das löst Angst aus; die Wiederannäherung beginnt.

Die Triade der Wiederannäherung

In der »Triade der Wiederannäherung« pendelt das Kind, wie MAHLER et al. (1978) differenziert beschreiben, zwischen regressiven Verschmelzungswünschen mit der Mutter und der triumphalen Verteidigung des »Liebesverhältnisses mit der Welt«, der neu er-

---

16 Ich zögere etwas, weil ich ebenso gut: »zum alten Selbst« schreiben könnte.

worbenen Selbständigkeit und Grandiosität, die mit dem aufrechten Gang verbunden ist, hin und her; MAHLER spricht vom »Ambitendenzkonflikt«. Taucht der Vater als Vater auf, also als sinnlich-präsentative Symbolisierung des Unterschieds, entsteht eine Triade mit neuen Gleichgewichtsregeln: Es handelt sich um eine Triade mit »ganzen« Personen. Das bedeutet, es werden Konflikte eines neuen Typs thematisch, deren Inhalt die Balancierung der Beziehung zu je zwei anderen Personen ist. Ein Rückgriff auf eine »Zweierbeziehung« ist nicht mehr möglich, ohne die Folgen für den Dritten zu »bedenken«. Was klinisch als »frühe« Störung imponiert, wäre meines Erachtens oft angemessener als Triade mit ausgeschlossenem Dritten zu beschreiben; die Zweierbeziehung ist Produkt der Regression, nicht Ursprung.

Inhalt des Konflikts ist zunächst die Ein- oder Ausschließung des Dritten. Die Figur des Vaters, der hier als »der Andere« auftritt – also nicht an die biologische Funktion gebunden ist – ermöglicht dem Kind die Lösung des Ambitendenzkonflikts, indem er dem Kind einen Positionswechsel innerhalb der Triade gestattet. Die unumgängliche Zerstörung der illusionären Verschmelzung durch den hinzutretenden Dritten, der zwar den Weltzugang öffnet, aber deshalb immer auch »böse« ist (LOCH 1968), provoziert die Wut des Kindes: Seine Wut gilt nun dem Versuch, das neue Objekt zu »zerstören«, es außerhalb des eigenen omnipotent ausgedehnten Selbst zu stellen. Wenn das »Objekt« diese Wut überlebt (WINNICOTT 1972), wird hier definitv eine Trennung zwischen der inneren und der äußeren Welt gezogen; das innere Objekt kann in der Phantasie zerstört werden, wenn das äußere als »Subjekt« überlebt. Die kindliche Wut gilt der Zerstörung der separaten Wirklichkeit des »Anderen« – mit dem Ergebnis, sie zu entdecken.[17]

---

17 Wird dies Ziel, die Anerkennung des Anderen, verfehlt, so spricht die New Yorker Psychoanalytikerin und feministische Autorin JESSICA BENJAMIN (1988, S. 78) von der »false differentiation«. Ein Beispiel (S. 70): »The child who has been indulged, allowed to abuse his mother (or both parents), and given no limits to his fantasy of omnipotence is the typical ›sadistic‹ child. (›I can't control him‹, says the parent, and then repeats for the fifth time ›Michael, if you don't behave you'll have to leave the table and go up to your room.‹) For him, the

Eine weitere Dimension des Konflikts hat STERN (1985) beschrieben: Die Wiederannäherung kann auch gedeutet werden als Versuch des Kindes, mit den Folgen des Spracherwerbs fertig zu werden: Es kann sich *nicht mehr* in der Unmittelbarkeit des Kontakts wie zuvor, und es kann sich *noch nicht* zureichend und gut genug in der Vermittlung durch die Sprache mitteilen – und die Bewältigung auch dieses Verlustes stellt eine weitere Dimension des Konflikts dieser Etappe dar.[18]

Der Ambivalenzkonflikt mit der Mutter kann deshalb nur durch eine Lösung höherer Ordnung erfolgen, die von der Figur des Vaters personifiziert wird; das ist epistemologisch *und* interaktiv zu verstehen. Durch die Entdeckung der Welt des Anderen erwirbt das Kind die Konzepte der »Gegenseitigkeit«; durch die Identifizierung mit dem Vater erwirbt das Kind nicht nur einen neuen Blick auf die Mutter – die die Alte und die Neue zugleich ist[19] –, es kann auch sich selbst aus der väterlichen Perspektive betrachten. Die »Welt« wird nicht mehr allein nach den zwingenden Vorgaben der eigenen Befriedigungssuche interpretiert (was DUVAL u. WICKLUND 1972, die »subjective self-awareness« nennen); das Kind kann sich auch selbst als »Objekt« aus der Perspektive des Vaters betrachten (»objective self-awareness«). Mit der Festigung der exzentrischen Positionalität durch Identifizierung mit der väterlichen »Perspektive«, durch die Entdeckung einer unabhängigen »Welt«, werden die Objekte »konstant«; aber

---

real object, the one who cannot be destroyed, never comes into view. For him, agency and assertion are not integrated in the context of mutuality and respect for the other but in the context of control and retaliation. The sadist-child is cognitively aware of the difference between self and other, but emotionally this awareness is hollow and does not counteract the desire to control the other.« BENJAMINS Buch enthält eine Fülle von Anregungen.

18 HERZOG (1980) berichtet von 12 Jungen im Alter zwischen 18 und 28 Monaten, deren Vater sich von den Müttern getrennt hatten mit der Folge, daß alle Kinder phobieähnliche nächtliche Zustände entwikkelten. Ihre Versuche, im Spiel auf symbolischem Weg diese Situation zu bewältigen, ließen sich verstehen als Sehnsucht nach der Präsenz des Vaters; HERZOG spricht vom »Erlkönig-Syndrom« und vom »Hunger« nach dem Vater.

19 Auch sie wird nun »doppelt beschrieben«.

durch die Möglichkeit des Positionswechsels innerhalb der Triade, der Ex-zentrik, Perspektivität und »Beziehung« möglich macht, beginnt die Triade zu rotieren.

Wie erleben Mütter[20] diese Periode? Mit einiger Sicherheit muß zwischen dem Erleben von Müttern mit Mädchen und dem Erleben von Müttern mit Jungen unterschieden werden. Mütter können nämlich, gerade weil der Umgang mit dem kleinen Kind, seinen Zärtlichkeiten, seinen Berührungen auch sie erregt – was in der Regel streng tabuisiert wird – im Zustand der Verschmelzung mit dem Sohn eine Phantasie realisiert finden: die von der Wiederherstellung der sexuellen Einheit von Mann und Frau in einer Person. Mit dem männlichen Kind zusammen sind sie sozusagen in einem Zustand der Einheit von männlich und weiblich zugleich. Nicht alle Mütter natürlich erleben dies; sicher scheint jedoch nach den Kinderbeobachtungen von SCHMAUCH (1987), daß Jungen in diesem Alter sich weitaus schwerer mit der Tatsache der Getrenntheit abfinden als Mädchen. SCHMAUCH beobachtet an Mädchen diesen Alters, daß sie sehr viel früher in die Selbständigkeit entlassen werden, weniger häufig ins elterliche Bett kommen, seltener noch sich wieder an den mütterlichen Busen legen wollen als Jungen; letzteren wird ein erstaunlich weiter Regressionsrahmen erlaubt. Allerdings möchte ich hinzufügen, daß diese Beobachtungen weiterer Bestätigung bedürfen; wertvoll wäre es zu wissen, welche Konflikte Mütter wie Väter in welcher Weise dabei verarbeiten. Dem feministischen Denken verpflichtete Autorinnen äußern sich jedoch relativ einheitlich in dieser Weise (zum Beispiel OLIVIER, 1980). BENJAMIN (1988, S. 178) steht der homoerotisch gefärbten Beziehung zwischen Vater und Sohn in dieser Etappe sehr positiv gegenüber, weil sie die Integration der Bisexualität ebenso ermögliche wie eine reifere Identifizierung mit der Mutter; eine längere Periode der »Bisexualität« könnte Jungen zu weniger Abwertung des Weiblichen durch reifere Differenzierung von der Mutter (statt ihrer bloßen Ablehnung und Abwertung im Sinne des »weg von ...«) verhelfen.

---

20 Über das Erleben von Vätern wissen wir erstaunlicherweise nichts!

Wenn ich von der *rotierenden Triade* spreche, möchte ich eine Erweiterung des Konzepts der Triangulierung vorschlagen. Die erlebten Positionen stimmen nicht immer mit der institutionellen Rollen-Wirklichkeit überein. KESTEMBERG et al. (1986, S. 145) beobachten, daß es in der Triade »keineswegs nur das Kind (ist), das darin die Stelle des Kindes einnimmt.« Etwa dreijährige Kinder wollen das Spiel spielen, bei dem Vater oder Mutter das Kind sind, sie selbst Vater oder Mutter. Die Besetzung aller drei Positionen wird sukzessive erprobt, in allen drei Positionen wird Erleben entfaltet, aus allen drei Positionen kann es identifikatorisch beobachten, und das heißt auch: phantasieren. Kinder »springen« schnell von einer Position in die andere; Eltern sind dann oft erschöpft, weil sie ihr Kind nicht »verstehen«; es ist gleichsam stets woanders, ist ein anderes. Angetrieben wird die Rotation von einer das Kind zentral bewegenden Frage: Woher es stammt, und was Vater und Mutter dabei miteinander zu tun haben? Wie fügen sich der »Unterschied, der einen Unterschied macht« und der »Unterschied zum Unterschied, der einen Unterschied macht« ineinander? Positionswechselnd versucht das Kind, eine Antwort auf diese Frage zu finden; das Kind will gleichsam seine eigene Geschichte einholen. Es tritt in die ödipale Entwicklung ein, entdeckt die Zeit als eine nicht-reversible Dimension und stellt sich eine neue Entwicklungsaufgabe. Die Phantasie der eigenen Unendlichkeit muß aufgegeben, die Liebeswünsche müssen in der Endlichkeit realisiert werden. Das Kind interessiert sich für die Beziehung zwischen den Eltern, weil es nur so seinem eigenen Ur-Sprung auf die Spur kommen und weil es nur so seine eigene Bisexualität balancieren und zu einer sexuellen Identität integrieren kann. »Wenn alles gut geht« (WINNICOTT), kann es realisieren, daß es nicht schon immer »da« war, daß es eine Zeit der Liebe gegeben haben muß, die ebenso wie die »Welt« zeitlich vor ihm schon bestand und aus der es »doppelt beschrieben« hervorging. Das ermöglicht es ihm letztlich, seine eigene Schöpfung symbolisch nachzuvollziehen und selbst Schöpfer zu werden; der »gelehrte Säugling« (FERENCZI 1933) wird zu einem forschenden, die philosophischen Fragen des Konstruktivismus und seiner Dekonstruktion hin und her bewegenden Kind. Die Dimension des »Werdens«, die hier impliziert ist, bereichert sein Leben als ein großes Hoffnungspotential und ist eine nicht gering zu schätzende Möglichkeit für die Sublimierung von Größenphantasien.

Die Inversion der Triade: Strukturbildung

Durch die Rotation der Triade schließlich wird dem Kind eine Repräsentanz der »ganzen« Triade vermittelt; hat es lange genug und in steter Abwechslung die unterschiedlichen Positionen eingenommen, kann es die Triade als ganze komponieren: aus dreifacher Beschreibung entsteht eine neue ideelle Konstruktion. Das Kind ist nicht mehr nur Teil der Triade, die Triade wird »invers«, umgewendet: Das Kind erwirbt mit dem Blick auf die »ganze« Triade einen Standpunkt außerhalb, den PLESSNER als »exzentrische Positionalität« bezeichnet. Es erwirbt am Ausgang der »ödipalen Triade« das Konzept »Familie«, indem es innerhalb wie außerhalb ihrer steht, Teil von ihr ist und zugleich nicht. Es »hat« und es »ist«. Das Ziel ist Ex-zentrik, den Prozeß nenne ich Inversion. Mit der Integration der Perspektiven entsteht eine Repräsentanz des Ganzen der Triade, die die eigene Perspektive einschließt; durch die Rotation der Triade wird exzentrische Positionalität am Ausgang der Soziabilisierung erreicht.

In der hier beschriebenen Entwicklungslogik verbinden sich für beide Geschlechter die Themen der Individuation, der Sexualität und des Inzest-Tabus; es schützt in der hier entwickelten Sicht vor allem vor dem Verlust erreichter Grade der Individuation und hat seine Bedeutung in dem, was FREUD (GW XIII, S. 380) mit dem altmodischen Wort »Sittlichkeit«[21] bezeichnet.

---

21 KELLER (1986) macht darauf aufmerksam, daß FREUD mit der Sittlichkeit durchaus auch die »Gegenseitigkeit«, die Anerkennung der Unabhängigkeit anderer Personen – und damit auch die Verbundenheit durch Abhängigkeit von ihnen – meint; das akzentuiert etwas anderes als das Konzept der »Autonomie«, das auf kompakte Grenzziehungen, auf Abgrenzungen abzielt, auf Selbstbehauptung gegen andere. Sittlichkeit ist ein »weicheres« Konzept – es wieder verstärkt zu verwenden, könnte auch eine Kritik impliziter psychoanalytischer Wertungen nach sich ziehen.

Es zu überwinden, hat eine doppelte Bedeutung: es kommt der Ablösung vom System unbewußter triadischer Beziehungskonfigurationen gleich; es meint zugleich die Integration der Bisexualität mit dem Resultat einer »sittlichen«, also von äußeren Einflüssen (Geboten, Verboten und »Systemzwängen«) und innerem Drängen gleichermaßen freien Persönlichkeit. Das Durchlaufen der Triaden, die in der Soziabilisierung die Konzepte der Beziehung, der Perspektivität, der doppelten Beschreibung und der Gegenseitigkeit (d.h. Anerkennung der Abhängigkeit) erwerben läßt, ist jene Leiter, die nach erfolgtem Aufstieg nicht mehr benötigt wird, wenn der ödipale Konflikt durch »Inversion«, das heißt durch Strukturbildung überwunden wird: Die Triade erweitert sich zur Pyramide, an deren Spitze ein (psychoanalytisches) »Ich« die exzentrische Position behauptet.

Ein Fallbeispiel

Ich glaube, daß sich solche Prozesse der Strukturbildung in der psychoanalytischen Situation beobachten lassen; aus der These von der Rotation der Triade folgt als eine methodische Anweisung das Prinzip der Umkehrung: alles, was über einen Anderen berichtet wird, kann auch für einen selbst oder für einen anderen gelten – und umgekehrt. Es kommt auf die mühsame Arbeit der Verknüpfung des Materials an, so daß es sich sinnvoll zusammenfügt. Ich möchte das an einem Fallbeispiel erläutern:

Frau Q. stammt aus einem desolaten Elternhaus, das sie im Alter von 13 Jahren fluchtartig verlassen hat. Sie hat, um sich »durchzubringen«, in Bars gearbeitet und dabei auch gegen Geld mit Männern verkehrt. Durch ihre Heirat ist ihre äußere Situation sehr stabilisiert worden; als sich ihr Mann – ich nenne ihn Werner – von ihr trennt, sucht sie den Psychotherapeuten auf. In einer Stunde berichtet sie, daß sich ein anderer Mann – ich nenne ihn Alfred – für sie interessiere, sie wisse aber nicht, ob sie ihm von ihrer »Vergangenheit« erzählen solle, sie fürchtet, daß er sich zurückzieht. Die Vergangenheit stehe zwischen ihnen – aber, so sagt sie nun, man müsse eben lernen, in der Gegenwart zu leben.

Hier kann man sehen, es gibt mehrere Triaden: Zwischen Frau Q. und den Männern steht – vermittelnd/verbindend – das Geld, zwischen ihr und Alfred steht als drittes Objekt – trennend – die »Vergangenheit«, zwischen ihr und mir als ihrem Therapeuten steht ebenfalls die »Vergangenheit«, doch soll sie weder »vermitteln/verbinden« noch trennen. Sie soll besprochen werden.

In der folgenden Stunde berichtet sie von einem Brief des Vaters, den dieser an sie geschrieben habe; es hat sie empört, daß der Vater den Brief mit der Schreibmaschine geschrieben hat. Das hat sie als unpersönliche Distanzierung empfunden. Ihren Wünschen nach Verbindung mit dem Vater, so arbeiten wir heraus, steht die »Schreibmaschine« entgegen.

Eine neue Triade: zwischen ihr und dem Vater steht die Schreibmaschine; sie trennt beide voneinander.

Ja, erinnert sie, er habe immer Hobbies gehabt, hinter denen er sich verschanzt habe; statt mit seinen Kindern zu spielen, habe er Schmetterlinge aufgespießt und sortiert. Dann fällt ihr ein weiterer Grund ihrer Wut und Enttäuschung auf den Vater ein: Ihre Schwester war zu Besuch und hatte berichtet, sie habe herausbekommen, daß der Vater früher schon einmal verheiratet gewesen sei – und zwar mit einer Bardame! Beide hatten bislang davon nichts gewußt. »Ich frage mich, soll ich meinen Vater darauf ansprechen?«, fragt sich Frau Q., um dann fortzufahren: »Ach was, was geht mich denn seine Vergangenheit an. Die steht doch nur zwischen uns.«

An die Position der Schreibmaschine, der Hobbies des Vaters tritt nun ein anderes, trennendes drittes Objekt, das schon bekannt ist: es ist die »Vergangenheit«. Dies Trennende versucht Frau Q. abzuwehren, indem sie sich mit dem Vater auf der Linie verbindet, daß »Vergangenheit« keine Rolle spielen soll – eine ideologisierende Abwehrbewegung, die versucht, Bedeutungen vorzuschreiben.

Wir besprechen nun, daß sie in bezug auf Alfred das gleiche Problem formuliert hat: die Vergangenheit steht zwischen ihnen. »Es ist, als ob der Vater mit seinen Hobbies einen Zaun um sich gezogen hat; sein Blick richtet sich auf die Hobbies, während Sie möchten, daß er Sie bemerkt«, formuliere ich als Deutung. Als sie diese Metapher aufgreift, und ich merke, daß sie sie versteht, fahre ich fort: »Vielleicht, daß Sie gerne das Hobby des Vaters gewesen wären.« Sie schweigt, lacht dann etwas und sagt: »Oh, das ist hart – aber es stimmt; ich betrachte ja den Alfred eigentlich auch nur als Hobby« (weil sie immer noch auf Werner hofft). Und dann sagt sie nach einer Pause, schon weinend: »Es könnte ja auch noch mal umgekehrt sein, daß ich immer versucht habe, das Hobby der Männer zu sein.« – In der darauffolgenden Stunde berichtet sie, sie habe zum ersten Mal eine Ahnung davon bekommen, warum sie eigentlich diese »Vergangenheit« (Beziehungen zu Männern gegen Geld) habe.

Meine metaphorische Deutung – geht der Blick des Vaters über den »Beziehungszaun« hinaus? – bringt die beschriebenen Triaden zur Rotation: Frau Q. wechselt auf die väterliche Position und bemerkt von dort aus, daß sie Alfred – eben in Identifizierung mit dem Vater – nur als »Hobby« betrachtet habe. Und schließlich wechselt sie in die Position der »Hobbies« und entdeckt ihren Wunsch, der Blick des Vaters möge auf ihr statt auf den Schmetterlingen ruhen[22] – und indem sie so die Positionen rasch wechselt, merkt sie, daß sie in jeder Position gefangen ist im Phantasma der Anderen: sie spielt die je komplementäre Rolle des Anderen, ohne selbst Subjekt zu sein, sie ist das Hobby. Der Wechsel zwischen den Positionen ermöglicht ihr eine Anschauung des Ganzen der Triade und mit dem Erwerb der Anschauung bezieht sie selbst Position, exzentrisch zur Triade.

Selbsttranszendenz

MAHLERS Forschungen, auch wenn sie in empirischen Details nicht bestätigt werden mögen, enthüllen ein entwicklungslogisches Konstruktionsprinzip, das in der Aufeinanderfolge der Triaden – für die ich keine zeitliche Stringenz, sondern eher ein teleskopartiges Ineinander postuliere – meines Erachtens am deutlichsten wird.

22 Ihr Wunsch ist, genau genommen: der Blick des Vaters möge sie statt der Schmetterlinge aufspießen.

Beziehungen, selbst die vermeintlich dualen, sind triadisch angelegt, und das ist die Chance ihrer Entwicklung. Das triadische Moment konstituiert eine Differenz und damit ein kreatives Potential; dies legt nahe, sich von Gleichgewichtsmodellen zu entfernen und mit der Annahme zu spielen, daß Ungleichgewichtszustände das in der Entwicklung interessantere Moment darstellen. Gleichgewichtszustände erscheinen nur als Durchgangsetappen; was die Entwicklung antreibt, sind vielmehr Imkompatibilitätserfahrungen (im Sinne PIAGETS) oder, in der Sprache der Psychoanalyse, innere Konflikte; das eben sind solche, die die Integrationsfähigkeit einer gegebenen Etappe überschreiten und deshalb zu einer Reorganisation des Selbst auffordern. Auf der Stufe der Triade der Phantasie ist es der beschriebene Konflikt zwischen dem phantasmatischen und dem realen Kind, dem folgt die Schaffung eines noch nie dagewesenen »Dritten« in der Triade der Symbiose, dann die Entdeckung der Differenz in der Triade mit zwei Müttern auf dem Hintergrund der diese Erfahrung sichernden »Gleichheit« von Vater und Mutter; in der Triade der Wiederannäherung wird die Differenz vom Vater personifiziert und in der ödipalen Triade schließlich ein schöpferischer Akt: die Strukturbildung vollzogen. Auf jeder Stufe ist ein interaktives Moment gesetzt, das über sich hinausweist und erzwingt, daß Lösungen höherer Ordnung durch Strukturbildung gefunden, erfunden oder entwickelt werden.

Das je konstituierte Selbst muß sich verlassen, um sich zu bewahren. Ich bezeichne dies als das *Metamuster der Selbsttranszendenz.* Es findet – nach dem Durchgang durch die Triaden – am Ende erneut ein Subjekt vor, dessen Fähigkeit allein zu sein, sich verfeinert hat. Auf höherer Stufe gelingt der »Ausdruck seines fundamentalen Entwurfs« (KOHUT 1975, S. 274),[23] indem ein altes Thema, die Bewältigung des Alleinseins, erneut aufgegriffen

---

23 KOHUT trägt hiermit ein älteres philosophisches Thema, die Frage der Entelechie, in die psychoanalytische Theoriebildung ein; WAHL (1985) hat ebenso wie STEIN (1979) auf solche Wurzeln des Narzißmuskonzepts nachdrücklich hingewiesen. Die alte These von DAHMER (1973), daß Psychoanalyse eine angewandte Form der Philosophie (vor allem des deutschen Idealismus) ist, ist bedauerlicherweise unter dem Einfluß der Medizinalisierung gänzlich verloren gegangen.

wird. Es geht in der menschlichen Entwicklung um die Bewältigung des Paradoxons: Muster des Selbstentwurfs durch Selbstüberschreitung zu realisieren.

Ich hege die Vermutung, daß manche theoretischen Differenzen beigelegt werden können, wenn man sich eine Konsequenz des Metamusters der Selbsttranszendenz verdeutlicht: Das Selbst fällt nicht mit individualistischen Perspektiven zusammen, vielmehr realisiert sich das Selbst gerade in der Opposition, in der »Begegnung«, der »Anerkennung« des Anderen und bringt so die fundamentale Gesellschaftlichkeit des Menschen in exzentrischer Positionalität zur Geltung. Der geheime Individualismus (in der Überbetonung der »Abgrenzung«, der »Autonomie« beispielsweise, aber auch in einer ausschließlich biologischen Fassung des Triebs) mancher Konzepte könnte sich als revisionsbedürftig erweisen. Ich sehe dafür vier Bereiche:

FREUDS These von der *»Einheit« der Libido* kann als konservatives Relikt verstanden werden; es ist aber auch ein Verständnis möglich, das dieser These einen utopischen Gehalt zuspricht. Die Erweiterungen der Sexualtheorie durch PARIN (1987), wonach die Libido das ungerichtete »Sexuelle«, die Ausformung zur »Sexualität« aber bereits dem Einfluß der Kultur (und ihrer Repräsentation im Ich) geschuldet ist, öffnet eine Möglichkeit, diese Einheit als anzustrebende anzusehen (ähnlich auch REICHE 1986); der Tendenz des Eros, immer größere Einheiten zu schaffen, müßte unsere Anstrengung der Einigung (STEIN 1988) unterstützend hinzukommen. Dies ist eine Idee, die FREUD in seinem Briefwechsel mit EINSTEIN (»Warum Krieg?«, 1932) nahelegt.

Will man den Individualismus aufgeben, folgt daraus ein *Verzicht auf die (diagnostische) Beschreibung von »Eigenschaften« und »Funktionen«*; wie oft ist die Wut eines Kindes, sind die Tränen einer Frau deren Charaktereigenarten zugeordnet worden unter Außerachtlassung des Aspekts, daß Beobachter von Eigenschaften ihrerseits an der Erzeugung von Beobachtungen beteiligt sind. Das gilt natürlich auch für die äußerst komplizierte Frage, in welcher Weise Therapeuten über »Eigenschaften« ihrer Patienten berichten oder sich austauschen; der Akzent der Beschreibung auf dem Patienten statt auf der »Beziehung« ist vielfach immer wieder beklagt worden. Der Individualismus, der sich auch darin geltend macht, könnte sich als eine Perspektive erweisen, die eine unbewußte, das heißt unaufgeklärte sexualpolitische Dimension der Psychoanalyse transportiert, insofern nämlich, als eine solche individualisierende Beschreibung ein »Werkstatt«-Modell der therapeutischen Situation impliziert: Es ist der Patient, der wegen seiner defekten »Funktionen« zum Therapeuten kommt, der ihn mit den Instrumenten seines Wissens »repariert«. Eine solche instrumentell interpretierte Praxis kann leicht als »männliche« Version der Psychoanalyse identifiziert werden; ihr stünde eine »weibliche« dialogische Praxis gegenüber[24] – aber solche konfrontierende Gegenüberstellung überschreitet die Grenzen des Individualismus erst, wenn die analytische Praxis im Vor-Entwurf des Analytikers zu einer Integration der männlichen und weiblichen analytischen Funktionen gelangen konnte (vgl. hierzu CHASSEGUET-SMIRGEL 1988). Ein Kernpunkt der oben angesprochenen, nicht diskursiv vermittelbaren Bereiche therapeutischen Könnens könnte hier liegen; allerdings bleibt die Frage, wie darüber eigentlich gesprochen werden kann?

Wenn *Perspektiven Wissen erzeugen* und Anschauungsweisen zur Erzeugung von Wissen sind, ergibt sich auch eine methodische Folgerung, die behandlungspraktische Konsequenzen hat: *Die Übertragung könnte als ein Verfahren studiert werden, mittels dessen Patienten sich ihren Therapeuten erzeugen*; und auch die umgekehrte Blickrichtung ist sicherlich von größtem Interesse. Wenn Perspektivität und Exzentrische Positionalität im beschriebenen Verhältnis zueinander stehen, könnten therapeutische Prozesse daraufhin untersucht werden, wie Perspektivität eingerichtet, hergestellt und aufrechterhalten werden kann – denn nur dann kann die »Beziehung« erlebt, also »doppelt beschrieben« werden – und welche behandlungstechnischen Schritte – abhängig vom Fixierungniveau – jeweils notwendig sind, um als Hilfestellungen für den Erwerb exzentrischer Positionalität empfunden zu werden. TÄKHÄ (1981) faßt Psychotherapie unter einem verwandten Gesichtspunkt als »phasensezifische Interaktion« auf.

Schließlich ist das *»Selbst« ein über individualistische Begren-*

24 Zur Geschichte dieser aufgespaltenen Behandlungstechnik innerhalb der Psychoanalyse vgl. CREMERIUS (1979).

zungen hinausweisendes Konzept (STEIN 1979);[25] und das ist in einer Zeit, wo wir realisieren müssen, daß Welt- und Selbsterhaltung die gleichen Anstrengungen erfordern, nicht ohne Bedeutung.

---

25 Vgl. in konkreter historischer Untersuchung dazu BUCHHOLZ und BUCHHOLZ 1977.

Die Regression der Triade

»Die Abänderungen etwa, die ein Verhältnis durch den Übergang seiner Elemente aus der Distanz in räumliche Nähe erfährt, bestehen keineswegs nur in steigender Intensität der Verbindung, sondern ebenso sehr in Abschwächungen, Reserven, Repulsionen. Neben jenen direkten Antipathien, die der sinnlichen Nähe entquellen mögen, wirkt hier hauptsächlich das Ausbleiben oder das Dementi der Idealisierungen ...«
(GEORG SIMMEL 1908, S. 493)

Der Stand der Diskussion

Bevor ich nun fortfahre, möchte ich zusammenfassend den Stand des bisherigen Argumentationsganges festhalten. Angesichts des rasanten Wandels familialer Lebensformen hat es sich als notwendig erwiesen, »Familie« als ein leeres Konzept einzuführen. An die Stelle einer Beschreibung dessen, was Familie sei, trat die Darstellung methodischer Perspektiven, mittels derer Familien beschrieben werden können. Ich habe sie die institutionelle, die ideologische und die unbewußte Familie genannt. An einem Beispiel habe ich vorgeführt, wie ein Text aus einem Familiengespräch dreifach interpretiert werden kann. Ein solcher Wechsel auf die methodische Ebene der Explikation von Perspektiven hat mehrere Vorzüge:

- Familien können hinsichtlich der gleichen Perspektiven wahrgenommen und verglichen werden;
- Dem Wandel von familialen Lebensformen kann auch im therapeutischen Kontext Rechnung getragen werden; Therapeuten sind nicht länger an normative Modelle gebunden, müssen es jedenfalls nicht sein.
- Die Gleichberechtigung der Perspektiven balanciert den Totalitätsanspruch, den jede einzelne Perspektive für sich genommen rasch entwickeln würde; dem Soziologen erscheinen Familien als im Wandel befindliche Institutionen, dem Therapeuten

als »Systeme« oder als Austauschplätze unbewußter Phantasien. Die Untersuchung mittels dreier Perspektiven stellt demgegenüber eine Forschungsmethode dar, soll aber auch zugleich den praktizierenden Therapeuten bei seiner Suche nach den unbewußten Konfliktpotentialen orientieren. Der Ansatz versucht das »Junktim zwischen Heilen und Forschen« (FREUD) durchzuführen ohne daß es zu einem Bruch in der Identität (entweder Forscher – oder Therapeut) kommen muß. Demgegenüber geht es darum, die Integration der Perspektiven zu vollziehen und damit dem Ort von »Familie« *zwischen* Soziologie und Psychologie gerecht zu werden zu versuchen.

- In therapeutischer Hinsicht erhält damit das Konzept der »Person« (und die damit verbundenen des Körpers, der Sinnlichkeit, der Phantasie und der Entwicklung) eine aufgewertete Stellung; die soziologische Systemtheorie schließt eine solche Konzeptualisierung gerade aus. »Person« wird ebenfalls als leeres Konzept eingeführt; doch so wie das Konzept der »Homöostase« oder das des »Paradoxons« keine Entität beschreibt, sondern Weisen, wie über Familien nachgedacht werden kann (zum Beispiel DELL 1986),[1] so soll auch über Person im Kontext triadischer Entwicklung »nach«-gedacht werden können.
- Das Konzept der »Person« wurde als eines beschrieben, daß in der ontogenetischen Entwicklung relativ spät in Erscheinung tritt; Subjekt der familialen Entwicklung ist die Triade. Es geht um eine Möglichkeit der Darstellung der unbewußten kommunikativen Prozesse, des »osmotischen Austauschs« (BUCHHOLZ 1988) zwischen den Familienmitgliedern.
- Eine vierte *mehrgenerationale Perspektive* interessiert sich für die Tradierung von Generationenbildern,[2] für das Konflikt-

1 Ganz ähnlich sagt der Psychoanalytiker ROY SCHAFER (1981), das »Selbst« sei keine Tatsache, sondern reflektiere eine Art des Nachdenkens über Menschen.

2 Zunehmend wird in der sozialwissenschaftlichen Forschung (vgl. zum Beispiel BECKER 1988; JAIDE 1988) deutlich, daß es »Bilder« von Generationen gibt, die ihrerseits Formen des Zusammenlebens bestimmen oder steuern; deren Traditionsverhaftung stößt auf moderne Zumutungen, andere »Bilder« des Zusammenlebens zu generieren – hier häuft sich ein enormes Konfliktpotential in den Familien an.

potential nicht mehr zeitgemäßer Ideologien und für die unbewußte Gestaltung der Beziehungen zwischen den Generationen (Weitergabe von Geheimnissen etwa aus dem Nationalsozialismus, vgl. BUCHHOLZ 1988). Alle vier Perspektiven stehen somit zueinander wie die Eckpunkte einer Pyramide; sie sind untereinander verweisungsfähig. Die Perspektiven fassen die Familie als *anschlußfähig an nicht-familiale Zusammenhänge* auf: die institutionelle Familie schließt an andere Institutionen (vor allem das Recht) an; die ideologische Familie an kulturell und medial vermittelte Bilder (zum Beispiel Fernsehserien wie Dallas, Lindenstraße etc.); die unbewußte Familie schließt an verwandtschaftliche Systeme, aber auch an die »Person« und ihren »Körper« an.

Hier soll es nun darum gehen, die klinische Anwendbarkeit des Konzepts von der Epigenese der Triaden dadurch zu demonstrieren, daß der Nachweis einer kollektiven Regression der Familiengruppe entlang den von der Triadentheorie gezeichneten Linien geführt wird.

Der hier vorgestellte Fall der Behandlung einer Familie mit einem magersüchtigen Mädchen wurde ausgewählt, weil ich zeigen wollte, wie einem der Psychoanalyse verpflichteten familientherapeutischen Ansatz die Dimensionen des Körpers in die Wahrnehmung und dann auch in den Dialog geraten können. Dies gelingt dann, wenn eine wichtige familientherapeutische Erfahrung berücksichtigt werden kann: die Triade ist die »kleinste emotionale Einheit«[3] (KERR u. BOWEN 1988). Familientherapeuten jedoch (zum Beispiel MINUCHIN 1978) fassen bislang Triaden stets nur unter einem dynamischen Gesichtspunkt (Koalitionen, Bündnisse, Umwege etc.) auf; hier soll gezeigt werden, daß es im Lebenszyklus der unbewußten Familie epigenetisch aufeinanderfolgende, voneinander unterscheidbare Triaden gibt. In das Konzept von der »kleinsten emotionalen Einheit« wird ein epigenetischer Gesichtspunkt eingeführt, der Momente familialer »Pathologie« als Regression aufzufassen gestattet. Im später zu beschreibenden Fall

---

3 Der etwa 8-jährige Sebastian, den ich vor langer Zeit wegen seiner schulischen Lernbehinderung behandelte, erklärte mir seine Lernstörung nach deren Überwindung mit einem Satz, den ich hier gern wiedergeben möchte: »Ich dachte immer, drei ist mehr als alles«.

geht es darum, daß die Konstituierung der ödipalen Triade durch eine gemeinsame Regression auf die Entwicklungsebene der »Triade mit zwei Müttern« abgewehrt wird.

Anorexie – zwar Triaden, aber kein Vater: ein Überblick

Mittlerweile scheint Familientherapie die Methode der Wahl bei der Behandlung von magersüchtigen Mädchen zu sein. MINUCHIN (1978) berichtet eine Erfolgsquote von 86%, die empirische Untersuchung von NITZ (1987) weist ebenfalls die Familientherapie als ein wirkungsvolles Behandlungsinstrument aus. Er berichtet, daß Psychoanalytiker, wie CHRISTOPHER DARE, sich – ähnlich wie Frau SELVINI-PALAZZOLI (1982) – aus Unzufriedenheit mit den Behandlungserfolgen einzeltherapeutischer Maßnahmen der Familientherapie zugewandt haben. Ähnliche Wendungen von profilierten Therapeuten sind auch aus dem deutschsprachigen Raum bekannt.[4] Neuerdings hat sich die Gruppe um SELVINI-PALAZZOLI (1992) wieder von systemtheoretischen Dogmen abgewendet; die Autoren betonen mit Nachdruck die Einbeziehung der »Person«.

Der familientherapeutischen Behandlung bei der Magersucht liegt die Beobachtung einiger Struktureigentümlichkeiten der »Magersuchtfamilie« (SPERLING u. MASSING 1972) zugrunde, die relativ einheitlich berichtet werden. SELVINI-PALAZZOLI (1982) beschreibt, wie häufig in solchen Familien die Tendenz ist, die Botschaften anderer subtil zu disqualifizieren; daß es eine moralisch hoch bewertete Regel gibt, Entscheidungen grundsätzlich nur aus altruistischen Motiven heraus zu treffen (»für andere«) mit der Folge, daß die Führungspositionen in der Familie nicht offen besetzt werden. Dem schließt sich die Patientin an: sie ent-

---

4 Die Arbeit meiner früheren Kollegin und meines früheren Kollegen (SCHÖLL u. REICH 1989) zeigt, daß Familien mit einer magersüchtigen Tochter gewinnbringend mit einer reflektierten Kombination aus psychoanalytischen und systemtheoretischen Ansätzen behandelt werden können.

wickelt eine starke »Führung« der Familie durch ihre Krankheit. Das entstehende verwickelte Spiel um Bündnisse und deren Kontrolle bezeichnet SELVINI-PALAZZOLI (S. 245) treffend als »Ehe zu dritt« – aus ihr sich zu lösen, wird für die Pubertierende extrem schwierig. Die altruistische Regel schafft eine Harmoniefassade, hinter der sich oft eine große Ernüchterung der Eltern über ihre eigene Ehe verbirgt; wenn jeder stets aus besten Absichten für den anderen entscheidet, kann es keine offene Kritik geben, vielmehr kommt es zu einer »Symmetrie durch Opfereskalation«: Moralisch am höchsten steht, wem es am schlechtesten geht, denn er bringt die meisten Opfer (im Jargon als »Keller-Rallye« bezeichnet).

MINUCHINS Beschreibung (1978) stimmt hiermit in vielen Hinsichten überein: Die Familienbeziehungen werden als verstrickt (»enmeshed«) gekennzeichnet, Überbehütung mit einer übertrieben zum Ausdruck gebrachten Fürsorglichkeit ist der »Stil« in solchen Familien. Abgrenzung, Ablösung aus der Verstrickung etwa durch Ausdruck individuierter Motive oder Initiative wird als Verrat sanktioniert; die Potentiale zur Veränderung, die sich aus wunsch- und altersbedingten Dynamiken speisen, sind gleichsam stillgestellt. Auch MINUCHIN beobachtet eine »Triangulierung« des Kindes, wenn es von einem Elternteil verdeckt aufgefordert wird, eine Koalition gegen den anderen einzugehen, doch wehe, wenn es seine Koalition selbst offen zum Ausdruck bringt ...

Beide Schilderungen rücken in das Zentrum der Betrachtung das Bündnisspiel, in das die Patientin von ehelich tief zerstrittenen Ehepartnern verstrickt wird; die Triade wird thematisiert, doch wird von ihren Inhalten abstrahiert. Ich meine damit, daß es eine Bedeutung für ein junges Mädchen haben muß, wenn sie vom Vater, und eine andere Bedeutung, wenn sie von der Mutter in ein Bündnisspiel verstrickt wird. SELVINI-PALAZZOLI (1988) unterscheidet neuerdings eben diese beiden Typen von Bündnissen, an denen die Patientin festhält, selbst wenn sie von seiten des involvierten Elternteils längst aufgegeben worden sind. Aber auch hier verliert sich der inhaltlich bedeutsame Aspekt des Unterschieds zwischen einem Bündnis mit dem Vater und einem mit der Mutter hinter dem formalen Aspekt der Bündnisstruktur.

Dem haben Einzeltherapeuten bedeutend mehr Rechnung getragen. THOMÄ (1983) sieht die Magersucht als einen Versuch der gleichsam entkörperlichten, sich vergeistigenden Verbindung zum Vater, der Hunger wird als Prototyp des Triebs bekämpft. GUIDANO (1987) gehört zu den wenigen Autoren, die in ihren Fallbeispielen den Vater erwähnen; er hält das Moment der Enttäuschung am Vater während der Pubertätskrise für eine immer wieder gefundene auslösende Bedingung; sie hat eine spezifische kognitive Persönlichkeitsorganisation zur Folge. Die Magersüchtige ist extrem auf existentiell bestätigende Beziehungen angewiesen und muß sie doch aus Furcht vor erneuter traumatischer Entidealisierung meiden. Die Lösung dieses Konflikts, so GUIDANO (1987) stellt der Perfektionismus dar, den alle Autoren als gemeinsamen Persönlichkeitszug beschrieben haben.

In einem sehr kreativen Fallbericht hat SÜSSENBACHER (1989) erneut auf die Bedeutung des Vaters bei der Genese der Magersucht aufmerksam gemacht; er sieht die Verstrickung des Vaters in eigene Problematiken als Haupthindernis bei der Bewältigung der neu aufgelebten ödipalen Krise. Er spricht dabei von einer »symbioseähnlichen« Beziehung der magersüchtigen Tochter zum Vater, aufgrund derer die Lösung nicht gelingt.

Wie STEINHAUSEN (1979, 1990) in seinem Literaturüberblick feststellt, wird Magersucht bei unterschiedlichsten prämorbiden Persönlichkeitsstrukturen berichtet; dies ist ein Hinweis darauf, daß Magersucht nicht als nosologische Einheit betrachtet werden kann. Das würde die unterschiedlichen Sichtweisen der Autoren erklären. Immerhin – wenn SÜSSENBACHER von einer »symbioseähnlichen« Beziehung zum Vater spricht, dessen Problematik sich »transitiv« der Tochter vermittelt, stellt dies eine Annäherung an die familientherapeutischen Sichtweisen dar. Auch die Darstellungen von WILLENBERG (1986) haben die pathoplastische Bedeutung der Persönlichkeit des Vaters bei der Magersucht gezeigt. ENGEL und STIENEN (1986) haben eine empirische Typologie des »bindenden« und des »brutalen« Vaters aufweisen können. Der Vater spielt allerdings nicht eine immer gleichsinnige Rolle; wir (BUCHHOLZ u. DÜMPELMANN 1993) haben bei einer inhaltsanalytischen Auswertung von Krankenakten gezeigt, daß es wahrscheinlich sinnvoll ist, unterschiedliche Biographiemuster von Magersüchtigen zu postulieren, innerhalb derer dem Vater eine bedeutsame, wenn auch je unterschiedliche Stellung zukommt.

Familientherapeutische Darlegungen und einzeltherapeutische Erfahrungen konvergieren hinsichtlich der Aufwertung der Rolle des Vaters bei diesem Krankheitsbild, das wegen seiner »oralen« Symptomatik offensichtlich dazu verführt hat, den lebensgeschichtlichen Ort der Störung allein in der Mutter-Kind-Beziehung zu suchen.

Will man diese Annäherung systematisch fortführen und einzel- sowie familientherapeutische Sichtweisen und Ergebnisse miteinander zu integrieren suchen, tut sich ein doppeltes Problem auf: a) SÜSSENBACHERS Beschreibung etwa kann gut nachvollzogen werden, bleibt aber auf einer phänomenologisch-beschreibenden Ebene (»symbioseähnlich«); b) die Triaden-Modelle der Familientherapeuten bringen umgekehrt dynamische Kräfte zur Darstellung, aber sie können, solange sie eine epigenetische Perspektive vermissen lassen, mit der Kennzeichnung als »Symbiose« – die ja auch eine Entwicklungsstufe benennt – nichts anfangen. Eine Integration ist möglich, wenn Triaden nicht nur unter dem Gesichtspunkt des Bündnisspiels beschrieben werden, sondern als epigenetische Passagen der menschlichen Entwicklung, wie ich es im vorigen Kapitel getan habe. Dann erhält das Moment der Regression eine ausgezeichnete pathogenetische Bedeutsamkeit.

Meine Hypothese für die folgende Fallbeschreibung ist nun, daß eine adoleszente Identitätsbildung dann scheitern muß, wenn die Familiengruppe kollektiv auf die Triade mit zwei Müttern regrediert. Die oben wiedergegebenen Beobachtungen der Familien- und Einzeltherapeuten über Magersucht-Familien lassen sich in eine solche Sichtweise zwanglos einordnen: Sehen wir eine – allerdings nicht jede – Magersucht-Familie als »Triade mit zwei Müttern«, dann wird das Offenhalten der Führungspositionen in der Familie verständlich: Es gibt im unbewußten Spiel kein Paar, welches sowohl *einig* als auch *verschieden* wäre und in dieser Spannung seine Erotik entfaltete. So kommt es zur »Ehe zu dritt«. Die Übernahme der »Führung« durch die »Krankheit« kann als ein Versuch gedeutet werden, sozusagen eine weitere nicht-reale, phantasmatische Person in die Triade einzuführen, die das vermißte väterliche Moment repräsentiert; dieser Versuch jedoch kann zugleich nur unternommen werden unter der Bedingung, daß er geleugnet wird. Deshalb partizipiert die Patientin an der Harmoniefassade. Das Opfer, das so von jedem Familienmitglied gebracht wird, läßt sich genau bezeichnen: es ist der (durchaus auch körperliche) Verzicht auf die Profilierung einer eigenen sexuellen Identität – und diese ist »arm«, insofern die eigene Bedürftigkeit als Mangel, die zu ihrer Stillung des Anderen bedarf, anerkannt werden muß; sie ist »reich«, wenn sie sich am Andern erfüllt.[5] Auf genau diese Dialektik wird verzichtet.

Der Fall und die Sprache des Symptoms

Regine, 16 Jahre alt, ist einziges Kind. Ihr Vater ist Techniker in leitender Position, ihre Mutter arbeitet seit einem Jahr wieder in ihrem Beruf – ein Wunsch, den sie über viele Jahre suspendieren mußte. Er bringt mit sich, daß sie morgens sehr früh das Haus verläßt und abends sehr spät erst zurückkehrt. Seit einem Jahr hat Regine begonnen, abzunehmen. Ihr ursprüngliches Gewicht von 60 kg hat sie auf knapp 40 kg heruntergehungert. Seit einem dreiviertel Jahr ist ihre Periode ausgeblieben. Der Vater bringt immer wieder zum Ausdruck, daß ihm Regines Magerkeit wenig Anlaß zur Sorge ist; er ist von fremder Seite immer wieder angesprochen worden. Regine ist eine exzellente Schülerin, die sich für ihre guten Leistungen schämt: einerseits blickt sie auf ihre Klassenkameraden herab, andererseits spürt sie, wie wenig sie mit ihnen in Kontakt kommt. Nach einer Schilderung von Regines Eßgewohnheiten (Diäten, Vollwertkost etc.) kommt es im Erstinterview mit der Familie zu folgendem Gespräch:

Regine: Also ich wiege mich jetzt jeden Morgen, und es geht irgendwie, und ich versuche ... aber ich spüre irgendwie kein Hungergefühl, ich merke nur so einen Schwächepunkt, aber nie so ein Hungergefühl; ich weiß ja, daß ich was essen sollte, aber mein Unterbewußtsein fragt mich dann immer: »Ist das denn nötig? Mußt Du jetzt noch das Brötchen essen oder den Salat?«

Therapeut: Es klingt so, als ob Du zwei Seelen in Deiner Brust fühlst und nicht recht weißt, wem Du folgen sollst?

---

5 Freud (im Vorwort zur 4. Auflage der »Drei Abhandlungen zur Sexualtheorie«) konzipierte den Eros durchaus in Anlehnung an Plato; dort gibt es den Mythos, wonach Eros ein Kind der Armut und des Reichtums zugleich ist.

Regine: Ja, dieser Zwiespalt immer ... und auch das mit meinen Eltern, weil ich weiß, daß es denen wichtig ist.

Therapeut: Es scheint so, als gibt es ein verantwortungsbewußtes und auch gehorsames Mädchen, das tun möchte, was die Eltern gern hätten – aber dann gibt es auch eins, das fragt: »Muß man das denn nehmen? Muß ich das jetzt essen oder tun?« Das liegt in einem Kampf mit dem gehorsamen Teil.

Regine: Ich mach das ja nicht bewußt, ich mach das ja nicht extra (weint). Das Innere sagt immer so blöd ... Mir ist auch seit dieser Zeit ... seit meine Mutter diese Stelle hat ... so bewußt, daß ich eigentlich immer nur ans Essen denke. Es sagt mir immer, daß ich abnehmen muß. Es ist einfach schrecklich.

Vater: Ich glaube, ich muß da auch mal meine Sicht, also ich möchte, ich meine, ich will das nur mal ergänzen. Es war nämlich so, ich hatte immer einen fürchterlichen Horror vor dem Dick-Werden. Ich war in der Schule mal ziemlich dick, und da bin ich wirklich fürchterlich gehänselt worden, das ist eine furchtbare Erinnerung, und, und das sollte niemandem passieren.

Mutter: Das sollte niemandem passieren, niemandem, den du lieb hast. Ich kann die Schmalheit, die er für sich erreicht hat, nicht erreichen. (Die Mutter ist etwas pummelig). Ich hab immer gesagt, die Menschen sind halt verschieden. Nur damit fühl ich mich nicht wohl, daß er mich dauernd hänselt. Ich dachte immer, warum nimmt er mich nur von der äußeren Gestalt her wahr? Und Du hast auch sehr stark Regine da eingeschlossen.

Vater: Es war schon, manchmal war ich da verbittert, das stimmt schon.

Regine: Du hast mir immer gesagt: »Paß auf, daß Du nicht zu dick wirst!« und öfter auch gefragt: »Hast Du Dich mal wieder gewogen?«

Vater: Du warst halt über dem Gewicht, was ich hatte mit 55 kg.

Therapeut *zu Regine:* Also, da warst Du dann dem Vater gegenüber folgsam?

Regine: Hm, das stimmt (lacht).

Regine eröffnet diesen Gesprächsabschnitt mit einer Mitteilung, die nicht überraschend ist: Sie verspürt kein Hungergefühl. Das wird jedoch sogleich differenziert, indem sie mitteilt, daß sie einer fremden Macht gegenüber, die sie als »mein Unterbewußtsein« bezeichnet, gehorsam ist. Die Stimme dieser Macht ist laut und fordernd; sie verlangt offenbar, das Hungergefühl zu unterdrücken. Ich verbalisiere diesen Konflikt (»Zwei Seelen«) zunächst als einen inneren Zwiespalt von Regine, nicht als einen Familienkonflikt. Regine reagiert mit dem Hinweis auf äußere Mächte: zu essen ist den Eltern wichtig. Damit verlagert sie den zunächst geschilderten inneren Zwiespalt ins interaktive Feld. Die Frage stellt sich, wer die innere »Macht« ist, wessen Stimme aus dem »Unterbewußtsein« zu ihr spricht? Erneut versuche ich, ihren Konflikt als inneren zu dramatisieren, indem ich die »sprechenden Teile« ihr vor-stelle und von einem »Kampf« spreche. Regine ist sich dunkel eines Zusammenhangs mit der begonnenen mütterlichen Berufstätigkeit bewußt und bemerkt verängstigt, daß sie seit dieser Zeit nur noch ans Essen denke. Schließlich erklärt der Vater seine Sicht. Er wollte Regine vor dem Dick-Werden mit der Folge der Hänseleien bewahren. Diese Sicht folgt, wie auch der nachfolgende Satz der Mutter, genau der oben beschriebenen Regel, wonach Entscheidungen altruistisch im Interesse des Anderen, aus »Fürsorglichkeit« heraus getroffen werden. Allerdings macht die Mutter sogleich einen Versuch, dem Vater den »schwarzen Peter« zuzuschieben, indem sie darauf hinweist, daß der Vater sie wegen ihrer nicht erreichten »Schmalheit« gehänselt habe. Damit sind Mutter und Regine auf einer Linie; auch Regine kann, nachdem die Mutter eine Kritik gewagt hat, den Vater zitieren, und die Vermutung, daß Regines »innere Stimme« ein Widerhall der Stimme des Vaters ist, bestätigt sich nach meiner letzten Frage. Was Regine als »Unterbewußtsein« bezeichnet, ist ein Aspekt des Über-Ich, der internalisierten väterlichen Stimme, der sie treu bleiben will.

Das familientherapeutische Gespräch nimmt einen Verlauf, von dem man sagen kann: ein internalisierter Konflikt wird re-externalisiert und kann deshalb bearbeitet werden.

Eine Frage, die von der bisherigen Textanalyse nicht beantwortet wird, ist, warum der Vater so freimütig eine Spur legt, indem er sich als denjenigen darstellt, dessen Angst vor dem Gehänselt-Werden mit Regines Magerkeit in Verbindung steht. Gemäß der Annahme von der »Symmetrie durch Opfereskalation« könnte man hier vermuten, daß er der paradoxen Familien-Regel folgt, wonach moralisch am höchsten steht, wer sich am meisten opfert – und er opfert sich in der Aktualität der ablaufenden Gesprächssituation, indem er sich als den Verursacher, als den »Schuldigen« anbietet. Ich vermute indes noch einen anderen Zusammenhang mit Regines erkennbarer Bereitschaft, der Stimme des Vaters folgen zu wollen. Der Gehorsam gegenüber der väterlichen Forderung, aufs eigene Gewicht zu achten, ist nicht nur Internalisierung einer repressiven äußeren Instanz, sondern bringt auch Regines Liebe zum Vater zum Ausdruck – jedoch in einer auffallenden Form: Sie schildert einen Persönlichkeitsteil (»mein Inneres«), der der väterlichen Stimme folgen möchte, doch so, als ob er nicht zu ihr gehöre. Abgespalten ist jener Teil, der dem Vater folgen möchte.

Die Wendung zum Vater wird aus paradoxen Motiven heraus erschwert: Täte sie aus Liebe, was er gerne hätte (das Gewicht kontrollieren), partizipierte sie damit zugleich an seiner Angst, beschämt zu werden. Indem sie sich verhielte wie jemand, der das Gehänselt-Werden vermeiden muß, würde sie seine Angst geradezu bestätigen, statt sie zu zerstreuen; sie wäre – aus Liebe – gerade nicht liebevoll. Hielte sie hingegen ihr ursprüngliches Gewicht, müßte sie fürchten, pummelig wie die Mutter, vom Vater gelegentlich selbst gehänselt zu werden. Ihre Liebe zum Vater verfiele seiner Kritik. Beide Möglichkeiten erlauben ihr nicht, die Liebe zum Vater zum Ausdruck zu bringen. Magersein oder dick – das ist hier die Frage; und auf der psychischen Bühne eine »Illusion von Alternativen« (Watzlawick et al. 1974).

So löst sie das Problem, indem sie die Liebe zum Vater abspaltet und in der Sprache des Symptoms artikuliert. Es spricht in ironischer Paraphrasierung, daß sie nun ja so ist, wie er sich Frauen vorstellt: schmaler jedenfalls als seine Frau. Regines Magersucht bringt Vaters Bild von Frauen zur Darstellung; ihr Körper ist die Bühne, auf dem sein Stück gespielt wird. Nicht dick oder dünn ist somit die Frage, sondern daß Regine kein Subjekt ihres Körpers ist.

Sehen wir Regines Liebe, läßt sich auch die ödipal-inzestuöse Triade erkennen, die durch die alltägliche Abwesenheit der Mutter zugespitzt und aktualisiert wird. Allerdings ist zunächst noch der Zusammenhang mit der wiederaufgenommenen mütterlichen Berufstätigkeit unklar. Damit wird in institutioneller Perspektive – die mütterliche Abwesenheit erfordert eine Reorganisation des Alltags und stellt die familiale Bestanderhaltung krisenhaft in Frage – ein weiterer Zusammenhang mit der unbewußten Thematik verknüpft.

Als ich mich danach erkundige, ergibt sich folgender Zusammenhang: Die stark aufstiegsorientierten Eltern waren zum Zeitpunkt von Regines Geburt in befristeten Arbeitsverhältnissen tätig; dabei waren sie wechselweise arbeitslos. Die Mutter konnte Regine wegen einer Brustentzündung nur 6 Wochen lang stillen; die ersten anderthalb Lebensjahre verbrachte Regine mit dem Vater zu Hause, dessen Frau zu dieser Zeit berufstätig war. Der Vater versuchte in dieser Zeit, sich fortzubilden, soweit der Säugling ihn nicht beanspruchte. Er kochte, wusch, säugte mit der Flasche, las vor, spielte mit ihr – und in genau dieser Weise organisiert sich der Alltag zwischen Regine und ihrem Vater jetzt, seit die Mutter – die ihrerseits ab Regines 2. Lebensjahr zu Hause gewesen war – nun endlich die Stelle fand, die sie sich über Jahre erhofft hatte: er kocht, besorgt den Haushalt, ist Regines Ansprechpartner. Das alles unter Bedingungen äußerster Zeitknappheit. Aber, man opfert sich eben ... (die ideologische Perspektive).

Halten wir, um die ödipale Triade deutlich zu sehen, noch einen anderen Aspekt fest: Die Mutter verläßt weitgehend die Familie zu einem Zeitpunkt, wo Regines Ablösung auf der Tagesordnung stünde. Zurück bleibt ein Paar, das als ein Paar nicht fungieren darf. Die ödipale Triade regrediert zur Triade mit zwei Müttern; in einer späteren Sitzung konnten Regine und ihr Vater deutlich zum Ausdruck bringen, daß in ihrem Erleben die Art ihrer beschriebenen derzeitigen Beziehungsgestaltung der von früher, als der Vater sich um den Säugling kümmerte, genau gleicht. Regine sprach überrascht davon, daß sie den Vater eigentlich immer genau wie eine Mutter erlebt habe. Sie rollt sich auf seinem Arm zusammen, wenn sie trostbedürftig ist und zupft am Pullover über seiner Brust; er nennt sie »mein Kätzchen« und nimmt damit ein Kosewort aus jener Zeit auf, das er lange schon abgelegt hatte. Das inzestuöse Moment, das darin steckt, wird durch Regression auf vertraute familiale Fixierungspunkte abgewehrt;

aus dem Paar wird eine Mutter-Kind-Dyade, verkörpert von einem Vater und seiner adoleszenten Tochter, während die Mutter die Aufgabe der Ablösung realisiert.

Die »rotierende« Triade mit zwei Müttern

Im bisher Gesagten habe ich kurz einen wichtigen Schritt in der psychoanalytisch-familientherapeutischen Behandlung der Magersucht erwähnt: Ich meine, daß die von der Indexpatientin zur Sprache gelangenden Konflikte als *innere*, nicht als solche des familialen Feldes artikuliert werden sollten. Das Erstaunliche, was in dem wiedergegebenen Abschnitt geschah, war ja, daß Regine ihren inneren Konflikt zunächst ins interaktive Feld verlagerte und schließlich ihren inneren Konflikt als einen familialen zu ahnen begann. Damit beginnt sich das »Familien-Introjekt«, die Repräsentation der familialen Objektbeziehungen, allmählich aufzulösen.

Zu dieser behandlungstechnischen Leitlinie gehört ein anderer Gesichtspunkt: es ist ratsam, in den Anfangsphasen der Behandlung auf Angebote des Elternpaares, ihre Beziehung zu thematisieren, nicht einzugehen. Man sollte sie freundlich entgegennehmen und die Bereitschaft erklären, zu einem späteren Zeitpunkt erneut darüber sprechen zu wollen. Dies Vorgehen empfiehlt sich zunächst aus einem praktischen Gesichtspunkt: Solange sich das Gewicht der Patientin in einem kritischen Bereich befindet, ist man unbedingt auf die Kooperation der Eltern angewiesen; ihre Funktionen als Eltern sollten gestärkt und unterstützt werden. Geht man zu früh auf ihre Paarproblematik ein, verlagert sich das Zentrum des therapeutischen Gesprächs von der Patientin weg, und man riskiert, daß sie mit einer Verschlimmerung ihrer Lage reagiert. Wendet man sich zu früh dem Paar zu, gibt es eine charakteristische Beziehungsfalle. Das Paar bietet sich gemeinsam als »Opfer« an (gemäß der beschriebenen Regel) und entwertet damit das »Opfer« der Patientin. Indem die Eltern deutlich machen, wie schlecht es ihnen geht, stellen sie sich moralisch höher. Hier zeigt sich die Wichtigkeit der ideologischen Perspektive in der therapeutischen Praxis. Das *anfängliche* elterliche Angebot, auf die Paarproblematik zu sprechen zu kommen ist verfänglich, solange es *innerhalb* der familialen Kontextmarkierungen stattfindet – das muß stets beachtet werden. Der folgende Abschnitt, ebenfalls noch aus dem Erstinterview, verdeutlicht, wie die »Triade mit zwei Müttern« zu rotieren beginnt:

Therapeut *zum Vater:* Was glauben Sie, was denkt Regine darüber, daß die Mutter jetzt morgens so früh aus dem Haus geht und abends so spät wiederkommt, die beiden scheinen sich ja kaum noch zu sehen, nicht?

Vater: Ja, also, die Entscheidung fiel vor ungefähr einem Jahr, und Regine war ganz unentschieden, und dann hat sie aber auch ganz mutig gesagt, das mache ihr keine Probleme, schließlich habe die Mutter ja lange genug auf eine solche Stelle gewartet.

Therapeut: Mit welcher Regine haben Sie geredet? Mit der »kleinen« Regine oder mit der »großen«? Sie scheinen ja eine Tochter zu haben, die gewissermaßen in zwei Ausprägungen da ist ...

Vater *(erstaunt lachend):* Jaja, das stimmt, ich denke eigentlich ... hm, wenn ich mit der »kleinen« Regine geredet hätte, die hätte vielleicht nicht so leicht zugestimmt.

Mutter: Ich komm irgendwie mit meiner Rolle da auch nicht mehr klar. Soll ich sie in der Rolle des Nicht-mehr-Kind-Seins bestärken oder wirklich dieses Immer-um-sie-Sein? Was tut ihr gut? Ich bin hin und her gerissen.

Therapeut *(zur Mutter):* Sie fragen sich, inwieweit Sie sich schuldig fühlen müssen?

Mutter: Ja, das ist alles so ganz neu ... Soll ich Regine denn die Happen da in den Mund schieben?

Regine: Da fällt mir ein Erlebnis ein, aus der Schule, das ist jetzt gar nicht so lange her. Wir sollten eine Arbeit schreiben über ein Ereignis, wo wir uns irgendwie bestraft, oder so, oder verletzt gefühlt haben, und da fiel mir sofort eine Sache ein, da waren meine Eltern schuldig. Mein Unterbewußtsein hat mir dann gesagt: »Das schreibst Du aber jetzt nicht, sondern Du suchst Dir ein Ereignis, wo es Dir nichts ausmacht, wenn Du es aufschreibst.« Obwohl sie das ja gar nicht zu lesen bekommen hätten, irgendwie war das so, ich wollte meine Eltern nicht bestrafen, indem ich das aufschreibe. Will ich denn meine schwachen Eltern da irgendwie schützen? (weint). Die wissen beide schon, daß sie irgendwie viel zu viel arbeiten, und mein Vater macht am Wochenende oft Vorschläge, aber dann haben sie eben doch keine Zeit. Mein Vater, der gibt immer und fragt, wie es mir geht, und dann soll ich sagen ... aber er selber, wenn es ihm nicht gut geht, sagt nichts, er arbeitet immer und verbraucht unheimlich viel Energie ...

Mutter: Das denke ich ja auch.

Therapeut *zu Regine:* Also der Vater, so siehst Du es, der tischt anderen gerne auf, aber er scheint selbst nicht so richtig mitzuessen, ja? Der hungert sozusagen seelisch ... ?

Regine: Das kann man so sagen (lacht).

Therapeut: ... und Du spürst das und es ist Dir arg, das so zu sehen, und dann mußt Du vielleicht die »große« Regine sein, die ihm was gibt, damit er seelisch nicht so abmagert?

Regine: Hm, das kann schon so sein.

Offenbar hat Regine »groß«zügig auf die beruflichen Veränderungswünsche der Mutter reagiert, getreu der »ideologischen« Familien-Devise, wonach es ehrenvoll ist, zu verzichten, sich zu opfern. Meine Thematisierung der »kleinen« und der »großen« Regine entfaltet die spannungsvolle Polarität, die in diesen Opfern enthalten ist. Man muß einen Preis dafür bezahlen. Auch die Mutter merkt den Preis, sie kommt mit ihrer »Rolle« nicht zurecht und fühlt sich hin und her gerissen. Wer sich opfert, so die latente Thematik, lädt anderen Schuld auf – aber auch, wer Opfer fordert oder annimmt. Diese latente Thematik der Schuld ist die Assoziationsbrücke, die Regine einen manifesten Themenwechsel vollziehen läßt, der sonst nicht ohne weiteres verständlich wäre: Sie berichtet ihrerseits ein Erlebnis aus der Schule, wo sie sich »schuldig« gemacht hätte, wenn sie die Eltern beschuldigt hätte. Sie will nicht »bestrafen«, und plötzlich redet sie von ihren »schwachen Eltern«. Erneut drängt sich ihre Liebe in den Vordergrund, das Mitfühlen mit deren Schwäche. Am Vater kann diese Schwäche genauer artikuliert werden: Es ist der Vater, der immer gibt, dabei aber – wie ich formuliere – gleichsam »seelisch hungert«. Und dann muß Regine »geben« – innerhalb der »Triade mit zwei Müttern«, wie ich sie oben beschrieben habe, rotieren die Positionen nach dem beschriebenen Prinzip der Umkehrung: plötzlich ist Regine in einer eher mütterlichen Position, und der Vater, in seiner Schwäche, wird als zufuhrbedürftig beschrieben und erlebt. Er ist innerhalb der Triade auf die Position des »Säuglings« rotiert – aber das Gesamt der Triade als eine mit »zwei Müttern« bleibt unverändert: Regine und ihre Mutter sind nun die »Mütter«. Im unbewußten Spiel läßt sich jetzt eine Bedingung für die vor einem Jahr erfolgte »Ablösung« der Mutter erkennen: Regine nimmt dem Vater gegenüber die »nährende« Position ein. Das ermöglicht es der Mutter, zu gehen, aber genau das macht der Mutter auch Schuldgefühle. Regine kann sich von einer »Triade mit zwei Müttern« nicht ablösen, ohne ihrerseits die gleichen Schuldgefühle zu bekommen. In der latenten Konkurrenz um die Frage, wer von den beiden Frauen die ehrenvolle Aufgabe übernimmt, den »seelisch hungernden« Vater zu versorgen, hat Regine gewonnen – das ist der moralisch-ideologische Kontext. Sie opfert sich am meisten und steht somit moralisch am höchsten.

Ausblick

Das Fallbeispiel macht, so meine ich, einen biographisch verständlichen Fixierungspunkt für die Regression der Familien-Gruppe auf die Triade mit zwei Müttern deutlich. Allerdings muß hier auch noch ein dynamischer Gesichtspunkt nachgetragen werden, der mit der Frage im Zusammenhang steht, warum Regine es vermeiden muß, »Subjekt« ihrer Wünsche zu sein; sie erlebt, in meiner Interpretation, ihren ödipalen Wunsch nach dem Vater ja nicht als etwas zu ihr Gehöriges, sondern als etwas Fremdes, als eine »innere Stimme«. Zur Aufklärung dieses Sachverhalts möchte ich noch einen Aspekt der Triade der Wiederannäherung herausarbeiten, der mir hier von Bedeutung zu sein scheint. Was ich die »Triade mit zwei Müttern« nenne, liegt in der Epigenese zeitlich vor der »Triade der Wiederannäherung«. In MAHLERS (1978) ursprünglicher Konzeption erscheint hier der Vater wie ein deus ex machina auf der Bühne des ungelösten Ambitendenz-Konflikts zwischen Mutter und Kind. Was macht ihn eigentlich als »Erlöser« oder »Retter« so geeignet? Zunächst, daß er eine »exzentrische Position« als Anderer (sensu PLESSNER 1982) *verkörpert*, eine Lösung höherer Ordnung. Daß ist von der Logik der Entwicklung, wie sie sich bei MAHLER findet, her gedacht. Er personifiziert die Lösung jenes Konfliktes für das Kind, das unabhängig und zugleich ohne die Erfahrung des Verlustes sein möchte. Es kommt jedoch noch ein anderes Moment hinzu: Die Triade wird gespalten. Durch die Möglichkeit der Einnahme der Position des Vaters (gegenüber der Mutter) erscheint der Vater als ein *Subjekt des Wünschens*, dessen Position genau deshalb so attraktiv ist und idealisierend besetzt werden kann. Die Mutter erscheint demgegenüber, zurückgenommen, als ein *Objekt der Wünsche des Anderen.* Hier tritt erstmalig eine Subjekt-Objekt-Spaltung auf, die nicht nur kognitionstheoretisch von Bedeutung ist, sondern darauf verweist, daß die Thematik der Loslösung und Individuation ein *gender issue* (BENJAMIN 1988, S.104) ist. Das Dilemma von Regine wird so noch in einer tieferen Dimension – und das ist hier die soziologische – verständlich: sie kann sich, wenn der Vater »schwach« ist, weder mit ihm noch mit der Mutter als bloßem Objekt von Wünschen identifizieren; es bleibt lediglich die Möglichkeit, in einer Familie, in der keiner ein Subjekt, sondern jeder stets altruistisch für den Anderen da sein möchte, sich mit der Subjektlosigkeit selbst zu identifizieren; das heißt sich zu entkörpern. Das genügt den hohen Ansprüchen des geschätzten kulturellen Ideals und vermeidet zugleich mit der Differenzierung in Mann und Frau die Herausbildung individueller Subjektivität.

Ein solcher Zustand ist jedoch nicht nur »dort und damals«, sondern »hier und jetzt« akut. Die aktuelle familiale Interaktion ist gesteuert vom Verlust der »Unterschiede, die einen Unterschied machen«. Ihn markiert die Triade mit zwei Müttern, zu dem die Familie regrediert. Mit einem Wort: Regines Magersucht ist *auch* zu verstehen als ein sozialer und kultureller Protest gegen eine Form der Weiblichkeit, die nur Objekt der Wünsche des Anderen sein darf; sie ist ein Protest gegen das darin enthaltene Verschlingen des Weiblichen durch den Mann und das Verschlungen-Werden des Männlichen durch die Position der »Mutter«. Sie entzieht ihren Körper dem Verschlungen-Werden durch Verschlingen, um als intellektuelles Wesen einen Rest von Subjekthaftigkeit zu bewahren – und, deshalb ist es ja eine neurotische Lösung, bringt sich gerade damit um die Realisierung ihrer eigenen Weiblichkeit. Die hier entwickelte Theorie verweist auf eine Dynamik in der Triade, die nicht »früh«, sondern aktuell ist. Regression bedeutet Differenzierungsverlust; Weiblichkeit wie Männlichkeit jedoch kann ohne den Unterschied nicht zu realisieren begonnen werden. Die Theorie der Triade muß deshalb noch um einen dynamischen Gesichtspunkt ergänzt werden.

Das Fallbeispiel mit den zitierten Textausschnitten will die Brauchbarkeit des triadentheoretischen Ansatzes an einem klinischen Problem illustrieren; die These von der Rotation der Triade konnte, so hoffe ich, veranschaulicht werden, ebenso die von ihrer Regression. Triaden sind »kleinste emotionale Einheiten«, sie sind »Subjekt der Entwicklung«. Die epigenetische Typologie von Triaden kann, wie ich an diesem Beispiel zeigen wollte, einzel- und familientherapeutische Erfahrungen aus der Behandlung der Magersucht durch den Nachweis integrieren, daß die Familie als Gruppe auf umschriebene Fixierungen kollektiv regrediert, daß somit die Triade um den epigenetischen Gesichtspunkt erweitert werden muß. Und schließlich muß die Theorie der Triaden stets das sexuelle Moment im Auge behalten; es geht, was in der familientherapeutischen Literatur sträflich vernachlässigt wird, um Triaden, die aus Männern und Frauen bestehen.

Allerdings habe ich nicht in einem ätiologischen Sinne behauptet, daß bei *jeder* Magersucht-Familie eben diese Regression stattfindet und daß ihr verallgemeinerbar ein ätiologischer Wert zukäme; inwieweit solche Befunde verallgemeinerbar sind, muß nach weiterer Arbeit abgewartet werden. Hier wären natürlich prognostische Studien von hohem Wert.

Dynamik und Kognition der Triade

»Moreover, one could not just get out of this problem by saying that just the image schemas are primitives ... The only sensible recourse is to give up on the traditional concept of a primitive.«
(GEORGE LAKOFF, 1987, S. 280)

Dimensionen psychoanalytischer Objektbeziehungstheorie

Rotation und Regression der Triade habe ich als Konzepte eingeführt, die ein verfeinertes Verständnis der Dialog- und Beziehungsstruktur in Familien ermöglichen. Anhand der Interpretation verschrifteter Interviews mit Familien konnte der empirische Gehalt dieser Konzepte demonstriert werden. Über diese Unmittelbarkeit der klinischen Verwendung im familientherapeutischen Rahmen hinaus bekommt jedoch insbesondere das Konzept von der »Rotation« einen epistemologischen Stellenwert, denn es gestattet, einige »Essentials« der Psychoanalyse präzise zu formulieren: Nicht nur Familienmitglieder rotieren in ihren Positionen, vielmehr muß das Denken des Psychoanalytikers den Perspektivenwechsel selbst luzide und flüssig vollziehen, weil sich ihm sein Gegenstand – die unbewußte Dynamik in Beziehungen – ansonsten verflüchtigt. Wer essentialistisch an Wahrheiten festhält, für die er selbst nur ein Spiegel[1] sein will, ermangelt der

1 Man vergesse nicht, daß die FREUDsche Empfehlung, »der Arzt soll undurchsichtig für den Analysierten sein und wie eine Spiegelplatte nichts anderes zeigen, als was ihm gezeigt wird« (GW VIII, S. 384) im historischen Zusammenhang mit seiner Kritik an der »affektiven Technik« zu lesen ist, wonach sich der Therapeut dem Patienten gleichermaßen intim mitteile wie dieser ihm. (Vgl. CREMERIUS 1979 und 1984). Allmählich scheint sich in der Behandlungstechnik das dialogische Paradigma durchzusetzen (LANGS 1980, GILL 1987, CASEMENT

Mobilität, die für das Ingangbringen der psychoanalytischen Bewegung erforderlich ist. Der Spiegel muß noch einen anderen Blickwinkel konstruieren, den eigenen *und* den des Anderen *und* eine Integration beider – nur so kann der Psychoanalytiker dem Doppelsinn von »Reflexion« gerecht werden (WAHL 1985; POHLEN u. BAUTZ-HOLZHERR 1991).

Neben dem unmittelbar klinischen und dem epistemologischen Gewinn impliziert das Triaden-Konzept die These, nicht das einzelne Individuum, sondern die Triade sei »Subjekt der Entwicklung«. Es ist eine seit BENEDEK (1970) ausgesprochene Tatsache, daß auch Eltern sich mit ihren Kindern mitentwickeln – und wenn sie das nicht tun, tradieren sie ihre eigenen Fixierungen an die nächste Generation (KESTEMBERG et al. 1986). BENJAMIN (1988) illustriert dies am Beispiel der homoerotisch gefärbten Liebe zwischen einem Vater und seinem kleinen Sohn. Reagiert der Vater auf den Identifizierungswunsch des Jungen mit einer homosexuellen Panik-Attacke, können entwicklungsfördernde Verinnerlichungsprozesse beim Kind nachhaltig gestört werden. Die innere Organisation seiner Geschlechtsidentität erweist sich als abhängig von Relationen. Identität kann nicht essentialistisch gedacht werden, sie hat eine relationale Struktur.

Mit der These von der Triade als dem Subjekt der Entwicklung bekommen die »Relationen« zwischen den einzelnen Personen Priorität; zentrales Untersuchungsfeld wird eine »relational matrix« (MITCHELL 1988). Sie bestimmt die vier Bereiche der *Selbst-Organisation*, des *attachments* an Andere, die *langdauernden Transaktionsmuster* und die *aktive Rolle* jeder Person bei der Schaffung ihrer eigenen Wirklichkeit.

Der Ansatz von Mitchell

Wie lassen sich triebtheoretische und interaktionsorientierte Ansätze in der Psychoanalyse eigentlich verbinden? Mit dem Konzept der »relational matrix« geht MITCHELL (1988) einen originellen, aber auch einen recht radikal scheinenden Weg; in seiner

1989) und das erlaubt es, davon zu sprechen, daß der Patient gelegentlich auch recht genau für die Äußerungen seines Therapeuten einen Spiegel abgibt.

Darstellung hat sich die Psychoanalyse von triebtheoretischen Engherzigkeiten (EAGLE 1987) weiter entwickelt zu einer Theorie der Beziehungsdynamik. Ich zeichne das hier knapp nach, denn das Konzept der »relational matrix« erscheint für eine Theorie der Dynamik der Triade grundlegend.

MITCHELL (1988) sieht einen Paradigmawechsel: Während FREUD ins Zentrum seiner Theorie den Trieb, dessen Entladung und seine Abwehr stellte, haben neuere Theorien eine »relational matrix« gemeinsam.[2] Dieser Paradigmawechsel hat längst stattgefunden, werde aber als solcher aus institutionsinternen Gründen nicht deklariert (man fürchtet, das psychoanalytische Erbe zu verlassen, als Dissident aus der psychoanalytischen Bewegung ausgeschlossen zu werden oder ähnliches). Die neueren Richtungen ermöglichen es jedoch, wie MITCHELL betont, alle (!) Psychodynamik innerhalb einer »relational matrix« zu sehen, die die Selbst-Organisation, das Attachment an Andere (Objekte), langdauernde Transaktionsmuster und die aktive Rolle des Analysanden bei der Schaffung seiner psychischen Wirklichkeit zu konzeptualisieren erlaubt.

Bei der Überwindung der Kluft zwischen dem vermeintlich rein Intrapsychischen und dem Interpersonalen bietet sich MITCHELL (1988) ein sozial-konstruktivistischer Standpunkt (sensu GERGEN 1985) an: Theorien sind organisatorische Schemata, die Fakten zu arrangieren erlauben, sie sind nicht die Fakten selbst. Sie können auf vielfältige Weise beschrieben werden. Aber im Fall psychischer Realität ist es so, wie BERGER (1965) schon festgehalten hat: Es gibt eine dialektische Beziehung zwischen psychischer Realität und den für ihre Beschreibung verwendeten psychologischen Modellen. Um Beziehungen zu beschreiben, ist ein

---

2 Korrekt müßte man anders formulieren: Systematiker in FREUDS Nachfolge haben den Trieb und seine Abwehr in den Mittelpunkt gestellt – bei FREUD selbst finden sich so viele Hinweise gerade für den »relationalen« Standpunkt, daß man eine gewisse Berechtigung in der Kritik erkennen muß, wonach die Systematisierung der Theorie die Psychoanalyse um ihr Eigenes bringt. Es geht, wie es schon LECLAIRE (1965) formuliert hatte, immer noch um die Möglichkeit einer psychoanalytischen Theorie, die sich nicht schon durch ihre Ausformulierung um ihre Anwendungsmöglichkeiten bringt.

»Trieb-Abwehr-Modell« denkbar ungeeignet, aus Gründen, die nicht nur MITCHELL, sondern auch viele andere Autoren (Überblick bei THOMÄ u. KÄCHELE 1985) angeführt haben.

MITCHELL faßt deshalb die Psychoanalyse insgesamt als eine »social theory of mind« (S. 17), und diese Formulierung meint ein Doppeltes: »Mind« ist sowohl ein Produkt als auch interaktiver Partizipant der kulturellen Matrix, und auch wissenschaftliche Theorien können aus diesem Zusammenhang nicht aussteigen. Wir bekommen einen fremden »mind« nie pur, sondern nur innerhalb einer Interaktion zu »sehen« (oder zu hören), und diese Beziehung bestimmt mit, was wir denken. Somit ist die psychoanalytische Theorie »relational« aus drei Gründen geworden

- »by design«: BOWLBYS Annahme der »preadapted potentials« (sucking, smiling, clinging, crying and following) des Babies ist von den baby-watchern gut bestätigt worden; das kindliche Leben fängt nicht mit dem Autismus an (Vgl. den Überblick von SCHÜßLER u. SCHÜßLER 1992). MITCHELL schließt sich hier auch an SULLIVANS Kritik an, wonach Menschen nicht eine Persönlichkeit »haben«; dies ist eine verdinglichende Redeweise. »Persönlichkeit« ist – konstruktivistisch gesprochen – ein Konzept von Beobachtern, das sie durch verdichtende Abstraktion aus dem gewinnen, was beobachtete Personen »tun«
- »by intent«: FAIRBAIRN begann mit der Frage, warum sexuell mißbrauchte Kinder ein solch hohes Maß an Loyalität gegenüber ihren Eltern aufweisen, was mit der Annahme einer lustsuchenden Libido nicht gut, mit der Annahme einer objektsuchenden Libido hingegen sehr gut zu erklären ist. Wäre die Libido nur lustsuchend, dann müßten sich so behandelte Kinder doch leichter an Personen binden, die sie nicht mißbrauchen oder nicht gewaltsam behandeln – doch das ist gerade nicht der Fall. Mißbrauchte Kinder bleiben ja oft gerade ein Leben lang gebunden an jene, von denen sie viel Zerstörung erfahren haben. So gesehen kann man auch auf die Annahme eines Todestriebes zur Erklärung des Wiederholungszwanges gut verzichten. Bei FAIRBAIRN steht im Zentrum des Traumas nicht eine Erinnerung oder ein Impuls, sondern eine Beziehung, in der ein Teil des Selbst durch Identifikation mit dem Anderen geopfert wurde.

– »by implication«: MITCHELL verweist auf die auch hier schon genannten Arbeiten von MAHLER, LOEWALD, WINNICOTT und KOHUT.

Der Durchgang durch diese relationalen Theorien mündet für Mitchell in einem einfachen Modell der grundlegenden relationalen Konfigurationen, wonach es

das *Selbst* (den *Raum dazwischen*) und das *Objekt*

gibt (S. 33). Menschen regulieren sich selbst und ihr Beziehungsfeld; die einen, Menschen wie Theorien, akzentuieren das Selbst, die anderen den Objektpol und andere wiederum den Zwischenraum – und das macht ihren Unterschied aus.

FREUDS Ambivalenz an diesem Punkt läßt sich genau nachzeichnen: in »Trauer und Melancholie« sieht er die Identifizierung noch als einen pathologischen Mechanismus; aber konfrontiert mit der Frage, warum nicht jeder Objektverlust in einer Identifizierung mündet und warum der Melancholiker nicht größere Freude einfach an neuen Objekten findet – wie es ein Triebmodell der permanenten Lustsuche nahe legen würde –, ändert FREUD seine Perspektive in der »Massenpsychologie«: Jetzt ist die Identifizierung die früheste Gefühlsbindung. Diese Konzeption allerdings wirft die Frage auf, wie man eigentlich sowohl ein inneres wie auch ein äußeres Objekt zugleich besetzen kann? Identifikation als Folge des (wie auch immer traumatischen) Objektverlustes gegenüber der Identifikation als frühem »Mechanismus« der Ich-Bildung – der Widerspruch beider Konzeptionen hätte, so kritisiert MITCHELL an FREUD zu Recht, im Grunde eine Änderung des metapsychologischen Rahmens zur Folge haben müßen. FREUD aber, so verteidigt MITCHELL ihn, *spielt* noch mit dem Gedanken, daß Identifikationen einen emotionalen Primat in eigenem Recht haben, während seine theoretische Ambivalenz in späteren, systematisierten Neurosenlehren geglättet wird und verschwindet.

Eine ähnlich widersprüchliche Entwicklung nimmt der Gedanke der sozialen Kohäsion. Diese muß in einer triebtheoretisch fundierten Konzeption des Sozialen als Hindernis der Triebbefriedigung dargestellt werden; der Andere tritt im Triebmodell bestenfalls als »Mediator« in einer sekundären Rolle, schlimmstenfalls als Feind der eigenen Triebbefriedigung auf. Dies Problem des Anderen – will man in ihm mehr sehen als ein bloßes »Objekt« der Befriedigung, nämlich daß auch er selbst Subjekt ist – kann wegen des impliziten Individualismus innerhalb der Triebtheorie kaum gelöst werden. Es gab unterschiedliche Versuche:

Im »loose constructionism« werden beide Modelle – das triebtheoretische und das der sozialen Anerkennung – einfach nebeneinander stehen gelassen und ihre klinische Vereinbarkeit behauptet.

»Model Mixing«-Ansätze (etwa bei FRED PINE) sehen Triebmodell und Objektbeziehung als unterschiedliche Dimensionen menschlicher Erfahrung; was im einen Modell fundamental ist, ist im andern abgeleitet und umgekehrt.

Demgegenüber bestehen integrative »Relation Model«-Ansätze darauf, daß alle (!) Bedeutung in einem transaktionalen Kontext generiert wird und daß deshalb nicht auf vermeintliche Fundamente wie im Triebmodell rekurriert werden kann. Das hat hohe praktische Relevanz. Sobald man nämlich auf »Trieb« als eine nicht weiter zerlegbare fundamentale Einheit rekurriert, schließt man das damit verbundene Erleben von weiterer Analyse aus! Wo man auf den »gewachsenen Fels« zu stoßen meint, ist die Aufgabe des Analysierens zu ihrem Ende gekommen. Das genau sieht auch CARVETH (1993). Allerdings, und das muß hier zur Klärung von Mißverständnissen sogleich beigegeben werden, bedeutet der Verzicht auf Triebtheorie gerade nicht, »Sexualität« als (klinisches) Thema herabzusetzen, im Gegenteil. Es wird lediglich in seiner Fassung als biologisch fundiertes Triebmodell ent-fundamentalisiert.

Freuds Bindung daran kann als zeitgeschichtlich bedingt beschrieben werden. Unter dem Einfluß DARWINS entwickelte sich in der gesamten Naturwissenschaft des 19. Jahrhunderts eine Tendenz, Bedeutung durch Rekonstruktion der Vorgeschichte zu enthüllen, und dem kam ein gewisser europäischer Ethnozentrismus, von dem auch FREUD nicht frei war, entgegen: Der Wilde, als Vorläufer des Europäers konzipiert so wie der Affe als der des Menschen, liefert diesem seine Bedeutung. Der Mensch = Europäer als Krone der Schöpfung geht aus primitiveren Entwicklungen hervor. Eine solche anthropozentrische Zentralperspektive, die den Sinn der Evolution im Bestehenden sieht, muß geradezu zwangsläufig das Niedere und Primitive, das Tierische und das

Infantile, als archaisches Erbe darstellen. Erst einmal in dieses Licht gerückt, kann die Metapher vom Baby und die vom Biest (im Menschen) dann scheinbar als Erklärung für späteres in Anspruch genommen werden.

FREUDS Ideen sind mittlerweile Bestandteil unseres kulturellen Selbstverständnisses geworden (BERGER 1965), und so kommt es, daß die Sexualität als »Ur-Bestand« in der Metapher des »Tieres« als Naturgrund des Psychischen gilt. Das allerdings führte in der Theorie und in der Konfrontation mit Befunden anderer Forschungen zu erheblichen Problemen.

Durch die Lockerung des Bandes zwischen Objekt und Trieb muß FREUD immer neu erklären, warum die Lustsuche oft so ineffektiv ist. Indem er das kulturelle Ich einführt, gelangt er zu einem Paradox. Der Trieb sucht Lust, aber wenn er die Libido auch als »klebrig« beschreiben muß – eben weil dieser Trieb an den ersten Objekten hängen bleibt – ist das Ergebnis der Lustverlust. *Mit der Annahme, die Libido hänge an den ersten Objekten, wird das Lustprinzip vielleicht nicht verlassen, aber doch aufgeweicht!* Deshalb konnte FREUD den Masochismus, wie viele meinen, nicht angemessen würdigen.

Autoren wie ROBERT HOLT, GEORGE KLEIN und ROY SCHAFER versuchten, dies Problem zu lösen, indem sie die klinische Theorie der Sexualität bei FREUD von seiner Triebtheorie abkoppelten. Das soll ethologischen Befunden Rechnung tragen, wonach schon tierische Sexualität durch spezifische externe Stimuli provoziert, nicht durch Triebspannung ausgelöst wird; das Hydraulik-Modell der Triebtheorie ist nicht zu halten. Auch Löwenbabies müssen das Jagen beigebracht bekommen, gerade weil es ihnen nicht angeboren ist, eine Theorie, die einen angebornen Aggressionstrieb postuliert, versagt. Auch hier fand eine ethnozentrische Projektion statt. Die Annahme des Tierischen als Grundlage des Menschlichen hängt mit der Urbanisierung und der Entstehung des Zoos zusammen: »The experience of the self and one's sexuality as bestial is the product of an unconscious projection of human sexual experience onto an image of animals romanticized as being free of social constraint, then a subsequent identification with these semidetached, projected aspects of experience.« (MITCHELL 1988, S.83).

Die einfachste Möglichkeit mit der Sexualität konzeptionell

innerhalb einer »relational matrix« umzugehen, ist demnach, sie als eine »metaphor for organizing and describing experience« (S. 84) aufzufassen. Kastrationsangst und Inzesttabu können dann in Übereinstimmung mit familientherapeutischen Erfahrungen (etwa bei LIDZ, SLIPP u. vielen anderen) neu formuliert werden: Als Versuche, mit elterlicher Verführung, mit double-binds, aktuellen Bedrohungen (S. 88) fertig zu werden. Wird Sexualität zu einer Funktion der relationalen Matrix, findet eine Umkehrung der Prioritätsverhältnisse statt; es sind jetzt die Formen der Beziehung, die als fundamental angesehen werden. Sie lassen sich betrachten als Regionen, als Terrain, als Geltungsbereiche für jene Metaphern, die das expressive Ausspielen von Beziehungsmodi ermöglichen. So gibt es in Beziehungen Bereiche, in denen Lust oder Ernst, Humor oder Kampf, Angriff oder Vereinigung sich darstellen. Mit diesen Darstellungsformen wird gespielt und gerungen, mit ihnen wird experimentiert oder sie werden konformistisch gehandhabt, sie werden gekonnt oder scheitern, sie finden Resonanz oder laufen leer. Hier kann sich die Liebe metaphorisch als Krankheit oder als Krieg, der Wahnsinn sich mit seiner Methode und seiner Einsamkeit zeigen; die Vernunft kann als Aberglaube oder als Hybris und Gefühle können als Flüssigkeiten (»Säuernis«) oder als ultima ratio inszeniert werden. Solche Metaphern sind kulturell variable Medien, deren Inszenierung eben gelingen kann oder sich dem Mißverständnis oder der Lächerlichkeit preisgibt. Hier geht es nicht um Wahrheit, die das letzte Wort für sich beansprucht, sondern um das Finden des nächsten.

Baut man die Theorie der »relational matrix« in dieser Weise konsequent aus, können nicht nur kulturelle Formen und individuelle performances unterschieden werden. Die Theorie befreit sich auch von der klinische Arbeit so belastenden Defizit-Orientierung. Die Perversion beispielsweise muß dann nicht mehr als ein Verlust der Bindung an das Objekt (also als Mangel) verstanden werden, sondern lediglich als eine andere Art, sich zu binden, die vor manchen Gefahren schützt, Entwicklungen behindert und zugleich ermöglicht.

Autoren wie MELANIE KLEIN, MASUD KHAN oder auch OTTO KERNBERG greifen in der Tat auf eine solche relationale, nichttriebtheoretische Fundierung der Sexualität immer wieder zurück. Bei KHAN heißt es etwa: »It is all engineered from the head and then instinctual apparatuses and functions are zealously exploited in the service of programmed sexuality« (zit. nach MITCHELL S. 98). Prominente Sexualwissenschaftler wie MONEY (1981) formulieren sinngemäß, kaum ein Körperteil stelle eine so erogene Zone dar wie das Gehirn mit seiner Einbildungskraft. Auch KERNBERG (1977, 1980, 1982, 1985, 1992), sonst ja durchaus ein Triebfanatiker, muß – weil er nicht anders kann – die Sexualität als Reflex von Objektbeziehungen ansehen, durch die sie erst *konstituiert* wird, weil diese ihr Bedeutung geben. Wird hier der Objektpol betont, betonen andere den Selbstpol innerhalb der relationalen Matrix: LICHTENBERG (1983) schließt sich im wesentlichen FROMMS Formulierung an, wonach die Sexualität eine Einstellung gegenüber der Welt ist, ausgedrückt in der Sprache des Körpers. Viele Autoren nehmen Bezug auf die Soziologen GAGNON und SIMON (1973), die den »myth of naturalness« kritisieren, und schließen sich deren Kritik an einer Verdinglichung des Denkens an.

Doch die Frage bleibt: Warum ist Sexualität die Arena, in der fundamentale Themen von Beziehungen ausgespielt werden? In Anlehnung an MITCHELL möchte ich so antworten:

Körperliche Prozesse dominieren die *ersten kindlichen Erfahrungen*, und »mind« entwickelt sich durch die imaginative Elaboration leiblichen Funktionierens (WINNICOTT). Diese klinische These wird neuerdings bestens gestützt durch Überlegungen aus einem Bereich, der der Klinik fremd ist: der kognitiven Linguistik (LAKOFF 1987, JOHNSON 1987, LAKOFF u. TURNER 1989). Ich komme darauf zurück.

Sexualität ist ein mächtiger *Organisator zwischenmenschlicher Erfahrung*. Als Geschehen unter Beteiligung der »Person«, die *im* Körper ist, den Körper *hat* und den *Blickwinkel, von dem aus es beides* ist, organisiert sie viele jener Bereiche der Sprache, die die Ausdrucksmöglichkeiten für die Beziehungserfahrung zur Verfügung stellt. Sexualität liefert so ein *quasi-natürliches Vokabular* für den dramatischen Ausdruck von Spannungen, Konflikten und Ängsten, von Lust und Interesse, von Öffnung und Neugier, von Überwältigung und zum Ende kommen. Schließlich ist es die Erfahrung der Abgeschlossenheit elterlicher Sexualität, die sie geeignet macht, Bedeutungen durch Gegensätze anzunehmen. Das Sichtbare und Unsichtbare, das Zugängliche und Unzugängliche,

Schatten und Licht, Oberfläche und Tiefe bekommen ebenso ihren Reiz wie der Unterscheid von Schein und Sein oder der von Geheimnis und Offenheit.

Sexualität, als universelle und kulturelle, als zutiefst intime und doch von sozialer Formung nicht lösbare »relational matrix« ist deshalb geeignet, jenen privat-innerlichen Raum zu konstituieren, den die Theorie dann aufgreift. In dieser Verbindung zwischen Erfahrungen in der Triade und der Ausbildung von kognitiven Schemata konkretisiert sich die These von der »social theory of mind« anschaulich. Diesem Zusammenhang soll gleich noch weiter nachgegangen werden.

Wenn FREUD im Vorwort der vierten Auflage der »Drei Abhandlungen zur Sexualtheorie« aus dem Jahre 1920 das psychoanalytische Konzept der Libido dem »Eros des göttlichen Plato« nahestellt, dann scheint ihm eine solche ideelle, geistige Konzeption der Sexualität und der Liebe vorgeschwebt zu haben – der Geist entwickelt sich, unvermeidlich in Beziehungen, in Richtung auf gefühlte Wahrheit. Faßt man Sexualität nicht triebtheoretisch, dann kann man sehen, daß sie vom Bereich des »Kognitiven« nicht so sehr weit entfernt ist. Auch sie meint Erkennen.

Prinzipien der triadischen Matrix

In entwicklungspsychologischer Hinsicht ist es die Abfolge der Epigenese der Triaden mit ihrem Prinzip der Selbsttranszendenz, das eine progressive Kraft entfaltet, deren Behinderung für manche Störungen verantwortlich gemacht werden kann.

In dynamischer Hinsicht werden jedoch noch weitere Prinzipien wirksam. Eines möchte ich das Prinzip der »Selbstdeutung« nennen. Am Beispiel des kleinen Jungen, der bei MELANIE KLEIN in Behandlung war und deren missionarische Selbstaspekte durch seinen Traum deutete, habe ich dies Prinzip bereits illustriert. Menschen legen sich aus und sich dabei hinein, und diese Idee, daß jeder ein »natürlicher Psychoanalytiker« sei, hatte FREUD in der »Psychopathologie des Alltagslebens« angeregt: »Man kann in der Tat ganz allgemein behaupten, daß jedermann fortwährend psychische Analyse an seinem Nebenmenschen betreibt und diese infolgedessen besser kennenlernt als jeder einzelne sich selbst.«

(FREUD 1904, S. 236). Nehmen wir es durchaus als einen Beleg für die Annäherung zwischen einem für orthodox gehaltenen Verstehen und einem relationalen Ansatz (der die Mikrosoziologie der Interaktion fokussiert), wenn der Soziologe GEORG SIMMEL (1908, S. 267) fast gleichlautend schreibt: »Aber in feineren und weniger eindeutigen Formen, in fragmentarischen Ansätzen und Unausgesprochenheiten ruht der ganze Verkehr der Menschen darauf, daß jeder vom andren etwas mehr weiß, als dieser ihm willentlich offenbart, und vielfach solches, dessen Erkanntwerden durch den andren, wenn jener es wüßte, ihm unerwünscht wäre.«

Die Übereinstimmung zwischen dem Psychoanalytiker und dem Soziologen läßt sich noch weiter treiben, denn SIMMEL wie FREUD beschreiben die Mittel und Wege solcher »Offenbarung« mit fast gleichlautenden Worten. Bei FREUD heißt es (GW V, S. 240):

> »Wer Augen hat zu sehen und Ohren zu hören, überzeugt sich, daß die Sterblichen kein Geheimnis verbergen können. Wessen Lippen schweigen, der schwätzt mit den Fingerspitzen; aus allen Poren dringt ihm der Verrat.«

Und SIMMEL (1908, S. 267) sagt:

> »Für den psychologisch Feinhörigen verraten die Menschen unzählige Male ihre geheimsten Gedanken und Beschaffenheiten, nicht nur obgleich, sondern oft gerade weil sie ängstlich bemüht sind, sie zu hüten.«

SIMMEL zieht daraus eine methodische Schlußfolgerung, die sich einem sozialen Konstruktionismus problemlos einfügt:

> »Wir können unserer Interpretation des Andren, der Konstruktion seiner Innerlichkeit, oft gar nicht Einhalt tun. So sehr der anständige Mensch sich jenes Nachgrübeln über die Verborgenheiten des Andren, jene Ausnutzung seiner Unvorsichtigkeiten und Hilflosigkeiten verbieten wird, so vollzieht sich ein Erkenntnisprozeß dieses Gebietes oft so automatisch, sein Resultat steht so oft plötzlich und unübersehbar vor uns, daß der gute Wille gar nichts dagegen tun kann.« (ebd.).

Wir konstruieren demnach Innerlichkeiten, und das nimmt noch einmal die von BERGER (1965) anvisierte Dialektik zwischen den psychologischen Modellen und der psychischen Realität auf; der »gute Wille« hindert uns daran, und damit ist die soziale Konvention, der Anstand, das Betragen, der Respekt gemeint. Der jenseits davon ablaufende Erkenntnisvorgang, der sich »automatisch« gegen den guten Willen vollzieht, darf dann als unbewußte (Selbst-)Deutung qualifiziert werden, und diese Einsicht vom Unbewußten als einem Organ der Wahrnehmung hat hier ein Soziologe formuliert.

Die Teilnehmer an einer dynamischen Triade nun legen sich in dieser Weise ihre Interaktionen aus und versuchen, sie mit ihren Gefühlen und bisherigen »Theorien« über das, was »los« ist, in Übereinstimmung zu bringen. Sprechen wir also nicht nur über zwei Teilnehmer, sondern über drei, dann steigert sich die Komplexität des unbewußten (Selbst-)Deutungsprozesses erheblich, denn der »gute Wille« verhindert auch hier oft genug, das zu wissen, was man schon weiß (nach BUDE). Zudem aber ist die unbewußte (Selbst-)Deutung eingebunden in die Interaktion, denn auf der Grundlage solcher Schlußbildungen über »Geheimnisverrat« findet dann die Steuerung der Interaktion wiederum statt. Sie regt die anderen Personen in der triadischen Matrix zu neuen Selbstdeutungen an.

Ein Beispiel:

Der siebenjährige Tom lebt mit seiner Mutter allein; der Vater hat sie schon kurz vor der Geburt verlassen, besucht Tom und seine Mutter jedoch von Zeit zu Zeit. Nach einem solchen Besuch möchte Tom von seiner Mutter wissen: Warum habt ihr euch getrennt? Liebst du Papa noch? Die Mutter fühlt sich bedrängt und erklärt, teils weil sie es so fühlt, teils weil sie Tom nicht verletzen will: Ja. Diese Antwort ist kompromißhaft, geprägt von ihrem »guten Willen«, und Tom versucht nun sofort, den Kompromiß in seine Bestandteile zu zerlegen; er verhält sich als aktiver Konstrukteur seiner Wirklichkeit und will neue Selbstdeutungen bei seiner Mutter anregen. Er fragt nun: Warum wohnt Papa dann nicht bei uns? – Der Vater seinerseits soll Tom erklärt haben, es sei sein größter Fehler, die Mama verlassen zu haben, doch lebt er mittlerweile verheiratet und mit einem weiteren Kind an anderem Ort. Tom fragt wiederum sofort: Warum wohnt er dann nicht bei uns?

Bei soviel »gutem Willen« ist die Beziehung zwischen seinen Eltern für Tom ein lebenspraktisches Rätsel, er kann sich deren Beziehung nicht »selbst deuten«, und die Antworten, die ihm gegeben werden, sind unbefriedigend. Er bildet nun eine heftige Symptomatik aus: Er schlägt unmotiviert auf andere Kinder seiner Spielgruppe oder aus der Klasse ein. Diese Symptomatik legte sich, als seine eigene Logik verständlich wurde; er handelte nach der »verrückten« Devise: »Wenn als liebevoll bezeichnete Beziehungen zu Trennungen führen, dann müßten aggressive Handlungen sich zu Freundschaften entwickeln«. Diese Logik war freilich nicht »ausgesagt«, sondern expressiv ausgespielt; seine Darstellung dieser Logik sollte wiederum dazu dienen, wenigstens der Mutter das Kuriose an deren eigener Logik – ausgedrückt in deren unbefriedigenden Antworten – als Spiegel vorzuhalten, um so deren »Selbstdeutungsbedarf« anzuregen. Wir sehen hier, wie Kinder als aktive Subjekte ihre Wirklichkeit gestalten und daß sie Rätsel zu lösen suchen, die ihnen in triadischer Interaktion aufgegeben sind. Können diese Rätsel nicht gelöst werden, bilden sie »verrückte« Logiken, das heißt Selbstdeutungen aus; es besteht ein Zusammenhang zwischen Kognition und Interaktion.

Ich möchte noch ein weiteres Prinzip der triadischen Matrix beschreiben, das der »multiplen Kompensation«. Es soll den Umstand beschreiben, daß in triadischen Beziehungen vielfache Möglichkeiten wechselseitiger Entschädigungen vorhanden sind, die sich die Familienmitglieder ständig zunutze machen. Diese multiplen Kompensationen bleiben jedoch vor den jeweils Dritten nicht unbedingt verborgen, in manchen – seltenen – Fällen werden sie direkt geäußert.

Ein Vater sagt zu seiner außergewöhnlich attraktiven Tochter, Mitte 20: »Mutter hatte aber immer schönere Beine als Du!«

Wollen wir einen solchen Satz verstehen, haben wir zunächst einmal das gleiche kognitive Problem wie die Tochter selbst; was bloß meint der Vater?

Zunächst benutzt der Vater, multipel kompensierend, einen Vergleich zwischen Mutter und Tochter. Der Vergleich bezieht sich auf die Beine, die wir hier metonymisch als Symbol weiblicher

Attraktivität verstehen. In diesem Vergleich, so die erste oberflächlich-manifeste Bedeutung, schneidet die Tochter schlechter ab als die Mutter.

Ich nehme nun an, daß der Tocher sich brisante Fragen stellen: Wieso betrachtet er überhaupt meine Beine? Warum zieht er diesen Vergleich? Wenn irgendwelche Beine attraktiv sind, für wen sind sie es? Das Prinzip der Selbstdeutung legt diese Fragen nahe: Wessen Augen betrachten meine Beine da? Und die gleiche Fragen muß sich die in der Sitzung zuhörende Mutter stellen. Die Antwort jedoch kann bei beiden unterschiedlich ausfallen. Die Mutter mag sich vorstellen, der Vater betrachte ihre Beine als Liebhaber – aber die Tochter? Beide werden den Satz unterschiedlich verstehen, je nachdem, wie stark ihr »guter Wille« ausgebildet ist. Die Mutter denkt sich vielleicht, ob der Vater die Tochter wie ein Liebhaber betrachtet? Ob sie sich das vorstellen kann, hängt von ihrem »Anstand« ab. Der Anstand verhindert die Deutung der Deutung.

Kann sich die Tochter den Vater vorstellen, wie er wie ein Liebhaber ihre Beine betrachtet? Wenn nein, obsiegt der gute Wille, und es kommt zu einer einfachen Verdrängung der Wahrnehmung des Sinns des Gehörten. Wenn ja, bekommt die Tochter ein kognitives Problem. Muß nicht sofort die nächste Frage bei der Tochter auftauchen: wieso betrachtet er meine Beine so, wie ein Liebhaber sie betrachten würde, wenn er doch die von Mutter schöner findet? Die zweite, latente Bedeutung ist der ersten genau entgegengesetzt: Der Vater betrachtet seine Tochter mit den Augen eines Liebhabers, obwohl er manifest zum Ausdruck bringt, er sei Mutters Liebhaber.

Wie dies Rätsel lösen? Der Vater kompensiert etwas mit diesem Satz, so ahnt die Tochter, für das er sich an ihr schadlos halten will, aber nicht schadlos halten kann, denn sie hat ja nach seiner eigenen Aussage die weniger attraktiven Beine – wir wundern uns nicht, daß die Tochter an gewissen Zwangsgrübeleien leidet, aber wir sehen, daß die Selbstorganisation, das heißt weibliche Identitätsbildung, der Tochter gestört wird durch die triadische Matrix, in der der Vater einen Brand Satz der Verführung auswirft, mit dem er sich entschädigt und andere zu entschädigen verspricht. Ein Versprechen freilich, daß nie eingefordert werden kann, denn es ist ja nie gegeben worden. Es existiert ja nur in der

Phantasie der Tochter, die verdrängen muß, das heißt: nicht deutet, was sie sich da selber zusammendeutet ...

Die Fähigkeit, eingenommene Perspektiven in ihrer Abhängigkeit von Relationen innerhalb der triadischen Matrix zu erkennen, kann so verstört werden. In dem Maß, wie mit dem Perspektivenwechsel eine neue Selbstdeutung gelingt, werden Relationen relationiert, Beziehungen als »Ganze« veranschaulicht und Objekte »konstant«.

Nachdem nun eine Grundlegung des Konzepts von der relationalen Matrix in Anlehnung an MITCHELL (1988) und an GREENBERG und MITCHELL (1984) erfolgt und deren Konzeption zu der einer »triadischen Matrix« mit den genannten Prinzipien erweitert ist, werde ich im folgenden einige Ergebnisse der Arbeit von SLIPP (1988) zur Dynamik der Triaden bei einzelnen klinischen Bildern referieren; dabei soll im Anschluß an familiendynamische Konzepte der dynamische Aspekt gegenüber dem genetischen herausgearbeitet werden.

Slipps Erweiterung der Objektbeziehungstheorie

SLIPP (1987) geht es in seiner Arbeit um die theoretische Ausarbeitung seiner familientherapeutischen Erfahrungen mit der Objektbeziehungstheorie. Auch er sieht das Subjekt in eine Matrix von Objektbeziehungen eingebettet, die durch zwei Dimensionen konstituiert wird: dem Selbst steht ein Objekt gegenüber, und beide können entweder »gut« oder »böse« sein. Diese beiden polaren Dimensionen (Selbst/Objekt, »gut«/«böse«) beschreiben die Vermessungslinien der Objektbeziehungstheorie. Sie macht diese Unterschiede.

Das Objekt ist dabei nicht nur als Ort von Befriedigungserlebnissen gedacht, sondern selbst auch aktives Subjekt, das das Selbst durch projektive Verzerrungen in seiner Entwicklung charakteristisch verstören kann. Die Relationen zwischen dem Selbst und dem Objekt werden dabei vor allem als von Projektion, Abspaltung und projektiver Identifizierung bestimmt gesehen. Letztere bestimmt eine Beziehungsstruktur, deren Beschreibung durch POR-

DER (1991) wohl am ehesten zu den Slippschen Vorstellungen passen würde. Ein eigener Anteil, der sowohl den Objektpol wie den Subjektpol betreffen kann, wird einem Anderen angetragen – dieser erlebt all die Gefühle und Zustände, die das Selbst nicht ertragen kann. Helene Deutsch hatte 1918 hier von einem »induzierten Irresein« gesprochen. Porder (1991) lehnt die von Melanie Klein stammende substantialistische Vorstellung ab, wonach es sich um ein buchstäbliches Deponieren seelischer »Substanzen« im Anderen handelt; er vertritt vielmehr, und hier ist die Nähe zu Slipp, die Auffassung, daß es sich um sowohl mikrostrukturelle als auch lange Zeiträume übergreifende Transaktionsmuster handelt.

Für meine weiteren Überlegungen ist nun eine detaillierte metapsychologische Diskussion der projektiven Identifizierung nicht erforderlich, sondern der Blick soll darauf gelenkt werden, daß Slipp von der Objektbeziehungstheorie die doppelte Kategorisierung übernimmt: es muß das Selbst vom Objekt und »gut« von »böse« unterschieden werden könnnen. Das ist eine kognitive Differenzierungsleistung, und man kann vermuten, daß dort, wo sie scheitert oder fehlerhaft vorgenommen wird, Störungen der psychischen Entwicklung auftreten müssen. Diese Kategorisierung eignet sich deshalb, um familiale Transaktionsmuster dynamisch zu typisieren – auch wenn ich noch zeigen werde, daß diese Kategorisierung selbst noch zu undifferenziert ist. Slipps Typologie der triadischen Dynamik liegen Erfahrungen mit 125 Familien zugrunde, die um Hilfe und Beratung wegen eines jugendlichen Familienmitglieds nachsuchten; über 50% dieser jungen Erwachsenen wurden als schizophren diagnostiziert. Sowohl die Patienten als auch die übrigen Familienmitglieder machten von Spaltung und projektiver Identifizierung für die Aufrechterhaltung ihrer Selbstachtung und ihrer Integrität Gebrauch mit der Folge eines kollusiven Beziehungsnetzwerks, das Slipp als symbiotisches Überlebensmuster beschrieb: Es gab einen charakteristischen Zusammenbruch individueller Grenzen, ein Scheitern bei entwicklungsangemessenen Lebensaufgaben und eine übermäßig enge Verstrickung der Familienmitglieder miteinander. Die Eltern induzierten beim Kind bestimmte Gefühle, Denkinhalte und Ausagieren in Übereinstimmung mit ihrer Projektion, so daß die Eltern eine stellvertretende Partizipation über das Kind lebten.

Diese Vorgänge werden durch die Prinzipien der »Selbstdeutung« und der »multiplen Kompensation«, so meine ich, erhellt.

Die Triade bei Schizophrenie

In diesen Familien kommt es zu einer gemeinsam geteilten Phantasie, daß Aggression destruktiv sei, vor allem für die eheliche Beziehung. In der Partnerbeziehung findet eine wechselseitige positive Idealisierung statt, sie repräsentieren füreinander die gute präödipale Mutter (positives Objekt, O+), während das Kind als forderndes Objekt, als »schlecht« (O-) gesehen wird; es erhält eine Rolle als Sündenbock, als *container* negativer Identität. Seine Selbstdeutungen – auch der Beziehungen der Eltern – werden systematisch entwertet; es lernt nicht, seinen eigenen Erfahrungen zu vertrauen, was LAING (1969) als Mystifizierung beschrieben hat. Es fühlt sich wertlos, seine eigenen destruktiven omnipotenten Phantasien werden gestärkt, und zugleich lernt es die Furcht vor der eigenen Aggressivität.

LIDZ (1969) hatte dies bereits als »eheliche Spaltung« beschrieben. Die Eltern gratifizieren wechselseitig ihre Abhängigkeitsbedürfnisse, ignorieren jedoch die Entwicklungsbedürfnisse des Kindes. Das bedeutet, daß sie mit dem Dritten, dem Kind, ihre Beziehung multipel kompensieren. Das Kind empfindet sich, in richtiger Selbstdeutung, als Last für die Eltern; diese Schlußbildung wird nun durch einen familialen Mythos, seine Forderungen verursachten den Streß oder gar den emotionalen Zusammenbruch der Eltern, gestützt.

Will man diese Triade graphisch darstellen, dann so:

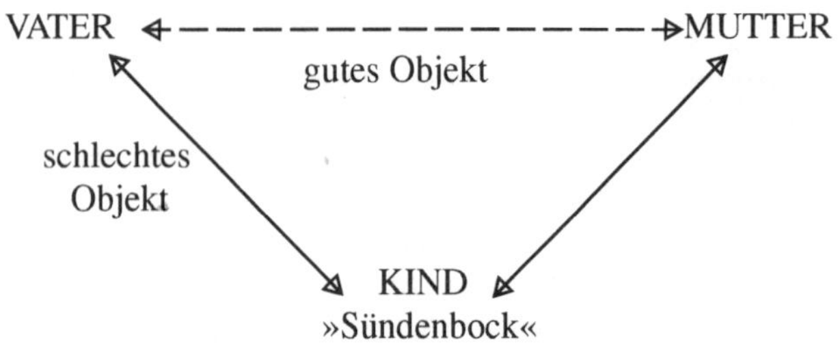

Die Ehepartner vermeiden untereinander kritische oder gar aggressive Äußerungen; sie würden als Ausdruck des »bösen« Mutter-Objekts gesehen. Sie billigen alles aneinander; wegen ihrer inneren Bindung an die präödipale Mutter würde Aggressivität nicht nur als Verlassenwerden, als Objektverlust, sondern als Selbstverlust empfunden und muß deshalb vermieden werden. Deshalb muß eine klare Beziehungsdefinition stetig umgangen werden, die Kommunikation wird kryptisch. Sprache wird nicht für die Kommunikation verwendet, sondern um den Konflikt zu verdecken, was schon durch die frühen Untersuchungen von WYNNE et al. (1965) herausgearbeitet wurde.

Die Triade bei Borderline-Patienten

Hier partizipiert einer der Ehepartner nicht an der kontrollierenden und manipulierenden Beziehungsart wie bei der soeben beschriebenen Triade. Er verfügt über genügend Autonomie, um offen Rebellion und Ablehnung zu wagen, ist aber nicht stark genug, um die Beziehung zu verlassen, was dazu disponiert, alle Register der multiplen Kompensation zu ziehen: Statt zu einer Trennung kommt es zu einem emotionalen Rückzug; der Ehepartner wird zum »bösen« Objekt, und das Kind zur »guten« präödipalen Mutter idealisiert. Handelt es sich, so SLIPP (1988, S. 92) um ein Mädchen, wertet der Vater seine Frau ab und die Tochter auf; es kommt zu einer pseudoödipalen Triade, wie sie auch ROHDE-DACHSER (1987) als charakteristisch für diese Störungen gefunden hat.

In graphischer Darstellung:

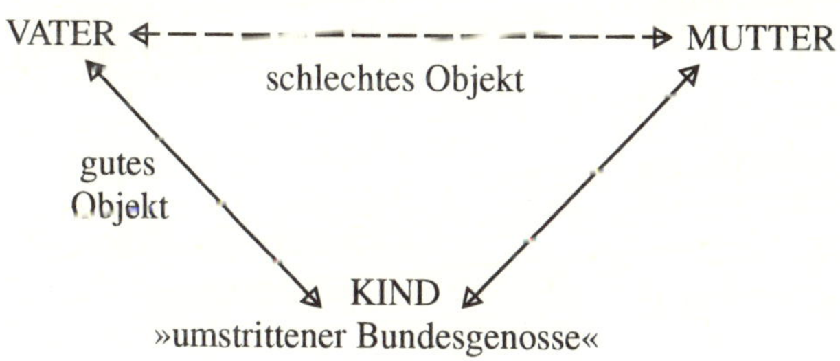

Slipp beschreibt diese Entwicklung für Mädchen dann so weiter: Wegen der emotionalen Unerreichbarkeit wendet sich das Mädchen dem Vater zu in der Hoffnung, von ihm Gratifikation für ihre Abhängigkeitsbedürfnisse zu erhalten, wie auch Kernberg (1975) vielfach beschrieben hat. Sie baut in ihre Selbstdeutung seine Erklärungen der verwirrenden Verhältnisse ein. In der epigenetischen Typologie kommt es zu einer Triade mit »zwei Müttern« mit der Folge einer frühzeitigen ödipalen Entwicklung, die hier jedoch die vorangegangene Deprivation durch die Mutter kompensieren muß.

Das Kind erhält eine Rolle als »umstrittener Bundesgenosse« (in der Terminologie von Richter 1963), triumphiert dann im ödipalen Konflikt über die Mutter, was vom Vater durch subtile Verführungen unterstützt wird. Als Erwachsene nutzt die Tocher dann Erotisierung als Konfliktregulativ in ihren Beziehungen und läßt sich auf sexuelle Kontakte ein, wo es ihr um narzißtische Befriedigungen ginge.

Was jedoch die Borderline-Patientin von der späteren Hysterika unterscheidet, besteht nach Slipp in einer späteren Entwicklung: Die Borderline-Patientin wird, sobald sie in der Adoleszenz manifest sexuelle Kontakte aufnimmt, vom Vater als wertlos fallengelassen; ein Schicksal, das der Hysterikerin erspart bleibt. Stone (1988) hat diese Entwicklung als »Marilyn-Monroe-Syndrom« beschrieben: Das Selbstbild der Tochter wird beschädigt durch die Ablehnung des Vaters, und es kommt zu einer Wiederbelebung der Identifizierung mit der verachteten und abgelehnten Mutter. Diese Identifizierung führt zu suizidalen Tendenzen. Slipp nimmt an, daß vergleichbare Konstellationen auch für männliche Borderline-Patienten gelten; er konstatiert – in Anlehnung an Mahlers Wortschöpfung – einen Mangel an »Familien-Konstanz« mit einem, wie ich hinzufügen möchte, Zuviel an multipler Kompensation.

Die Triade bei der Depression

Sind bei den bisher beschriebenen Triaden die Beziehungen der Eltern hinsichtlich des Objekt-Aspektes beschreibbar, so spielt bei der Depression der Selbst-Aspekt die wichtigere Rolle: einer der Eltern wird als fehlerhaft, mangelhaft, unkoordiniert, »nicht gut genug« in jeder Hinsicht so vom andern erlebt, daß der Andere dies als Schaden an seiner eigenen Selbstachtung auffaßt, der kompensationsbedürftig ist; der »mangelhafte« Elternteil ist ein »böser« Selbst-Aspekt. Das »gute« Selbst hingegen wird auf das Kind projiziert, an dessen Erfolgen der dominante Elternteil dann stellvertretend teilhat – trotz der »Behinderungen« durch den mangelhaften Teil. Das Kind wird zum »Retter« der Familie, ein Antidepressivum gegen die empfindlich gestörte Selbstachtung des dominanten Elternteils.

In graphischer Darstellung:

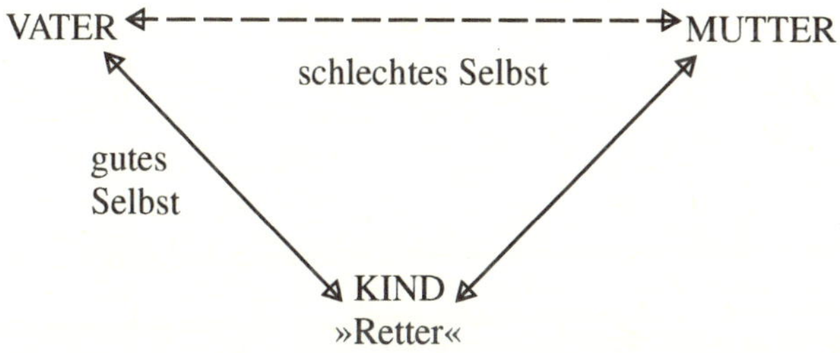

Das Kind beginnt ängstlich, um seine Erfolge zu bangen, die dringend für die Stabilisierung der Selbstachtung des dominanten Elternteils benötigt werden; zugleich jedoch kann es daraus kein Selbstvertrauen schöpfen, denn die Eltern sind unbewußt auch neidisch auf den kindlichen Erfolg und müssen seine narzißtischen Zufuhrlieferungen unter Kontrolle behalten. Die Eltern berichten Außenstehenden oft stolz von den kindlichen Erfolgen, stützen das Kind in direkter Interaktion jedoch selten oder nie. So erhält das Kind eine doppelte Botschaft: Es soll Erfolg haben und selbständig werden, dabei jedoch abhängig bleiben und die Eltern nicht überwinden. Es kann nicht gewinnen; hat es größeren Erfolg als die Eltern, wie erwartet, bestätigt es damit die Dynamik in der Triade und trägt zu einem Zugewinn des elterlichen Selbstgefühls bei; zugleich jedoch ruft es elterliche Mißgunst und Neid auf den Plan und bestätigt das defizitäre elterliche Selbstgefühl, ja steigert das Mangelerleben noch.

Dem Kind bleibt – dem Prinzip der Selbstdeutung folgend –

auf der Grundlage der Internalisierung solcher Transaktionen die Entwicklung eines anspruchsvollen Ich-Ideals, dem es nie genügen wird; es wird sich selbst kaum bestätigen lernen, sondern von externer Anerkennung abhängig bleiben. In Interaktionen mit anderen kommt es zu einem charakteristischen Beziehungsspiel: Zunächst erspüren und erfüllen sie die Wünsche und Erwartungen anderer, um dann subtil in passiv-aggressiver Weise dagegen zu opponieren, um ein gewisses Maß an Autonomie zu erreichen. Dann erfüllen sie die Erwartungen nicht mehr und führen so eine beträchtliche Frustration beim Andern herbei. So wie sie selbst keine Bestätigung erhielten, können sie auch keine geben.

Erweiterungen: André Green

Was SLIPP hier beschreibt, kann in der einen oder anderen Weise von jedem Kliniker bestätigt werden; immerhin gibt er an, diese Typologie aus klinischer Erfahrung mit einer großen Anzahl von Familien gewonnen zu haben.

Ich habe seine Typologie hier referiert, weil ich beeindruckt davon bin, mit wie wenig konzeptuellen Handgriffen klinisch brauchbare Differenzierungen gewonnen werden können; beeindruckt gerade deshalb, weil ich weiß, daß jede typisierende Bestimmung einen unbestimmten und nicht-rationalen Rest übrig läßt. Gewiß, Neurose und Person sind nicht wie zwei Gegenstände, von denen der eine im andern enthalten ist, so wenig wie Interaktion ein Ding ist, das in der Person versteckt wäre. Aber Person und Interaktion stehen in einem schöpferischen und gerade deshalb nicht restlos definierbaren Wechselverhältnis, was das Prinzip der Selbstdeutung ausdrücken wollte: Personen kreieren Interaktionen, und diese bilden Personen, was das Prinzip der multiplen Kompensation zu formulieren versucht. Solche Bildungsprozesse werden reflektiert (selbstgedeutet), und Reflexionen werden gebildet (multipel kompensierend). Es ist in meinen Augen schon viel, wenn es gelingt, für solche Wechselprozesse Muster der Wahrnehmung auszubilden; anders wird man solche Typologien nicht verstehen dürfen. Damit meine ich vor allem: nicht im Sinne einer Spezifitätshypothese (vgl. CIERPKA 1989).

Im Grunde benutzt SLIPP für seine Typologie einfache Bausteine; aus einer einfachen kombinatorischen Anwendung von drei Komponenten gewinnt er eine elegante Architektur. Diese Bausteine sind: Triade + 2 Vermessungslinien aus der psychoanalytischen Objektbeziehungstheorie (Selbst/Objekt; gut/böse). Der epigenetische Aspekt geht etwas verloren, aber man kann leicht Verbindungen zu der von mir vorgeschlagenen Konzeption rotierender Triaden ziehen.

Nun meine ich, daß die Anwendung nur dieser beiden objektbeziehungstheoretischen Vermessungslinien für ein Verständnis der Dynamik der Triade noch keineswegs ausreichend ist und manche klinisch relevanten Sachverhalte zu unentfaltet stehen läßt. Deshalb möchte ich eine weitere Differenzierung einführen: zu den beiden Dimensionen der Selbst-Objekt-Differenzierung und der von »gut« und »böse« muß noch die von »männlich« und »weiblich« hinzutreten.

Die Begrenzung der psychoanalytischen Objektbeziehungstheorie auf die Vermessungslinien S/O und +/– führt auch bei SLIPP dazu, daß die Triade im Grunde immer noch wie eine erweiterte Dyade gedacht wird. Eine banale Tatsache muß berücksichtigt werden: daß es menschliches Schicksal ist, von Menschen unterschiedlicher Sorte abzustammen, von Anbeginn an zwei Objekte zu haben, denn es ist diese Tatsache, die zum Organisator der phantasievoll erfüllten Selbstdeutung des Subjekts wird und die Frage anstößt, was es damit auf sich hat. Der »frühe« Ödipuskomplex wird mit einer solchen Konzeption nicht wie bei MELANIE KLEIN zum strukturierenden Prinzip des Seelenlebens, sondern es geht darum, dem Subjekt einen aktiven Teil als »Schöpfer« mit dem Prinzip der Selbstdeutung zuzugestehen und zugleich seine Position als Geschöpf (gebildet von den multiplen Kompensationen der anderen) mit zu konzeptualisieren. Das Subjekt, das Kind ist nicht nur »Opfer« elterlicher Pathologie, es ist aber auch nicht nur »Täter«, wie es krude Varianten der Verführungstheorie wollen.

Es geht, wie bei ANDRÉ GREEN (1974, 1975, 1977, 1979): um das »Phantasma der Urszene, der Vorstellung von der Urbeziehung zwischen den beiden Objekten« (KITTLER 1991, S. 115f.), eine Vorstellung, die geformt und formend ist.

GREEN führt dies am Beispiel des Borderline-Patienten aus und bereichert in wichtiger Hinsicht SLIPPS Konzeption, weil seine Theorie zu den Dimensionen S/O und +/– noch die von männlich und weiblich hinzuzunehmen gestattet.

Die Beziehung zu und zwischen seinen Eltern ist für den späteren Borderline-Patienten, so sieht es GREEN, gerade nicht durch den Unterschied, durch die sexuelle Differenz, bestimmt; Leitdifferenz ist vielmehr die zwischen »gut« und »böse«. Nicht nur innerhalb der Differenzen wird unterschieden, sondern auch zwischen ihnen selbst gibt es eine Differenz in einer wesentlichen Hinsicht: die Geschlechterdifferenz vollbringt einen merkwürdigen Sprung, sie trennt und verbindet zugleich, sie ist die *Einheit von Einheit und Differenz*, also mehr als Einheit *oder* Differenz. Die »gut«/«böse« Unterscheidung ist jedoch nur Differenz, sie verbindet nicht. Der zukünftige Borderline-Patient kann, wenn seine Erzeuger lediglich hinsichtlich dieser Differenz unterschieden werden, somit eine Erfahrung der Integration von Trennung *und* Verbundenheit nicht machen. Seine »Objekte« sind nicht »gut« *und* »böse«, sondern *eines ist gut, das andere ist böse*. Die Einheit bildet das elterliche Paar erst gemeinsam, hier sind sie *ein* Objekt. Hinsichtlich dieser Dimension gehören sie zusammen; damit aber reduziert sich die Triade auf eine Dyade,[3] der ausgeschlossene Dritte ist die Sexualität im oben beschriebenen Sinn. Sexualität meint jenen leiblichen Beziehungsmodus, der zwischen Begierde und Begehrtwerden und dem Begehren des Begehrtwerdens, zwischen Identifikation und Objekthunger wechselt, zwischen Differenz und Einheit eine Einheit bildet, der »alles« und »dies alles zugleich nicht« ist. Die Dynamik der Triade beim Borderline-Patienten reduziert sich somit, obwohl sie aus drei Personen besteht, auf eine Dyade mit ausgeschlossenem Dritten. Das Subjekt entwickelt ein Denken – GREEN ist dieser Zusammenhang zwischen Dreierkonstellation und Kognition eminent wichtig – in »Entweder-Oder«-Kategorien; dazugehören oder nicht, hier geliebt werden oder dort, Destruktion oder Konstruktion, Eindringen oder Ausgeschlossen sein, Negation oder Position.

3 THOMÄ und KÄCHELE (1985) sprechen in genau diesem Sinn von der Dyade als »Triade minus 1«.

Green weist nun darauf hin, daß der »Prototyp« der Negation einen leiblich-seelischen Vorläufer hat. Die Ausstoßung des Negativen (Freuds purifiziertes Lust-Ich) ist: dies nicht! Erst die Sexualität vermittelt für ihn ein Denken, das Konstruktion durch Destruktion, dazugehören und außerhalb stehen, ja und nein und beides nicht, ermöglicht.

Ich meine nun, daß der von Green anvisierte Zusammenhang zwischen Dreierkonstellation und Kognition unter Rückgriff auf einige neuere Entwicklungen der Bedeutungstheorie schärfer gefaßt und solider fundiert werden kann. Ich verwende deshalb den Ausdruck »Prototyp« hier in genau dem Sinn, wie ihn die kognitive Linguistik (Lakoff 1987) vorschlägt, und das möchte ich etwas erläutern.

Zentrale Elemente unseres Denken sind die Kategorien, deren Untersuchung von größter Wichtigkeit für die Art ist, wie wir Dingen Bedeutung verleihen. Sie werden, wie schon Wittgenstein[4] mit seinem Begriff der »Familienähnlichkeit« festhielt, nicht durch propositionale Zuordnung von Prädikaten zu Objekten, sondern durch Prototypen gebildet. Kategorien haben »Bestbeispiele«; sie werden nicht gebildet, indem Elemente mit gleichen Eigenschaften ihnen zugeordnet werden. Diese technische Annahme kann man allenfalls für wissenschaftliche Taxonomien machen, die alltägliche Sprachverwendung verfährt anders. Die Kategorie »Möbel« zum Beispiel hat »Stuhl« oder »Tisch« als Prototyp. Solche Prototypen haben nun nicht eine propositionale Struktur – welche Attribute haben ein Stuhl und eine Stehlampe oder eine Vase gemeinsam, obwohl sie doch alle der Kategorie »Möbel« zugeordnet werden können? Der Bildung von Kategorien liegen »Modelle« zugrunde. Bei der Bildung von Kategorien kommen nun nicht allein propositionale, sondern vor allem metaphorische Modelle zur Anwendung. Das ist die hier interessierende, wichtige Entdeckung der Prototypentheorie.

Metaphern haben einen Urspungs- und einen Zielbereich; sagt man: »Dies Bild ist ein Schinken« ist das Bild der Ziel-, der Schin-

4 Im § 66 der »Philosophischen Untersuchungen«.

ken der Quellbereich; der Zielbereich wird durch den Quellbereich charakterisiert. Im Fall solcher Metaphern wird eingewandt, die metaphorische Redeweise sei nur ein ungenauer lexikalischer Ausdruck, der durch Zuordnung von Attributen zu Subjekten nichtmetaphorisch, aber dafür präziser beschrieben werden könne. Metaphern scheinen in dieser Theorie lediglich eine Sache der Rhetorik und der ästhetisch ausschmückenden Rede zu sein. Diese lexikalische Theorie der Metapher geht auf ARISTOTELES zurück. Sie nimmt an, das mit »propositionalen Modellen« (Attribute zu Subjekten zuordnen) Bedeutung hinreichend erklärt werden kann.

Unsere Sprache ist jedoch voll von anderen metaphorischen Redeweisen. Wir sagen zum Beispiel: »Der Dollar steigt«. Jeder versteht die Bedeutung eines solches Satzes, aber die Bedeutung kann nicht mit propositionalen Modellen erklärt werden. Gerade das Wörtlichnehmen eines solchen Satzes – wie es ein propositionales Modell des Verstehens fordert – würde das Verständnis verfehlen. Hier nimmt die kognitive Linguistik an, daß wir mit »metaphorischen Modellen« operieren, die imaginative Szenarien evozieren: Dem Verstehen des Satzes vom »Dollar« liegt die metaphorische Gleichung *oben ist mehr* (LAKOFF u. JOHNSON, 1980, sprechen hier von »Orientierungsmetaphern«) zugrunde, die sich an unendlich vielen anderen Beispielen aufweisen läßt. Die Frage stellt sich: Was ist der Quellbereich von solchen Orientierungs-Metaphern?

Dazu wird folgendes erläutert: Metaphern sind nicht nur angereicherte Bilder, sie haben »Bild-Schemata«. Die Schemata verhalten sich zu den Bildern wie das Gerippe zum Fleisch, wie ein architektonischer Plan zur Ausführung des Baus, wie eine Druckformatvorlage zum Inhalt des geschriebenen Textes. Die kognitive Linguistik behauptet nun, daß diese Schemata körperlich fundiert sind (JOHNSON 1987), die Bilder selbst hingegen kulturell determiniert. Der Körper erhält damit – und das ist in der Tat eine von Psychoanalytikern wundersamerweise kaum zur Kenntnis genommene akademische Revolution, denn psychoanalytische Positionen erfahren eine starke Stützung – eine Stellung als generischer Term, er wird als *Bedeutungsgenerator* anerkannt. Bedeutung entsteht nicht länger durch ein mechanisches Operieren mit Symbolen, in ihrem Zentrum steht nicht ein Prädikaten-Kalkül; menschliche Imagination, die Gestalteigenschaften aufweist, wird enorm aufgewertet. Die körperliche Erfahrung und deren Verarbeitung strukturiert unsere Kategorisierungen präkonzeptuell.

Das ist die intellektuelle Verknüpfungslinie zu GREEN, die ich hier an wenigen Beispielen noch entwickeln will.

Körperliche Schemata sind beispielsweise das »Oben-Unten«-Schema. Es kommt in der Vorstellung zum Ausdruck, daß abstrakte Gliederungen oder hierarchiche Taxonomien »oben« als eine Art Dach den allgemeinsten Begriff stehen haben, »unten« hingegen die einzelnen Bausteine, die den allgemeinen Begriff fundieren. Blättern wir in einem Wörterbuch, finden wir gelegentlich den Verweis: »Siehe ›unter‹ ...« Die Präposition »unten/unter« ordnet einen Begriff einer »*Über*schrift« zu; sie gewinnt ihre Bedeutung, wie die kognitive Linguistik erklärt, indem wir ein Szenario imaginieren, wonach die Zunahme von etwas mit größer-Werden verbunden ist, eine Erfahrung, die – so LAKOFF (1987) – schon Kinder machen, wenn sie Flüssigkeit in ein Glas füllen. So läßt sich das Verstehen des Satzes vom »Dollar« verstehen.

Das Schema (oben-unten) fundiert beispielsweise auch die Metapher *Theorien sind Gebäude* (LAKOFF u. JOHNSON 1980). JOHNSON (1987) erklärt unumwunden, daß solche Schematisierungen aus der körperlichen Ur-Erfahrung stammen: beispielsweise aus dem Erlernen des aufrechten Gangs. Das »Oben-Unten«-Schema kann nun an einer Fülle von Beispielen aus anderen Bereichen aufgewiesen werden, es gewinnt seine Bedeutung durch »metaphorische Projektion« aus dem Quellbereich des Körpers in den Zielbereich des abstrakteren Denkens, der Vorstellungskraft und der Antizipation.[5] Natürlich ist nicht die Metapher, sondern ihr Schema körperlich präfiguriert; das Schema ist das Gerippe. Die Metapher – wie zum Beispiel *Die Seele ist eine Maschine (oder ein Apparat)*[6] – selbst gewinnt ihr »Fleisch« aus kulturellen Inhalten. Bedeutung kann so in der kognitiven Linguistik als doppelt determiniert beschrieben werden: Sie ist körperlich schematisiert und kulturell coloriert.

---

5 LAKOFF (1987, S. 275): »abstract reason is a matter of two things: (a) reason is based on bodily experience, and (b) on metaphorical projections from concrete to abstract domains«.

6 Über die Geschichte dieser Metapher siehe zum Beispiel SAMMET 1993.

Ein anderes Schema ist das »Zentrum-Peripherie«-Schema: Wir erleben uns schon als Säuglinge als Zentrum, die Umgebung als Peripherie; aber auch unsere Extremitäten sind peripherer als der aus Kopf, Brust und Bauch bestehende Körper. Ein Baum hat Blätter, die auch dann, wenn sie im Winter abfallen, uns nicht daran hindern, in ihm denselben Baum zu erkennen – der Baum ist Zentrum, die Blätter peripher. Eine Theorie hat ein Zentrum, das zu widerlegen sie zu Fall bringt, aber Kritik an peripheren Teilen läßt die Theorie als ganze unerschüttert.

Ein weiteres Schema, das für Psychoanalytiker von Bedeutung ist, heißt das »container«-Schema – die Bezüge etwa zu BION (1992) sind auf der Hand liegend. Das Schema besagt, daß es etwas gibt, das im Container ist und etwas anderes außerhalb und daß zwischen beiden eine Grenze besteht. Es konstituiert eine Innen-Außen-Differenz. Betrachten wir die Präposition »aus« zunächst an Beispielen:

»Geh aus dem Zimmer!«
»Erzähl die Geschichte, aber laß die Details aus«
»Er konnte sich nicht aus seiner Ehe lösen«.

Ein propositionales oder lexikalisches Modell könnte die polysemische Verwendung der Proposition »aus« gerade nicht erklären. Nimmt man jedoch an, daß in allen drei Beispielsätzen das Container-Schema wirksam ist, kann man verstehen, wie die Präposition gleichsinnig verwendet wird. Einmal ist das Zimmer der »Container«, der verlassen werden soll, im zweiten Beispiel ist die Geschichte der Container, der Details enthält, die nicht herausgenommen werden sollen, im dritten ist es die Ehe, die als Container dargestellt wird, dessen Grenzen nicht verlassen werden konnten. Das Schema strukturiert das Verstehen der metaphorischen Rede, weil es imaginative Szenarien (etwas einer Geschichte entnehmen wie aus einem Container) beim Hörer evoziert; es selbst ist körperlich fundiert, und JOHNSON (1987, S. 25) zeigt mit Bezug auf Experimente an Blinden, daß solche Schemata spezifische Sinnesmodalitäten zu transzendieren in der Lage sind. Hier ist wieder der Bezug zu den Psychoanalytiker interessierenden »frühen« Erfahrungen. Der »baby-watcher« DANIEL STERN (1985) hat in seinen entwicklungspsychologischen Arbeiten gezeigt, daß es transmodale Wahrnehmung schon beim Säugling gibt, die von den Müttern in der Regel unterstützt wird (während das Kind rhythmische Laute ausstößt, gleicht die Mutter ihren Rede-Rhythmus dem Kind an oder streichelt das Kind im gleichen Rhythmus). Es geht um die präkonzeptuelle Strukturierung der Verlaufsgestalt von Prozessen, die er als Basis der Zwischenmenschlichkeit ansieht, ein Fundament der Gegenseitigkeit, des Teilens von Bedeutungen und des Gefühls, nicht allein zu sein.

Solche Schemata in körperlicher Fundierung sind es, aus denen die kognitive Linguistik die Bedeutungsgebung ableitet; sie unterstützt damit eine grundlegende psychoanalytische Aussage FREUDs, daß das Ich im wesentlichen ein »körperliches« ist – wir kommen aus unserer Leiblichkeit nicht heraus. Das anerkennt die Prototypentheorie. Aber im Unterschied zur Psychoanalyse nimmt sie nicht an, daß es um quasi primitive Prozesse geht, wenn sie den Körper als Bedeutungsgenerator einführt; die Beispiele zeigen das zur Genüge. Vielmehr sind reichhaltige mentale Bilder von den Schemata strukturiert, wenn auch nicht erschöpfend; ihr Reichtum wird semantisch komponiert (LAKOFF 1987, S. 278).

Dennoch, oder gerade wegen dieses Reichtums ist uns abstraktes Denken[7] durch metaphorische Projektion möglich, und zu diesem gehört die Negation.

Die Negation sieht GREEN nun als eine Leistung, die – just entlang den Linien der kognitiven Linguistik, auf die er sich freilich nicht bezieht – als kognitiv-abstrakte Operation ihr prototypisches Vorbild in der körperlichen Erfahrung des Ausstoßens von Unlusterfahrungen hat. Damit wird das Container-Schema und dessen Innen-Außen-Differenz wirksam, das sich mit dem von gut-und-böse verbindet: *innen ist gut, außen ist böse* entsteht als ein neues metaphorisches Gleichungssystem, das weitere kognitiv-affektive Entwicklungen strukturiert.

Für die weitere Entwicklung muß nun eine Überwindung dieser Differenz hinzukommen: *außen ist böse* (weil abwesend). Und das Abwesende materialisiert gleichsam den Vorgang der Negation, der überwunden werden muß. Da nur das Abwesende gedacht

---

7 Schon NIETZSCHE formuliert in »Jenseits von Gut und Böse«: »Grad und Art der Geschlechtlichkeit eines Menschen reicht bis in den letzten Gipfel seines Geistes hinauf.«

werden kann, das Präsente nicht gedacht zu werden braucht, muß sich, soll das Denken nach GREEN in Gang kommen, eine weitere metaphorische, wenn auch paradoxale Gleichung etablieren: *Negation ist positiv.* Das hier konstituierte Denken (des Abwesenden) vermindert die körperliche Angstspannung. Wo nicht gedacht werden kann, entsteht für GREEN »Leere im Kopf«, Symptom der blanden Psychose.

Der Psychotiker nämlich differenziert, anders als der nach »Entweder-Oder« differenzierende Borderline-Patient, nicht nur das »gute« und »schlechte« Objekt, sondern noch weiter zwischen »Nichtsein« und »beherrschender Präsenz« (des Andern). Präsent ist das »schlechte« Objekt, das das Subjekt beherrscht und daran hindert, zu sein. Der Psychotiker besitzt sich nicht selbst, er ist besessen vom Wunsch des Andern, er ist »besetzt«. Er hat so zwei symmetrisch entgegengesetzte Objekte, die – wiederum wie beim Borderline-Patienten – im Grunde nur eines darstellen; er hat nur die Wahl, »besetzt« oder nicht zu sein. Dabei geht es nicht nur um Liebe und Haß, sondern um eine (Zer-)Störung des Denkens, weil die *Abwesenheit* nicht konstituiert werden kann. Als stets präsentes Objekt determiniert es das wahnhafte Gefühl, ständig beeinflußt zu sein, aber weil es zugleich unerreichbar ist, führt es in die Verzeiflung. Gegen diesen Zusammenbruch bleibt nur der Schutz durch Ausbildung eigener Undurchdringlichkeit.

Die Kategorien der triadischen Objektbeziehungstheorie

Die bis hierher vorgenommene Untersuchung der Dynamik der Triade kann, so meine ich, die psychoanalytische Objektbeziehungstheorie durch die Erkenntnis bereichern, daß die Theorie nicht wiederholen darf, was das Bild einzelner Störungen ausmacht. Das Dilemma des Borderline-Patienten ist es gerade, daß er Objekte nur hinsichtlich der »Entweder-Oder«-Spaltungen (oder Differenzierungen) wahrnehmen kann; ihm fehlt die Kategorie der sexuellen Differenzierung. Wenn er nun beide Kategorien miteinander konfundiert, entstehen Beschreibungen wie die von der »guten Mutter« und dem »bösen Vater« oder die von den »guten

Männern« und den »bösen Frauen«. Solche Beschreibungen von Eltern erfahren Analytiker und andere Einzeltherapeuten aus Anamnesen und Behandlungen und schließen dann auf die Wirklichkeit der frühkindlichen Erfahrungen zurück, ohne jedoch immer sicher sein zu können, daß die Schilderung der frühkindlichen Erfahrungen nicht anders als interpretiert durch das entwickelte Kategoriensystem hindurch geschehen kann. Die Kindheit wird in diesem Sinne durch Prototypen, Metaphern und Bildschemata im Sinne des Konstruktivismus (re-) konstruiert. Doch diese Konstruktion ist ein aktueller Prozeß, eingebunden in Interaktionen, die auf seiten des Therapeuten theoriegeleitet bzw. theoriegestützt, stattfinden. Was, wenn die Theorie des Therapeuten ihrerseits nicht über differenziertere Kategorien verfügt? MITCHELL (1988, S. 151) zitiert JOSEPH CAMPBELL mit den Worten: »It is the predicament of the neurotic that he translates everything into the terms of infantile sexuality; but if the doctor does so too, where do we get?« Damit die Theorie nicht einfach wiederholt, was der Patient sagt, muß sie differenzierter sein; die Dynamik zwischen triadischer Interaktion und Kognition, zwischen Selbstdeutung und multipler Kompensation entwickelt die Kategorien des Subjekts und des Objekts, von »gut« und »böse«. Darüber hinaus aber auch die von männlich und weiblich sowie die von »anwesend« und »abwesend«.

Den beiden letzteren Kategorien eignet eine, wie ich es nennen möchte, paradoxale Kraft: Was als Differenz (männlich/weiblich) erscheint und so beginnt, erzeugt die Differenz nur, um sie zu überwinden; der Sexualität geht es – im Sinne des »Eros des göttlichen Plato« – um die Einheit von Einheit und Differenz. Die Negation aber, als Negation des Abwesenden, das selbst schon Negation (der Befriedigung) ist, erzeugt das Paradox von der Negation als Position. Es ist die Wurzel des Denkens, es kann die triadisch bestimmte multiple Kompensation in Selbst-Deutung umwandeln – denn Selbst-Behauptung, im Wortsinn Herauswachsen aus den Systemzwängen elterlicher Projektionen, meint Entwicklung, wie sie von der Psychoanalyse verstanden wird.

Die familientherapeutischen Erfahrungen (hier SLIPP) zusammen mit denen von Analytikern (wie ANDRÉ GREEN) zwingen zu einer weiteren Differenzierung der Objektbeziehungstheorie, aber diese kann sich in der angedeuteten Weise mit Entwicklungen in anderen Bereichen, wie etwa der kognitiven Linguistik, mit klinischem Gewinn verbinden. Der Körper bleibt dabei als »Basis« des Ich, der Subjekthaftigkeit erhalten, er erhält geradezu eine Art Königswürde als Bedeutungsgenerator zugesprochen – aber diese kann er nur annehmen, wenn die Dynamik in der Triade ihn nicht allzu sehr verstört hat. An einzelnen klinischen Bildern habe ich dies zu skizzieren versucht – aber der hier angedeutete Zusammenhang bedarf noch gründlicher weiterer Erforschung.

Wie die praktische Arbeit mit dem bisher entwickelten Konzept der Triade aussieht, habe ich bislang an Beispielen von Texten oder kasuistisch illustriert. Die Theorie der Triaden aber läßt sich auch auf die praktische Arbeit innerhalb eines institutionellen Behandlungsrahmens anwenden; wenn ich in diesem Buch mit der Untersuchung des Wandels der institutionellen Familienformen begonnen habe, so will ich mich nun stärker der Institution der Helfersysteme zuwenden. Die Schnittfläche zwischen den beiden Institutionen, der Familie und dem Helfersystem, kann mit Hilfe der Triadentheorie beschrieben und klinisch hilfreich organisiert werden.

Familientherapie und stationäre Psychotherapie – eine Verbindung im Dreieck

»Und je weiter und ferner wir in unseren Situationen uns von intimen, freundschaflichen und familialen Beziehungen distanzieren – das heißt nicht, daß diese immer ganz leicht zu entwirren sind –, um so genauer müssen wir Institutionen und ihre Rollenerwartungen kennen, um das Verhalten um uns herum zuverstehen und was man von uns erwartet. Soziologen beschränken sich meistens auf die Analyse von Verhalten und Interaktion in Groß-Institutionen und liefern dafür eine kognitive Kartographie, die ohne Frage eindrucksvoll ist. Aber soziologische Beschreibungen institutioneller Rahmen sind vielerorts in ihrem Kern hoffnungslos abstrakt, weil sie soziale Akteure nicht als leibhaftige Personen vorsehen, die sich mit leibhaftigen Problemen beschäftigen. Im Alltag steckt uns die Gesellschaft jedoch sozusagen in den Knochen – und das hat seine guten Gründe.«
(John O' Neill 1990, S. 21)

Rigidität oder Flexibilität

Nachdem ich lange Jahre in ambulantem Rahmen familientherapeutisch gearbeitet habe, habe ich seit einigen Jahren auch Gelegenheit, Möglichkeiten der praktischen Verbindung von Familientherapie und stationärer Psychotherapie zu entwickeln. Über diese Erfahrungen möchte ich hier berichten.

Die Verbindung dieser beiden Bereiche miteinander kennzeichnet ein sehr spannungsreiches Feld. Stationäre Psychotherapie hat sich in den letzten zwanzig Jahren zu einem beständigen Teil der psychotherapeutischen Versorgung mit nachgewiesenen guten Erfolgen entwickelt; die Familientherapie dagegen nahm ihre rasante und zum Teil auch recht kontroverse Entwicklung vor allem im Bereich der ambulanten Versorgung.[1] Beiden ist gemeinsam, daß Kliniker von ihrer Wirksamkeit überzeugt waren, lange bevor ein wissenschaftlicher Nachweis für ihre Effektivität erbracht worden war.

Diese Situation hat sich mittlerweile geändert; seit den ersten katamnestischen Untersuchungen von DÜHRSSEN (1953) haben zahlreiche weitere Studien (WILKE u. GRANDE et al. 1988; DETER, PETZOLD u. HEHL 1989; TEUSCH u. BÖHME 1991; SENF u. SCHNEIDER-GRAMANN 1990; LIEDTKE u. KEMPA 1991) den Nachweis erbracht, daß stationäre Psychotherapie den Patienten sinnvoll hilft. Manche Ergebnisse sind etwas verwirrend, führen aber zum Thema der Kooperation mit der Familientherapie. So berichten VOLK, TEUFEL und KÖLTZOW (1986) beispielsweise, daß nichtärztliche Psychotherapeuten bessere Therapieerfolge hatten, und das gleiche gelte für männliche Therapeuten. Ein Ergebnis aus dieser Untersuchung ist hier noch zu nennen: Die Autoren halten fest, daß ein rigides, konzept-orientiertes Vorgehen den Therapieerfolg verschlechtert. Der Befund von RIEDEL (1990), wonach der Therapieerfolg mit der Verbesserung des Selbstverständnisses der Patienten zusammenhänge, könnte hier etwas erhellend wirken, denn es wird zugleich mitgeteilt, daß diejenigen Patienten, die ihre Erkrankung als »seelisch verursacht« ansehen, den besseren Erfolg aufwiesen. RIEDEL schränkt hier jedoch gleich wieder ein, indem er festhält, daß sie es auch seien, die von den Therapeuten den größeren Erfolg bescheinigt bekommen, und er fragt kritisch: »Liegt das daran, daß sich die Therapeuten mit Patienten schwertun, die nicht an die Nützlichkeit der Psychotherapie glauben?« (S. 173) Auch stellen Patienten offenbar manche medizin-analogen Bestandteile der stationären Psychotherapie deutlich in Frage; so teilt DETER (1990) mit, daß 70% der von ihm nachbefragten Patienten Visiten negativ beurteilten.

---

1 Vgl. im Überblick dazu BUCHHOLZ (1990) und den von REITER und AHLERS (1991) herausgegebenen Sammelband. Neuerdings liegen auch Erfahrungen über Familientherapien im stationären Rahmen der Psychiatrie (SPENGLER 1992, AHLERS und KINIGADNER-JANES 1991, ROTTHAUS 1990) vor, kaum jedoch aus dem Bereich der stationären Psychotherapie.

Solche Ergebnisse[2] – über die nicht-ärztlichen Psychotherapeuten und Medizin-Analogien, über die Rolle des Selbstverständnisses, die Annahme »seelischer Verursachung« und die Rigidität konzeptorientierten Vorgehens – weisen auf einen Problembereich der Zusammenarbeit mit der Familientherapie hin: die Familientherapie hat sich unter anderem aus einer Kritik am »medizinischen Modell« heraus gebildet, sie lehnt es ausdrücklich ab, von »Krankheiten« zu sprechen, sie will gerade die mit einer stationären Aufnahme verbundene institutionelle Bestätigung der Rolle des Index-Patienten in Frage stellen.

Trotz dieser auf den ersten Blick schwer versöhnbar scheinenden Positionen zeigt ein Blick in die Literatur, daß es immer wieder Versuche gegeben hat, beide Bereiche praktisch miteinander zu verbinden. Praktiker haben schwierige Handlungsprobleme zu lösen, und wer nicht rigide an seinen Konzepten hängt, wird sich bereitwillig und neugierig durchdachten Erprobungen stellen. Ich glaube aber auch, und will das hier ausführen, daß die Erweiterung von »traditionellen« Konzepten, gerade durch den Einfluß der Familientherapie, praktisch flexibilisiert und manche der Handlungsprobleme neu konzeptualisiert werden können.

Ich will hier über die Erfahrungen der »familientherapeutischen Werkstatt« im Krankenhaus für Psychotherapie und psychosomatische Medizin »Tiefenbrunn« berichten. Ich glaube, man wird sehen können, in welcher Weise wir uns in diesem Spannungsfeld bewegen.

---

2 Der Aufgabe eines systematischen Überblicks über Evaluationsstudien im Bereich der Familientherapie hat sich verdienstvollerweise HEEKERENS (1990 a und b, 1991) gewidmet; klar scheint zu sein, daß die Wunderversprechungen der Anfangseuphorie sich nicht haben bestätigen lassen (Vgl. auch BRAY 1986 sowie ALBERS, DOANE und MINTZ 1986). Die follow-up-Studie von PETZOLD, KRÖGER et al. 1991 zur »Familien-Konfrontationstherapie« bei Anorexie kann ebenfalls die Euphorie nicht stützen; immerhin bestanden nach einem Katamnesenzeitraum von 3,6 Jahren bei 2/3 der Patienten weiterhin sekundäre Amenorrhoe, psychischer Leidensdruck und eine intensive Familienbindung.

Realität oder Phantasie: frühe Erfahrungen

Die ersten Versuche, mit Angehörigen im stationären Rahmen zusammenzuarbeiten, waren erfolgversprechend, aber sie erschütterten auch diejenigen, die das Ausmaß des tatsächlichen Elends, der Desintegration und der massiven Konflikte in den Familien auf diese Weise zu Gesicht bekamen. Das ist eine Erfahrung, die auch ambulante Einzeltherapeuten zunehmend irritiert hat und neuerdings berücksichtigt worden ist. RAUCHFLEISCH (1990) hat dafür plädiert, bei der Behandlung von Borderline-Patienten auf »niederem Strukturniveau« Gespräche mit Angehörigen zu führen, denn nicht alles, was solche Patienten über ihre wichtigsten Bezugspartner sagen, entspringe nur deren Phantasie. NOVICK und NOVICK (1991) kehren in gleicher Weise die Bedeutung von Phantasie und Realität am Beispiel des Masochismus um; es sei ganz wesentlich das Versagen der Realität (vor allem familiärer Bezugspersonen), das die Ausbildung masochistischer Strukturen begünstige. Dies Thema des Verhältnisses von Phantasie und Realität ist am Beispiel der Aufgabe der Verführungstheorie durch FREUD vielfach diskutiert worden; es scheint, daß sich allmählich ein klareres Bewußtsein davon durchsetzt, daß Inzest und Ödipuskomplex nicht dasselbe sind (SIMON 1992).

Repräsentativ für frühe Berichte über den Kontakt mit der familialen Realität von stationären Patienten – und immer noch informativ – ist die Arbeit von FLECK et al. (1959a) aus der Arbeitsgruppe um den damaligen Pionier der Familientherapie und psychoanalytischen Behandlung der Schizophrenie, THEODORE LIDZ. Dieser Bericht ist durchdrungen von der Frage, wieweit man die *Behinderung* der therapeutischen Arbeit durch Angehörige beeinflussen könne, indem sie einbezogen werden. Aber es werden auch zwei sehr wichtige Hinweise zur Behinderung der Zusammenarbeit mit den Familien, die vom Personal ausgeht, gegeben. Zum einen werden generell mögliche *Wechselwirkungen zwischen dem Personal und den Familien* beschrieben, zum andern die »Unnahbarkeit« (FLECK et al. 1959a, S. 368) des Personals gegenüber den nicht-hospitalisierten Familienmitgliedern als eine Quelle von Störungen der Behandlung genannt. FLECK et al. weisen darauf hin, daß man keine aktive Mitarbeit der Familie erwarten kann, »wenn man ihr nicht als erstes über das erschütternde und möglicherweise niederschmetternde Erlebnis der Einweisung des Patienten hinweghilft.«

Gewandelt hat sich insofern etwas, als heute nun die Familienmitglieder nicht mehr als »Behinderung« bei der »eigentlichen« Behandlung aufgefaßt werden, sondern eher der Aspekt des »coping« aufscheint. Schon FREUD hatte davon gesprochen, daß eine Ehe einzugehen der eigentlich normale Fall sei, um einer Neurose zu entgehen. Das gelingt den Partnern freilich nicht immer, und deshalb hatte MITSCHERLICH 1966 von der »Ehe als Krankheitsursache« gesprochen.

RIEHL (1986) konnte den Zusammenhang zwischen coping und Partnerschaft in einer Untersuchung am Klinikum Steglitz bestätigen. Der Therapieerfolg konnte am besten mit *einer* Variable vorhergesagt werden: Gebesserte Patienten antworten auf die Frage nach einer eventuellen Trennung vom Partner eher, daß sie sich aktiv trennen, als das sie passiv verlassen werden. Vermutet wird, daß die Krankheit die Funktion habe, den Partner zu binden, und als eine Garantie dafür angesehen werde, daß die befürchtete Trennung nicht eintrete. Häufig auch habe eine beginnende Psychotherapie eines Partners eine Verschlechterung des Befindens des anderen Partners zur Folge.

Als praktische Konsequenz wird angeregt, die stationäre Behandlung mit einer ausführlichen Beziehungsdiagnostik einzuleiten. Lebt der Patient in einer funktionsfähigen Partnerschaft (klare intra- und extradyadische Grenzen und ausbalancierte Positionen), sollte dem Partner klar gemacht werden, daß die Behandlung auch ihn berühren wird; ist die Partnerschaft gestört, sollte der Partner am therapeutischen Prozeß intensiv beteiligt werden.

Diese Erfahrung der Beeinflussung der Partnerschaft oder des Partners durch die stationäre Behandlung ist schon von dem Pionier der stationären Psychotherapie, ERNST SIMMEL (1928) beobachtet und mittlerweile vielfach klinisch bestätigt worden (zum Beispiel SCHÖTTLER 1981). Angehörige werden nun nicht mehr als Behinderung des eigentlichen therapeutischen Prozesses aufgefaßt, sondern deren Bedürfnis nach einer »Mit-Therapie« wird zu beantworten versucht. ERNST SIMMEL meinte damals, die Neurose eines Patienten als »Teilerscheinung einer Kollektiverkrankung«[3] auffassen zu müssen, und sprach von unbewußten Todeswünschen der Angehörigen gegenüber dem Patienten. Ob das in jedem Fall so ist, sei einmal dahingestellt; aber erkennbar wird, daß die provokante Frage von SPANGENBERG (1989), ob es sich bei der Isolation eines Patienten aus seinem gelebten Beziehungskontext, also gerade durch die stationäre Aufnahme, um eine Abwehr handeln könne, ihre Berechtigung hat – die stationäre Aufnahme selbst kann Teil des neurotisch-kollusiven Arrangements der Familien sein, und allein die Tatsache, daß die *Möglichkeit* einer Beteiligung des Helfersystems daran besteht, zwingt meines Erachtens dazu, sich ernsthaft Gedanken über die »Schnittfläche« der Berührung zweier Institutionen zu machen: die Institution der Familie und die Klinik als Helfer-Institution. Denn die Klinik kann als eine Art Kloster, als ein kommoder Ort des Rückzugs von allen Beteiligten aufgefaßt werden, und an dieser Paradies-Vorstellung beteiligt sich gelegentlich auch das therapeutische Team, beispielsweise wenn die Phantasie aufkommt, einen Patienten nicht in seine »feindliche« Umwelt entlassen zu können. Zwischen Team und Familie kann, nach der treffenden Metapher von LUC KAUFMANN (1968), eine Situation wie zwischen zwei gegeneinander spielenden Fußballmanschaften entstehen, wobei der Patient in beiden Mannschaften zugleich mitspielt. Diese Situation macht es notwendig, den Blick auf das Zusammenspiel zwischen den beteiligten Parteien zu richten und Quellen möglicher Gefährdungen des therapeutischen Rahmens herauszuarbei-

---

3 Diese Äußerung des Klinikers SIMMEL stimmt mit der des Soziologen gut überein. C.W. MILLS (1961) hatte im gleichen Sinne gesagt, institutionelle Krisen träten oft als individuelle Pathologie auf. Dies steht bei MILLS (S. 8) auf dem Hintergrund einer generellen Überlegung: soziologische Imagination beinhalte die Umwandlung privater Schwierigkeiten in »public issues«. Damit will er die Überlegenheit der soziologischen über die psychologische Imagination behaupten, und zwar in dem Sinne, als die letztere den Interessen des soziopolitischen Status quo diene durch Depolitisierung des intellektuellen Diskurses und durch Darstellung gesellschaftlicher Konflikte als individuelle, was die Kritikfähigkeit untergrabe. Dies gilt natürlich auch für solche Institutionen wie die Familie.

ten. Familientherapeuten denken gerne in Triaden – wie dies Buch deutlich machen will (vgl. aber auch BAURIEDL 1988) – und diese Figur will ich hier auch benutzen, um die von FLECK et al. beschriebenen Wechselwirkungen genauer fassen zu können.

Die Dynamik der institutionellen Triade

Es geht demnach um ein Zusammenspiel dreier Parteien in einer dynamisch sehr wirksamen Triade, bestehend aus dem Team (vor allem dem Einzeltherapeuten), dem Patienten und seiner Familie.

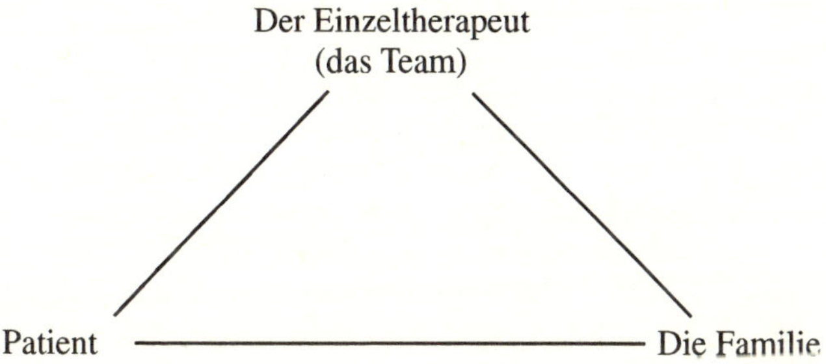

Wenn ich die Triade so konzeptualisiere, dann bitte ich zu beachten, daß ich zunächst ein darstellungstechnisches Problem zu lösen habe: ich muß aus der Vielfalt möglicher Dreieckskonstellationen eine wählen, um daran meine Gesichtspunkte illustrieren zu können. Ich bin mir wohl bewußt, daß wir es mit »Polyaden«[4] zu tun haben; das wollte ich andeuten, indem ich hinter den Einzeltherapeuten in Klammern das Team gesetzt habe. Hier geht es mir jedoch noch nicht um die Dynamik im Team, sondern um die Schnittfläche, und deshalb schneide ich die Triade so zu.

---

4 Ein Wort, das ich HELMUT ENKE verdanke (mündliche Mitteilung anläßlich des 15-jährigen Bestehens der Fachklinik Wigbertshöhe, Bad Hersfeld am 20. Januar 1993).

Wie Familientherapeuten wissen, können Triaden »gespalten« werden; sie lösen sich in eine *Dyade mit einem ausgeschlossenen Dritten* auf. Bei einer solchen Spaltung können erhebliche dynamische Kräfte freiwerden, die ihre Wirksamkeit in einem sich selbstbestätigenden Muster von Täter-Opfer-Konstellationen entfalten. Das ist die traditionelle Schematisierung; richtiger ist es, zu »Tätern« und »Opfern« noch die »Retter« und die »Zuschauer« dazuzunehmen.

Solche Konstellationen präsentieren sich als Schemata für »Paradigmata« (sensu REISS 1981). Ich spreche wiederum – inspiriert von der kognitiven Linguistik – von Schemata, denn es können natürlich die verschiedensten Weltbilder, die dann an der Erfahrung kaum noch scheitern können, hier zur Sprache kommen, denen jedoch diese Rollenstruktur gemeinsam ist.

Um das deutlich zu machen, will ich hier die drei Möglichkeiten der »Spaltung« der Triade im einzelnen durchgehen:

Die erste Möglichkeit *(Konstellation 1)* besteht darin, die Angehörigen für »schlecht« zu erklären, sie – theoretisch unterfüttert – als »schuld« an den Problemen des Patienten oder einer stagnierenden Behandlung anzusehen. Sie sind die »Täter«, der Patient ihr »Opfer«, die Behandler die Retter. Damit steht dann auch fest, was und wer »gut« und was und wer »böse« ist. Eine solche Spaltung – die auch von den Familien bestätigt zu werden scheint, keineswegs also nur Sache des Klinik-Personals ist – ist zunächst schwer zu erkennen, denn sie wird durch landläufige familiendynamische Konzepte ja geradezu gestützt: Sind es nicht die Eltern, die den Kindern ihre Probleme »aufbürden« (RICHTER 1970, S. 50)? Oder sie als »Delegierte« gebrauchen (STIERLIN 1975)? Und das sogar über die Generationen hinweg (SPERLING et al. 1982)? Gegen diese »belastenden« Einflüsse figuriert sich die Klinik dann als das »gute Zuhause«; der Wunsch nach einer Familiensitzung entsteht hier, wenn der Patient entlassen werden soll. Kann man ihn denn in eine so schädigende Umgebung entlassen?! Die Vorstellung von der »Behinderung« der Therapie durch die Angehörigen gehört zu dieser Form der Spaltung. – Man kann hier sehen, wie sich in den älteren familiendynamischen *Konzepten selbst* eine unbewußte Spaltung durchsetzt: der Patient wird *konzeptuell* in eine Frontstellung gegen seine Familie gebracht.

Die zweite Möglichkeit der Spaltung der Triade *(Konstellation 2)* besteht in einer Verbündung zwischen Klinik und Angehörigen. Dies ist etwa dann der Fall, wenn die Klinik einen Patienten aufnimmt, dessen Behandlung von den Angehörigen, nicht aber von ihm selbst gewünscht wird. Angehörige und Kliniksmitarbeiter sind dann die »Guten«, der Patient ist »schlecht« – was so offen allerdings nicht gesagt wird. Hier gibt es eine andere *konzeptuelle* »Falle«, die aus einem eher medizinischen Denken resultiert. Ein solcher Patient hat eine gute Chance, als »besonders schwieriger Fall« angesehen zu werden; möglicherweise manifestiert sich dies dann auch in seiner Diagnose. Ich will jedoch klar sagen, daß das Umgekehrte nicht gilt: Von der Diagnose kann man nicht auf die Spaltung der Triade schließen.

Die dritte Möglichkeit der Spaltung der Triade *(Konstellation 3)* besteht darin, daß Angehörige und Patient sich gegen die Klinik verbünden, von der sie vielleicht befürchten, daß sie »uns auseinanderbringen« will. Die Reaktion im therapeutischen Team ist hier häufig eine ausgeprägte Schonhaltung: man will diese böse Absicht dementieren, niemandem schaden – und bestätigt ungewollt das Befürchtete damit; denn wer nicht schaden will, sagt ja implizit, daß er es könnte.

Es scheint mir hilfreich, sich darüber klar zu werden, daß solche triadischen Konstellationen die Wahrnehmung der Konfliktdynamik einer Familie durch das therapeutische Team beeinflussen und präformieren; es ist jedesmal ein schwieriger Akt, sich die eigenen Tendenzen der Schuldzuweisung nach dieser oder jener Richtung zu vergegenwärtigen und sich deren Einfluß auf die Hypothesenbildung deutlich zu machen. Auch Therapeuten können aus einer solchen Dynamik nicht ohne weiteres aussteigen, besonders dann nicht, wenn sie – wie ich angedeutet habe – konzeptuell gut geschult sind. Konzepte vermitteln Wissen und stabilisieren Identität, und deshalb verführen sie uns dazu, hybrid gelegentlich mehr zu wissen, als wir ahnen; gelingt jedoch eine gute Fallbesprechung in unserer Werkstatt, dann ahnen wir, wie wenig wir wirklich wissen.

Gemeinsam ist allen drei Konstellationen die triadische Aufspaltung in »Täter« (oder Schuldige), »Opfer« und »Retter«. An der Illusion von »nur guten« bzw. »nur bösen« »Objekten« kann sich auch ein Team beteiligen. Alle drei Konstellationen ziehen wie automatisch eine Fixierung der therapeutischen Aufmerksamkeit auf die Symptombeseitigung nach sich: die jugendliche Mittzwanzigerin soll endlich von zu Hause ausziehen (Konstellation 2), die Angehörigen müssen sich erst ändern (»bessern«), bevor der Patient es kann (Konstellation 1), oder die Klinik muß ihre therapeutische Potenz unter Beweis stellen (Konstellation 3). Die Spaltung der Triade hat in jedem Fall den Effekt einer Einladung zur Jagd auf Sündenböcke, und es kann sogar dazu kommen, daß »das Unbewußte« als ein weiterer Sündenbock ins triadische Spiel eingeführt wird: »ES« ist dann für Stagnation oder Mißerfolg verantwortlich.[5] So gesehen läßt sich erkennen, daß die Beteiligung an diesem Spiel aus der fundamentalen Angst gespeist ist, persönliche Verantwortung zu übernehmen. Diese Angst ist nicht leicht aufzuklären oder zu beseitigen.

Die familientherapeutische Werkstatt in Tiefenbrunn

Diese Spannungen, und nicht so sehr die eingangs geschilderten ganz fundamental scheinenden Differenzen zwischen »der« Familientherapie[6] und »der« stationären Psychotherapie, haben wir, das habe ich schon angedeutet, auch in der Tiefenbrunner »familientherapeutischen Werkstatt«[7] als ein ständig zu balancierendes

---

5 Damit ich nicht mißverstanden werde: Diese Art, das »Unbewußte« ins Spiel zu bringen, hat natürlich mit dem Unbewußten der Psychoanalyse nichts zu tun. Aber das Konzept des Unbewußten feit nicht dagegen, die Theorie von der Verdrängung zur Verdrängung zu benutzen – SCHAFER (1976) nennt dies »disclaimed actions«. Dem entspricht, wenn Patienten sagen: »Ich würde ja so gerne meine Prüfungen machen, aber leider, leider habe ich ja meine Arbeitsstörungen ...«

6 HEEKERENS (1990) weist nachdrücklich darauf hin, daß die Familientherapie keineswegs ein einheitliches Verfahren darstellt – weswegen es (s.u.) auch keine eineindeutigen Indikationen geben kann.

7 Ich verspüre das Bedürfnis, allen Kolleginnen und Kollegen der »Werkstatt« sehr herzlich zu danken für das Gelingen einer anfänglich schwierigen Arbeit; für die guten Co-Therapien danke ich namentlich

Problem. Ich möchte nun schildern, was wir dort tun. Es lassen sich mehrere Etappen der Zusammenarbeit differenzieren.

Die Tiefenbrunner Kollegen empfanden ein starkes Bedürfnis nach Familiengesprächen bei der Behandlung ihrer Patienten und hatten darin schon beträchtliche Erfahrungen. Zunächst machte man von meiner familientherapeutischen Qualifikation in der Weise Gebrauch, daß ich zu einzelnen Sitzungen mit dazu geholt wurde; in dieser ersten, kurzen Etappe kam es durch mich zu einer Art familientherapeutischem Konsiliardienst.

Rasch jedoch wurde deutlich, daß der Wunsch nach einer Familiensitzung selbst schon ein dynamisches Moment innerhalb einer Behandlung darstellt und zur Hypothesenbildung genutzt werden sollte; es bot sich deshalb an, die familientherapeutisch interessierten Kollegen zu einer sich regelmäßig treffenden Gruppe zusammenzufassen. Zu dieser Zeit traf sich die Gruppe einmal pro Woche und hatte 10 Teilnehmer. Erfreulicherweise teilen meine Kollegen meine Ansicht, daß wir einen sehr offenen und kollegialen Arbeitsstil gefunden haben, was sich auch darin widerspiegelt, daß die »Werkstatt« sich mittlerweile an zwei Tagen in der Woche trifft.

In der Etappe der eigentlichen Gründung der »Werkstatt« behandelten wir Familien von Patienten, die in der Klinik waren dann, wenn im Rahmen dieser Behandlung von Patienten der Wunsch nach Einbeziehung anderer Familienmitglieder auftaucht; Überlegungen, Familien grundsätzlich zu Erstgesprächen einzuladen, haben wir erst später zu realisieren begonnen.

Frau A. Garben, Frau K. Köhler, Frau Dr. A. v. d. Wense und Frau Dr. I. Wensel, Herrn Dr. Böhlke, Herrn Dipl.-Psych. H. Bürkner, Herrn Dr. Dally, Herrn Dr. Demmerle, Herrn Dr. Jenisch, Herrn Dr. Meyer zum Wischen und Herrn Westfal. Für hilfreiche Bemerkungen in manchmal festgefahrenen Gruppensituationen Herrn Dr. Haustein, Herrn Dr. Kind und Herrn Dr. Dümpelmann. Seit einiger Zeit leitet Frau Dipl.-Päd. Sabine Gebhardt die Werkstatt mit mir gemeinsam, und auch ihr gilt mein Dank. Last not least möchte ich das Pflegepersonal und die Kolleginnen aus den komplementärtherapeutischen Bereichen erwähnen (Körpertherapie, Gestaltungstherapie), die mit oft erfrischender Direktheit Dinge aussprachen, die die psychotherapeutischen Profis professionell zu übersehen gelernt hatten.

Der Ablauf ist dabei folgender: Der Therapeut stellt in der Werkstatt im Rahmen eines mündlichen Berichts kurz den bisherigen Behandlungsverlauf dar und versucht, das Anliegen einer Familiensitzung zu begründen. Aus den bekannten anamnestischen Daten wird dann von der Gruppe ein Genogramm erstellt, und gemeinsam werden daraus Überlegungen für die Gestaltung der Sitzung abgeleitet.

Das »subjektive Genogramm«

Wir haben hier die Methode des »subjektiven Genogramms«[8] entwickelt, die – in Analogie zum Vorgehen in Balint-Gruppen – davon ausgeht, daß ein Therapeut immer schon mehr über seinen Patienten und dessen Familie weiß, als er bewußt mitteilen könnte. Dementsprechend steht dem Therapeuten ein weißes Blatt Papier im großen DIN-A1-Format zur Verfügung, auf das er die familialen Zusammenhänge so eintragen kann, wie es ihm richtig erscheint. Dabei läßt er sich von der Gruppe beobachten. Es gibt demnach gerade kein standardisiertes Verfahren (wie es etwa McGoldrick u. Gerson, 1990, vorgeschlagen haben).

Der Therapeut macht seine Eintragungen, und was die Gruppe beobachtet, läßt sich etwas systematisch und methodisch fassen:

1. Impressionen: Womit beginnt der Therapeut? Welchen Gesamt-Eindruck vermittelt das von ihm gefertigte Gemälde? Welche Person wird mit ihrem Kreis oder einem anderen Symbol als besonders »groß«, welche als besonders »klein« gezeichnet, wer paßt kaum noch aufs Bild?

2. Unbewußte Hinweise: Welche Figuren werden ausgelassen? Bei wem wird beispielsweise das Geschlecht vertauscht? Wer wird in die falsche Generationen-Ebene eingeordnet? Welche »Fehlleistungen« begeht der Genogramm-Zeichner? Welche Verbindungslinien werden stark, welche schwach und welche überhaupt nicht eingetragen?

---

8 Das Verfahren geht aus Anregungen hervor, die Reinhart Wolff, Berlin, und ich gemeinsam bei familientherapeutischen Kursen sammeln konnten.

3. Systematik: Wie sind die Familien-Beziehungen im Geschlechter- und im Generationenverhältnis dargestellt? Welche Wiederholungen – etwa in der Abfolge der Geschwister – lassen sich finden? Was kann man aus den Daten aus allgemeinen zeitgeschichtlichen Kenntnissen vermuten (zum Beispiel wenn Personen 1944 in Ostpreußen geboren sind)?

Die Gruppenüberlegungen führen zwar zur Formulierung einer oder mehrerer vorläufiger Hypothesen im Sinne einer fokalen Konfliktformulierung (STREECK 1991); dabei geht es uns freilich nicht um deren anschließende Validierung im Interview mit der Familie. Die Diskussionen in der Gruppe legen vielmehr, angeregt von der Hypothesenbildung, »Explorationsfelder« fest, die dann im folgenden Interview mit der Familie sondiert werden könnten: Wie steht es mit der Berufsausbildung eines Geschwisters? Wie alt genau war der Patient, als die Eltern sich scheiden ließen? Wie häufig sind die gegenwärtigen Kontakte? Was müßte die Patientin tun, damit die Mutter nicht nur einmal, sondern zweimal pro Woche anruft? Wie ist die Versorgung der Kinder während des stationären Aufenthaltes eines Elternteils geregelt? Was denken/wissen die Kinder über die Behandlung?

Das subjektive Genogramm und seine Besprechung dient somit zwei Zwecken: Es soll manche »Voreinstellungen« des Therapeuten gegenüber der Familie sichtbar machen, und es soll die Gruppe »in Kontakt« mit der Familie bringen; denn im Anschluß an diese Besprechung findet ein Interview-Termin mit der Familie statt.

Die Familiensitzung

Die Sitzung mit der Familie findet im Anschluß an diese Vorbesprechung statt; sie wird von dem Therapeuten und von einem anderen Mitglied der »Werkstatt« geleitet. Die Gruppe sieht – wozu die Familie um ihre Zustimmung gebeten wird[9] – hinter

---

9 Wir bieten den Familien an, ihre Sitzungen selbst noch einmal anzuschauen und bieten auch an, wenn es nicht gewollt wird, die Aufzeichnung abzuschalten. Bisher hat nur eine Familie von dieser Möglichkeit des Abschaltens Gebrauch gemacht.

dem Fernsehmonitor während der Sitzung zu, und diese wird auch aufgezeichnet, so daß wir dokumentarisches Material für eine ausführliche Nachbesprechung zur Verfügung haben.

Die Spannung zwischen dem familiendynamischen Konzept und der stationären Psychotherapie erfaßte auch uns, und ich will dies an einem Beispiel verdeutlichen.

Eine Kollegin stellte der Werkstatt eine Familie mit einer magersüchtigen Tochter vor, deren Behandlung so weit gediehen war, daß sie mit der Familie zusammen über gewisse Vorfälle aus der Familiengeschichte sprechen wollte. Ich habe an dieser Sitzung teilgenommen und erinnere mich gut an die schwer bedrückende Atmosphäre in dieser Familie, an die Schwierigkeit, ein Gespräch in Gang zu bringen – aber als dies gelang, wurde uns allen verständlich, warum die Tochter mit der Familie unter therapeutischer Anleitung sprechen wollte: Weder mit ihrer Therapeutin allein noch mit der Familie hatte sie nämlich bislang über einen lang zurückliegenden Vorfall gesprochen. Sie war von einem, inzwischen verstorbenen älteren Familienmitglied sexuellem Mißbrauch ausgesetzt gewesen, und als sie dies erwähnte, stellte sich heraus, daß alle diese Geschichte kannten, jedoch, wie so oft, schamhaft verschwiegen hatten und erstmalig während der Sitzung unter Tränen darüber sprachen.

Nach diesem Gespräch nun sagte ein Kollege – der mit den anderen hinter dem Monitor mit zugesehen hatte –, wohl selbst noch ganz im Bann des Erlebten: »Wenn man das sieht, was da in einer allerersten Runde zur Sprache kommt, können wir unser setting hier aufgeben. Dann muß man ja eigentlich nur noch Familientherapie machen«. Zunächst freut eine solche Bemerkung den Familientherapeuten natürlich, aber dann dient ihm sein Wissen über strukturelle Zusammenhänge auch von Behandlungssystemen – etwa die beschriebenen triadischen Konstellationen und deren Spaltungsmöglichkeiten – zur Realitätsprüfung. Diese Bemerkung ist nicht wörtlich zu nehmen; vielmehr wurde in der Gruppennachbesprechung deutlich, daß sich hier eher ein potentieller Konkurrenz-Konflikt zwischen unterschiedlichen Vorgehensweisen andeutet, der einer *konzeptuellen* Lösung zugeführt werden muß.

Ich erwähne diese Bemerkung deshalb, weil ich daran deutlich machen möchte, in welcher Weise wir die beschriebenen triadischen Spaltungen reflektieren. BERGMANN, KRÖGER und PETZOLD (1990) haben sich gefragt, ob stationäre Psychotherapie und Familientherapie ein Widerspruch sein müssen, und sie beantworten diese Frage mit »nein«, weil es ihnen gelungen zu sein scheint, in Heidelberg von einem gewissen »Wandel der stationären Arbeit« (S. 80) sprechen zu können. Bei uns vollzieht sich dieser Wandel ohne Schaden etwas langsamer und in unterschiedlichem Tempo je nach Station und je nachdem, wieviele Mitarbeiter einer Station an der »Werkstatt« teilnehmen. Ich will nun einige Einsichten, die aus diesem Wandel resultieren, hier mitteilen.

Einige Erfahrungen

Die erste Erfahrung betrifft die Frage der Indikation. Ich habe an verschiedenen Stellen (BUCHHOLZ 1981, 1990) beschrieben, daß ich die These, Psychoanalyse sei in ihrer Behandlungspraxis individuumzentriert und könne nicht in Beziehungen denken, für falsch halte. Es ist vielmehr ein Grundzug psychoanalytischen Denkens, verfestigte pathologische Strukturen zu »verflüssigen«. LUBORSKY (1988, S. 59) formuliert dies als Prinzip: »Verstehe die Symptome im Zusammenhang mit Beziehungen«. Dies Prinzip könnte ebensogut als ein Leitsatz für die Familientherapie verstanden werden. Wenn es aber keinen unilinearen Zusammenhang zwischen einer bestimmten Beziehungspathologie und bestimmten Symptomen gibt (CIERPKA 1989), nötigt dies dazu, krankheitsbezogene Indikationskriterien für die Durchführung einer Familientherapie aufzugeben. Natürlich haben auch wir die Erfahrung, daß bei Eßstörungen Familiensitzungen sehr hilfreich sind, aber man kann nicht generell sagen: wenn Anorexie, dann Familientherapie.[10] Wir glauben mittlerweile, daß die Indikationsfrage ganz zentral von anderen Variablen abhängig ist, von denen ich eine nen-

---

10 So neuerdings auch ENGEL und MEYER (1991). Familientherapeutische Behandlungsleitlininen im stationären Rahmen bei Eßstörungen haben VANDERLINDEN und VANDEREYCKEN (1991) kürzlich zusammengestellt. Als erste nennen sie: »give the family therapist a central position within the team ...«

nen möchte: Für entscheidend halten wir, ob es dem *Therapeuten* gelingt, zwischen

- der Symptomatik des Patienten,
- den Hypothesen über die familiale Dynamik und
- der erlebten familialen Szene

eine Verbindung herzustellen derart, daß er sie selbst in seinem Erleben nachvollziehen kann (Vgl. dazu BUCHHOLZ 1982). Wir halten eine Familiensitzung in der Regel dann für indiziert, wenn der behandelnde Therapeut der Gruppe den Wunsch nach einer Familiensitzung möglichst schon in seiner mündlichen Fallpräsentation plausibel nachvollziehbar machen kann.

Das bedeutet, daß wir, wenn auch selten, Situationen haben, wo ein Therapeut gerne eine Familiensitzung machen möchte, die Gruppe aber den Eindruck hat, daß die Behandlung aus anderen Gründen stagniert, zum Beispiel weil sie unter dem Stern einer negativen Gegenübertragung von seiten des Therapeuten steht. Wenn, salopp formuliert, als ultima ratio der familientherapeutische Hammer herausgeholt werden soll, raten wir zu einer Supervision. Ein solches Dilemma zwischen einer schwierigen Übertragungs-/Gegenübertragungsdynamik und Indikationsfragen sollte nach unseren Erfahrungen immer fallspezifisch geklärt werden.

Eine zweite Einsicht ergibt sich aus unserer Behandlung von Familien mit einem Mitglied, das unter funktionellen psychosomatischen Symptomen leidet. Diese betrachten wir, in Ergänzung zu den bekannten psychodynamischen Hypothesen, in einer kommunikationstheoretischen Sichtweise als Erschöpfungsäquivalente, die häufig nach einer langen ehelichen symmetrischen Eskalation auftreten, die sich als Streit manifestiert. Der stationäre Aufenthalt wird von einem der Beteiligten in einem Zustand der Erschöpfung gesucht – er zieht sich aus dem Ehekrieg in die »Etappe« der Klinik zurück, wird dort »nachgerüstet« –, und die brisante Frage ist, kann in einem solchen Kontext eigentlich die Behandlung eines Einzelnen irgendetwas »heilen«?

Ich denke dabei an den Fall einer Mutter zweier schulpflichtiger Kinder, die nach jahrelangem repressiven Zusammenleben mit ihrem Mann, dem sie sich immer unterordnete, wegen schwerer Kopfschmerzen und gastrischen Symptomen in die Klinik kam, sich dort relativ schnell erholte und von ihrem Therapeuten sehr ermutigt wurde, sich autonomer gegen den Ehemann zu behaupten – mit der Folge, wie sich bei dessen Besuchen zeigte, daß sie nun, mit therapeutischer Rückendekkung sozusagen, in eine neue Runde der ehelichen Auseinandersetzung eintrat. Was ihr auf einer individuellen Ebene weiterhalf, erwies sich gerade im Beziehungskontext als problematisch.

Wir glauben, daß Symptome *auch* in einem solchen, die aktuelle Beziehungslage reflektierenden Zusammenhang verstanden werden müssen; das gilt aber nicht nur für die Symptome, sondern für den stationären Aufenthalt selbst. Er wird in die ehelichen Auseinandersetzungen eingebaut. Was im ambulanten Kontext von Familientherapeuten als »Analyse des Überweisungskontextes« (zum Beispiel KEENEY 1979) beschrieben wird, muß im stationären Rahmen zu einer Einbeziehung der Gründe führen, weshalb jemand einen stationären Aufenthalt hat und was dieser sowie die familientherapeutische Sitzung für die übrigen Familienmitglieder bedeutet (Vgl. dazu auch die Untersuchung von STREECK u. ALBERTI 1986).

Schließlich sind wir, drittens, offen gegenüber Interventionstechniken aus anderen familientherapeutischen »Schulen«, die sich in einem Fall allerdings eher »spontan« ergeben haben. Ich nenne ein weiteres Beispiel:

Ein Patient mit langjähriger Colitis hat eine Frau mit einem unehelichen Kind geheiratet, und diesen Makel wirft er ihr vor; sie revanchiert sich, indem sie ihm seinen langjährigen Alkoholismus entgegenschleudert. Das Paar lebt von Tisch und Bett getrennt; wenn sie ihn mit maschinengewehrähnlichen Vorwürfen beschießt, zieht er sich zurück und verreist für ein paar Tage. Allerdings weigert er sich, in eine Scheidung einzuwilligen. Schließlich kommt es zu einer Familiensitzung; außer dem unehelichen Kind nimmt daran der gemeinsame 16jährige Sohn teil. Sie ist ziemlich verzweifelt, denn ihr Mann schlafe seit Jahren nicht mehr mit ihr und schaffe zuhause unerträgliche Unordnung (was er bejaht). Die Familie hat die Lösung gefunden, sich vor allem am Sonntag vormittag gemeinsam zum Frühstück zu treffen – und dort gehen dann sofort die heftigen Streitereien los. Das ist der letzte Ort der Gemeinsamkeit. Unsere Intervention am Ende eines turbulenten Gesprächs: Wir beglückwünschten das Paar dazu, daß sie es – gerade anders als andere Familien – geschafft haben, den Schauplatz des Ehekrieges auf die Zeit des Sonntagsfrühstücks zu beschränken, sonst würden sie sich ja aus dem Weg gehen, und dadurch sei es dann wohl weitgehend friedlich. Deshalb könnten wir nur sagen: »Sie können Ihre Beziehung nur verbessern, wenn Sie weniger miteinander reden«. Diese paradoxe Intervention entstand in dem Augenblick am Ende der Sitzung »spontan«, als wir – selbst recht erschöpft – eine mit der Familie gemeinsam geteilte Glaubensüberzeugung aufgeben konnten, die, daß »viel Reden hilft«.

Paradox war eine solche Intervention nur, solange wir diese Überzeugung teilten und damit *unsere* Vorstellungen von dem. was helfen würde, mit denen der *Familie* (genauer der Ehefrau) eine Kollusion eingingen; wir waren *konzeptuell blind*. Aber ich nenne dies auch als ein Beispiel für unsere Bearbeitung der beschriebenen triadischen Spaltung im therapeutischen Dialog selbst, denn diese Überzeugung konstellierte uns (das Team) zusammen mit der viel redenden Ehefrau (der Angehörigen) scheinbar »gegen« den Mann (den Patienten) und ließ *ihn* als denjenigen mit dem größten »Veränderungsbedarf« (eine milde Form des Sündenbocks) erscheinen. Erst die Reflexion dieser Zusammenhänge ermöglichte uns diese Intervention, die dann die Spaltung aufhob und, nicht zuletzt, auch uns aus der Kollusion befreite.

Aus dieser Etappe unserer »Werkstatt« will ich noch eine Einsicht formulieren: Ich selbst habe jahrelang Familien in einem ambulanten Kontext behandelt, und da war es meist nicht schwierig, die Familie von der Hilfe durch gemeinsame Gespräche zu überzeugen. Dies ist im stationären Kontext bedeutend schwieriger, denn einer der Beteiligten ist ja wegen seiner Erkrankung im Krankenhaus, und die Familie fragt sich in verstehbarer Weise, warum sie denn nun auch kommen solle?

Wir haben Situationen erlebt, daß die Therapeuten entsprechende Fragen der Familie, die meist zu Beginn der ersten Sitzung *en passant* gestellt wurden, nicht beantworteten mit dem Ergebnis, daß es bei der Verabschiedung der Familie, oft schon im Gehen und Stehen, zu längeren »Nachgesprächen« mit der Familie kam, was der Doktor denn jetzt nun mehr wisse oder wozu es ihm genützt habe?

Wir glauben, daß hier eine entscheidende therapeutische Klippe genommen werden muß; der Familie gegenüber muß die Einladung zu gemeinsamen Sitzungen begründet werden. Wir haben den Versuch gemacht, eine Art »Eröffnungsbibliothek« zusammenzustellen und sind zu dem Schluß gekommen, daß die Therapeuten sich modifiziert an den eingangs genannten Rat der Lidz-Gruppe halten können: daß es darum gehe, mit der Familie gemeinsam darüber zu sprechen, was der stationäre Aufenthalt eines ihrer Mitglieder für sie bedeute. Das ist im Sinne FÜRSTENAUS (1979, 1984) eine technische »Deklaration«, die der Familie eine Erklärung des settings bietet. So eingeleitete Familiensitzungen haben nach unserer Beobachtung eine gute Chance, fruchtbar zu werden. Denn die Familienmitglieder erleben, daß das therapeutische Personal seine »Unnahbarkeit« für sie verliert, und sie wenden sich eher vertrauensvoll auch mit ihren Ängsten und Sorgen an die Therapeuten, als wenn sie fürchten müssen, für die Erkrankung des Patienten haftbar gemacht zu werden. Und der Patient kann sehen, daß sein Therapeut auch mit dem autoritären Vater oder der mystifizierenden Mutter in ein produktives Gespräch kommen kann. Deshalb will ich noch einmal auf ein aus unserer Erfahrung wichtiges, aber meines Wissens noch nicht so richtig beschriebenes Indikationskriterium auf seiten des Therapeuten zurückkommen: »Keine Angst vor der Familie«. Wir haben auch schon den Wunsch nach einer Familiensitzung abgelehnt, wenn es uns zu »brisant« erschien, eine Familie zu behandeln, wo ein Angehöriger etwa Alkoholiker war (wie fährt er nach der Sitzung an den Heimatort zurück?) oder eine solche Tragik (Tod mehrerer Kinder durch mögliches Mitverschulden der Eltern) erkennbar war, daß wir uns dem nicht gewachsen fühlten.

Die Angst vor der Familie

Die Einstellungen der Werkstatt-Mitglieder bezüglich der Familientherapie schwanken zwischen hochfliegenden Erwartungen, einem therapeutischen Feuerwerk zusehen zu können; interessierter Neugierde, wenn man anderen zusehen kann; aufgeregt-angeregter Vorbereitungsspannung, bevor die Familie kommt; kritischen Beurteilungen des Therapeuten nach der Sitzung und ängstlichen Minderwertigkeitsgefühlen, wenn man selbst eine Sitzung durchführt. Das ist nicht anders zu erwarten, und es ist nicht hoch genug einzuschätzen, daß wir immer die Möglichkeit finden, über diese Einstellungen zu sprechen. Besonders die Ängste haben wir ausführlicher besprochen, denn die eine Sitzung leitenden Therapeuten befinden sich in einer Art »sandwich«-Position: Es wird ihnen von einer Gruppe erfahrener und versierter Therapeuten zugesehen, und sie müssen mit einer vergleichbaren Kritik rechnen, wie sie sie selbst im umgekehrten Fall üben; hier kann die Gruppe zum »Verfolger« werden. Aber auch vor der Familie besteht eine Angst. Wird die Familie kooperativ sein? Wir fanden nun, daß es einen wichtigen Zusammenhang zwischen beiden Angstquellen gibt: Die Angst vor der Gruppe kann die Therapeuten dazu führen, auf die Familie in der einen oder anderen Weise Druck auszuüben; die befürchtete Kritik aus der Gruppe wird als moralische oder pädagogische Kritik an der Familie weitergegeben. Glücklicherweise ist die Gruppenkritik bisher nie so stark gewesen wie die Befürchtungen – es bestand auch wenig Anlaß –, so daß der Zusammenhang dieser Angst mit der Triadenspaltung besprochen werden konnte: Der Druck wird weitergegeben, um selbst aus der »paranoischen« Position herauskommen zu können. Man selbst wird »gut«, wenn die Familie »schlecht« ist, so die Logik dieser Verarbeitung. Erst als diese Angst mehrfach besprochen war, konnte ein vertieftes Verständnis der Situation der Angehörigen erarbeitet und therapeutisch sinnvoll genutzt werden. Eine solche Erfahrung könnte, so meine ich, zu Überlegungen Anlaß geben, welche psychischen Voraussetzung auf der Seite der Therapeuten die Technik der »positiven Konnotierung« erfordert; ein Therapeut unter solchem Druck kann der Familie nur wenig glaubwürdig eine *positive* Konnotierung ihrer Schwierigkeiten vermitteln.

Der derzeitige »Stand« in der »Werkstatt«

Die oben wiedergegebenen Überlegungen zur Analyse des (stationären) Überweisungskontextes, zur Indikation und zur Angst der Therapeuten führten uns in eine neue Etappe unserer Arbeit. All dies zusammen genommen befreite uns nicht vollständig von gewissen Schwierigkeiten im Umgang mit den Familien, und wir entdeckten, daß wir selbst eine Kontextbedingung geschaffen hatten, die implizit und ohne daß wir dies beabsichtigten, eine Schuldzuweisungsbotschaft an die Familie enthielt. Ich meine den Umstand, daß wir Familiengespräche dann durchführen, wenn der Stand der Einzeltherapie dies nahezulegen scheint. Die Patienten sind dann schon eine Weile stationär in Behandlung, und die Frage ist: wie wirkt das Ansinnen eines Familiengesprächs nach einer solchen längeren stationären Aufenthaltsdauer auf die Angehörigen? Muß da nicht bei ihnen die Frage aufkommen, ob sie dazu eingeladen werden, weil *jetzt* etwas herausgefunden wurde, an dem sie »schuld« seien? Es scheint, als sei diese Frage kaum zu vermeiden. Natürlich geht es nicht darum, Schuld oder Schuldgefühle aus den Familiengesprächen herauszuhalten; es geht darum, einen Auftakt mit der Familie zu finden, der ihnen nicht eine unerwünschte und unangemessene geheime »Botschaft« vermittelt.

Aus diesem Grund sind wir in letzter Zeit dazu übergegangen, Familiensitzungen während der ersten zwei bis drei Wochen des stationären Aufenthaltes anzuberaumen. Wir haben festgestellt, daß wir der Familie dann leichter vermitteln können, daß wir an einer Zusammenarbeit mit ihnen interessiert sind, daß wir mit ihnen darüber sprechen wollen, was der Aufenthalt eines ihrer Mitglieder in der Klinik bedeutet und daß wir von ihren langjährigen Erfahrungen miteinander auch profitieren wollen. Die Ergebnisse sind ermutigend. Nicht zuletzt kommt der früheren Einbeziehung der Familie auch eine gesundheitspolitische Bedeutung bei: Bei der Entlassung von Patienten kann eine gut etablierte Zusammenarbeit mit der Familie therapeutische Entscheidungen über Fragen der Nachsorge wesentlich erleichtern; die Therapeuten wissen, wohin sie einen Patienten entlassen, und die Familien sind in der Regel viel bereiter, ambulante Hilfe in der Nachsorge anzunehmen.

Eine zweite Veränderung der letzten Zeit kommt hinzu. Wir haben die »Werkstatt« auch für Mitarbeiter und Mitarbeiterinnen anderer Berufsgruppen, besonders aus dem Pflegepersonal, geöffnet und haben den Eindruck: Das ist ein beträchtlicher Gewinn. Das Pflegepersonal kann sich etwas leichter in den Inszenierungen der Patienten auf der Station zurechtfinden, wenn sie auch einmal die Familie gesehen haben, und sie tragen wichtige Beobachtungen aus ihren Gesprächen mit den Patienten bei.

Ich meine, das Beispiel der familientherapeutischen »Werkstatt« muß anregen, darüber nachzudenken, ob die zunächst unversöhnlich *scheinenden* Positionen von stationärer Psychotherapie und Familientherapie in dieser Verhärtung nicht aufgegeben werden müssen; die selbstreflexive und kooperativ sorgfältige Analyse der gruppendynamischen, aber auch institutionellen Bedingungen des *eigenen* therapeutischen Kontextes ermöglicht eine Arbeitsweise mit und in beiden Bereichen, die nicht nur zum Nutzen der Patienten ist, sondern auch unsere klinischen und menschlichen Erfahrungen erweitert.

Zur epistemologischen Struktur der »Werkstatt«

Das »Zweikammer«-Modell familientherapeutischer Behandlung ist spätestens seit den bahnbrechenden Arbeiten der Mailänder Gruppe (SELVINI-PALAZZOLI 1977) Standard der Behandlungspraxis. Ein Therapeut oder ein Therapeutenpaar beobachtet die Familie während des Gesprächs; eine Gruppe von Beobachtern beobachtet ihrerseits die Interaktion zwischen der Familie und den/dem Therapeuten. Was eigentlich wird beobachtet? Läßt sich, und diese Frage ist im Fall der Familientherapie von beträchtlicher Brisanz, eine Beobachtung von einer Projektion systematisch unterscheiden? Anhand welcher Kriterien könnte dies geschehen?

Ich fürchte, man wird eine solche Frage klar mit nein beantworten müssen. Hier ist nun die Anschlußstelle für die Diskussion des sozialen Wandels der Familien und ihrer analogen Lebensformen, aber auch der familientherapeutischen Praxis. Der Umstand, daß wir überhaupt zwischen »Beobachtung« und »Projektion« unterscheiden müssen, ist in dem Maß ins Bewußtsein gerückt, als sich Familienformen massenhaft ausgebildet haben, die sich nicht nur von denen der Therapeuten unterscheiden. Es gibt keine implizite und selbstverständliche Normalitätsunterstellung mehr, und je mehr wir dies realisieren müssen, um so mehr ist die familientherapeutische Praxis gezwungen zu klären, wie sie selbst Verstehen versteht. Man kann dies Problem bereits an den bei SELVINI et al. (1977) beschriebenen Familien, etwa der dort beschriebenen Behandlung der Familie Casanti, erläutern; bei dieser bäuerlichen Familie ging es in der Behandlung unter anderem darum, daß die Familie einen Modernisierungsschub erhält. Die Familie Casanti organisierte sich um einen Komplex von Erbschaftsregeln – Hofübernahme, Weiterführung des elterlichen Betriebes –, der unter dem Zwang der Modernisierung so nicht weitergeführt werden konnte. Auch HILDENBRAND (1988) beschreibt eine solche Familie, die gleichsam in zwei Kontexten zugleich, einem traditionellen und einem modernen, zu leben versucht; die mangelnde Entscheidung für den einen oder den anderen Kontext macht er für die Schizophrenie des Sohnes mitverantwortlich.

Mit der gesellschaftlichen Ausdifferenzierung verschiedener Formen von Familie tritt eine hohe Unwahrscheinlichkeit des Verstehens auch ins familientherapeutische Spiel ein; auch in der therapeutischen Begegnung kann als Folge der soziokulturellen Evolution vielfälftiger Lebensformen und vor allem der Psychologisierung des Diskurses nicht mehr umstandslos davon ausgegangen werden, »richtig« zu verstehen. Die Anschlußfähigkeit der Kommunikation mag unter Normalbedingungen des Alltags richtiges Verstehen gewährleisten; in therapeutischen Situationen jedoch tritt eine Steigerung der Verstehensansprüche über die alltägliche Psychotherapeutisierung hinaus ein, die die Chance von Mißverständnissen wieder wachsen läßt bei gleichzeitig zunehmender Schwierigkeit, solche »Mißverständnisse« überhaupt zu identifizieren und kommunikative Sicherungen wieder einzubauen. Wo die Frage, ob die kommunikative Welt noch richtig interpretiert werden kann, zur (Über-)Lebensbedingung geworden ist, droht ständig das Scheitern. Wo die Gewißheit wächst, daß Kommunikation »Mißverstehen« braucht, weil sie sonst überflüssig würde, muß die Kommunikation geradezu solche »Mißverständnisse« produzieren, um sich am Leben zu erhalten – und dies steigert das Gefühl, sich nichts mehr sagen zu können, weil doch alles schon irgendwo gesagt ist. Wo systematisch mit solchen Krisen in der Verständigung gerechnet werden muß, weil nicht sicher zwischen Projektion und Wahrnehmung unterschieden werden kann – dies Problem aber als ein systematisches wahrgenommen wird – stellt die Einführung von Beobachtern zweiter Ordnung in die familientherapeutische Praxis einen Versuch dar, die Verstehenswahrscheinlichkeit wieder zu vergrößern. Damit allerdings wird in der therapeutischen Praxis eine Situation geschaffen, die selbst nicht frei von Vieldeutigkeiten ist; das Arrangement muß den Familien erläutert, sie müssen um ihre Zustimmung gebeten werden, und es bleibt zunächst offen, wie die Familien das Beobachtetwerden ihrerseits beobachten, wie sie es erleben und interpretieren.

Welche Lösungsmöglichkeiten für dies Dilemma gibt es?

Ich möchte diesen Fragenkomplex mit einer Gegenfrage einleiten: Wenn die Prinzessin aus dem Märchen einen Frosch zu sich ins Bett springen sah, was sah sie? Da »Sehen« gleichbedeutend mit »Kategorisieren« ist, ist die Frage, ob sie nicht »in Wirklichkeit« einen Prinzen sah, sowohl mit »nein« als auch mit »ja« zu beantworten. Ist ein Delphin ein Fisch oder ein Säugetier? Für die meisten Menschen wird es zur Verständigung ausreichen, wenn man die erste Antwort gibt, auf einem zoologischen Kongreß wird man sich blamieren. Wiederum ist eine Sowohl-als-auch-Antwort richtig. Was bedeutet es, wenn Therapeuten sagen (oder beobachten?), die Kommunikation in einer Familie sei »flüssiger« geworden? Oder ein Geheimnis sei wie ein »Knoten« (zum Beispiel Brunner u. Lenz 1992, S. 7)? Oder das Klientensystem habe einen (qualitativen) »Sprung« gemacht? In welchem Sinn läßt sich sagen, daß man das »beobachten« kann? Wieder meine ich, man kann es beobachten, auch wenn es keinen Knoten gibt.

Die Lösung, die sich nicht nur anbietet, sondern geradezu aufdrängt, besteht darin, die eigenen Beobachtungskategorien zu thematisieren. Therapeutische Beobachter formulieren ihre Beobachtungen jedoch weniger hinsichtlicher binärer Kategorien (bewußt und unbewußt; manifest und latent; gesagt und gemeint usw.). Solche Kategorien treten mehr auf der Ebene der theoretischen Konzeptualisierung auf; in der klinischen Situation werden, wie die genannten Beispiele zeigen, eher metaphorische Verdichtungen verwendet. Metaphern haben den ungemeinen Vorzug der Komplexitätsreduktion, sie bündeln viele bunte Blumen zu einem handlichen Strauß. Aber umgekehrt steuern sie auch Interaktionen. Einen psychischen »Apparat« muß man gelegentlich mit Werkzeugen wie Hammer oder Schraubenzieher bearbeiten, doch stellt man sich das Selbst seines Patienten wie eine fragile chinesische Vase vor, ist ein anderes Vorgehen gleichsam »wie von selbst« ratsam.

Die Vasenfragmente müssen im Brennofen (der Übertragung) zusammen gehärtet werden.

Metaphern können eine hoch komplexe Situation so reduzieren, daß die Anschlußfähigkeit der Kommunikationen wieder gewährleistet ist, aber sie fügen der Verständigung auch einen Überschuß bei. Metaphern, die wir im therapeutischen Rahmen verwenden, verraten somit unabdingbar immer etwas über uns, aber dennoch müssen sie zu den Situationen »passen«. Diese Bedingung des »fitting« der therapeutischen Metapher und der familialen Lebenswirklichkeit kann nicht grundsätzlich durch epistemologische Reflexion der Beobachtungsarrangements erzeugt werden. Ein kreativer Moment muß hinzu kommen.

Machen wir uns also keinen objektivistischen Wahrheitsbegriff zu eigen, der in einem mechanischen Operieren mit Symbolen Entsprechungen zu irgendeiner Welt »dort draußen« abbilden will, weil wir dann nur mit einer »alteuropäischen« (LUHMANN) Spiegelmetapher arbeiten würden. Schließen wir uns Vorstellungen eines *sozialen* (nicht eines radikalen) Konstruktionismus (GERGEN 1985) an, dann läßt sich ein Begriff von »intern realism« (LAKOFF 1987) gewinnen: wir können weder die Welt noch die Familien, die wir behandeln, irgendwie von außen beschreiben, denn wir sind ein Teil von dieser Welt und ein Teil der Interaktion mit der Familie. Aber die Grammatik der Beobachtungen läßt sich verfeinern, die Kategorien der Beobachtung lassen sich in ihrer Komplexität steigern. Komplexität meint ja gerade, im Unterschied zur »Totalität«, daß unterschiedliche Perspektiven herangezogen werden müssen und je mehr davon gleichzeitig – mindestens jedoch drei – um so besser. Eine Perspektive allein würde die Beobachtung totalisieren. Verfügen die Beobachter hinter dem Monitor über ein Beobachtungssystem, das komplexer ist, als das des beoachteten Systems (Familie + Therapeut), entsteht also eine Differenz, dann lassen sich drei auch in praktischer Hinsicht relevante Situationen angeben, in denen ein kreativer Überschuß in Form von Metaphern erzeugt wird, der dann auch therapeutisch hilfreich ist.

Das Kategoriensystem des beobachteten Systems kann zum einen unterkomplex sein. Diesen Fall kann man immer als gegeben annehmen, wenn Therapeuten bei ihrer Arbeit zugesehen wird, denn die Beobachter sehen immer »mehr« und »anderes« als die

Therapeuten selbst. Diese Differenz nutzen alle Gruppen, die mit dem Zweikammermodell arbeiten. Das mit differenzierten Kategorien beobachtende System (die Zuschauer hinter der Einwegscheibe) beobachtet jedoch nicht nur, was das beobachtete System selbst nicht beobachten kann (LUHMANN 1988), sondern es beobachtet auch die Reduktion der Komplexität des sich selbst beobachtenden Systems und beobachtet, wie dies mit solcherart reduzierter Komplexität operiert. Beobachter beobachten Therapeuten dabei, wie diese die Familie »beobachten« – also Komplexität reduzieren – und welche Handlungsfolgen aus deren Beobachtungen folgen. Aus Männern und Frauen werden dann nur noch »gute« (oder »böse«) »Objekte« – und jetzt sehen wir, daß solche Sprache voll von Metaphern, Formen der Komplexitätsreduktion, ist, die dann wiederum (therapeutisches) Handeln anleiten. Die Beobachter zweiter Ordnung unterstützen den therapeutischen Prozeß dann, indem und soweit sie andere Metaphern zur Verfügung stellen.

Das Kategoriensystem des beobachteten Systems (Therapeuten) und/oder des Beobachtungssystems (2. Ordnung) – das ist die zweite Situation –, wird durch die beobachtete Familie verstört (LUDEWIG 1983, 1992). Dies ist immer dann der Fall, wenn während einer Sitzung Phänomene auftauchen, die weder die Therapeuten noch die Zuschauer verstehen. Sie sind untrügliche Hinweise dafür, daß es die Familien wirklich[11] gibt, sie also nicht einfach »radikal konstruiert« sind. Es gibt die Familien wirklich, nicht nur ihre Kommunikationen, sondern ihre menschlichen Mitglieder, und wenn sie uns verstören, weisen sie nachdrücklich auf dies Vorhandensein hin und zeigen uns, daß wir an uns (an unseren »Beobachtungskategorien«) arbeiten müssen, um die Verstörung zu beseitigen. Verstörung wird zur Aufgabe. Solche Phänomene sind gerade unter den Bedingungen des familialen Wandels

---

11 Wie alt diese Debatte ist, soll nur der Hinweis von BINSWANGER (1927, S. 126) gegen JASPERS illustrieren: »Ohne natürlich die Möglichkeit des Verstehens von Typen und dessen große theoretische und praktische Rolle zu bestreiten, muß doch entschieden betont werden, daß es ein Verstehen gibt, daß sich gerade an wirklichen Erlebnissen wirklicher, individueller Personen vollzieht ...«

zahlreicher als man prima facie annimmt. Verstehen setzt beim Nicht-Verstandenen an, und das Nicht-Verstandene herauszuheben, es wahrzunehmen und in den Fokus der Denkbemühung zu rücken, ist eine weitere Aufgabe der Beobachter hinter dem Monitor. Deshalb wird die durch die Interaktion erzwungene *Veränderung beim Beobachter* (sowohl Therapeut als zuschauende Gruppe) ein Datum ersten Ranges (DEVEREUX 1967). Das therapeutisch relevante epistemologische Problem läßt sich so formulieren: Wie identifizieren wir ein unsere Beobachtung verstörendes Ereignis? (Denn meistens übergehen wir es und wehren es ab).

Schließlich, und damit komme ich zur dritten Situation der kreativen Metaphern-Erzeugung, sind Therapeuten *nicht*, wie es so häufig nach der epistemologischen Wende in der Familientherapie (BUCHHOLZ 1990) dargestellt wird, »*Beobachter*«. Das ist, wie ich denke, selbst eine falsche und unbrauchbare Metapher. Wie ich mit den Metaphern vom »Knoten« oder der »flüssigen« Kommunikation illustrieren wollte, sind gerade »gute« therapeutische Beobachtungen von einer Qualität, die jenseits einer dichotomisierbaren zweiwertigen Logik liegen (STEINER u. HINSCH 1988). Solche »Beobachtungen« fügen der Beobachtung Poesie[12] hinzu, aber sie konstruieren das Beobachtete nicht vollständig. Dem liegt eine kreative Leistung der Therapeuten zugrunde.[13] *Der imaginative Raum zwischen Metaphorik und Konkretion stellt das exquisite Medium therapeutischer Einflußnahme dar.* Es gibt Familien, bei denen – worauf LEVOLD, WEDEKIND und GEORGI

---

12 Oder wie es ALFRED DÖBLIN (1927, S. 37) formulierte: »Das greift über die Wissenschaft hinaus und ist noch lange nicht für eine heutige Wissenschaft erfaßbar. Die Dichtung aber ist allgemein und überhaupt ein sehr mißachtetes, großartiges Wissensreservoir der Menschen. Eine Quelle, kein Nebenfluß.« HARRÉ (1985) fordert ein neues Paradigma: die Psychologie solle Metaphern verwenden, um jene Prozesse zu beobachten, die der Handelnde selbst gerade nicht beobachten kann.

13 Ich habe am Beispiel der »Arbeit am Widerstand« in einer qualitativen Analyse eines Protokolls einer psychoanalytischen Sitzung gezeigt, daß Metaphern wegen der Randunschärfe ihrer Bedeutung die Fähigkeit eignet, die Kommunikation anschlußfähig zu halten gerade dann, wenn unterschiedliche Bedeutungen gegeben werden (BUCHHOLZ 1992).

(1989) nachdrücklich hingewiesen haben – eine radikal-konstruktivistische Position geradezu absurd ist: wenn es um Gewalt, sexuellen Mißbrauch und um Vernachlässigung geht. Gelingt es jedoch, die Gewalt von einer konkreten Handlungsebene auf eine metaphorische Ebene zu verschieben,[14] dann kann man die kreative Diskontinuität zwischen familialer Interaktion und therapeutischer Phantasie erkennen: die Familie ermöglicht/erlaubt dem Therapeuten, metaphorische Bemerkungen zu ihren Problemen zu machen, die jenseits binärer Konkretion sind, aber dafür therapeutisch hilfreich, denn sie erlauben zu erleben, wo vorher blind gehandelt werden mußte. Erleben aber kann symbolisiert, Symbole können aufgrund ihrer Vieldeutigkeit zum Wandel genutzt und der erzielte Wandel kann zu einer neuen Beschreibung des Erlebens in neuen Metaphern und Bildern werden. Therapeutische Interaktion ist nicht nur »instruktiv« oder »konversational«,[15] sondern poetisch – sie ist aber nicht nur autopoietisch!

Ich meine deshalb, Familientherapeuten sollten sich von einer metaphorischen Selbst-Konzeptualisierung als »Beobachter« allmählich wieder lösen, eine Metaphorik, die sie im Rahmen der epistemologischen Auseinandersetzung mit dem radikalen Konstruktivismus und LUHMANNscher Systemtheorie begierig aufgegriffen haben. War ihnen zuvor die »action« im Interesse schneller Veränderungen wichtig, ziehen sie sich jetzt auf »Beobachtung« zurück. Doch beobachten sie ja keineswegs nur, sondern müssen komplexe (Be-)Handlungsprobleme lösen, und das tun sie in einer kreativen Weise, die das Recht beanspruchen kann, in einer eigenen klinischen Theorie formuliert zu werden. Um in Familiensitzungen halbwegs affektiv neutral beobachten zu können, braucht man eine ziemliche Menge Erfahrung (sie reicht nie aus) und eine entwickelte Form des Kontaktes mit der je konkreten Familie –

---

14 Fallbeispiele finden sich in meinem Beitrag »Geschichten in der Geschichte« in dem von ALMUTH MASSING (1990) herausgegebenen Band zum Abschluß einer gemeinsamen Arbeitsphase an der von Eckhard Sperling geleiteten »Abteilung für Psycho- und Soziotherapie« der Universität Göttingen.

15 Wie der Erfinder des Reflecting Teams, TOM ANDERSEN (zit. nach REITER et al. 1992), im Anschluß an REITER und STEINER (1986) unterschied.

eine solche Position sich zu ermöglichen, ist fast schon mehr als die halbe Therapie. Die andere Hälfte besteht vermutlich in der Ausbildung einer bildhaft-metaphorischen Form des Denkens »under the fire« (nach einem Ausdruck von BION) – denken während des »Gefechtes«.

Stellen wir uns, um das Problem noch einmal weiterzuführen, einmal vor, Therapeuten würden den Familien als Begründung der Einladung zu einer Sitzung wörtlich mitteilen, sie wollten sie in ihrer Beziehungsgestaltung *beobachten*. Wie würden die Familien auf eine solche Mitteilung reagieren? Sich zur Beobachtung anzubieten, läßt sich nicht nur keine Familie gefallen, doch selbst wenn dies der Fall wäre, schlösse man damit eine zentrale Dimension aus und reduzierte die Komplexität des eigenen Kategoriensystems um eine reziprok-interaktive Dimension: Familien beobachten ihre Therapeuten dabei, wie sie sie beobachten. Aber was Familien an ihren Therapeuten beobachten, das läßt sich wiederum »beobachten«, das heißt metaphorisch bebildern, und sie bebildern dabei ein ganzes Helfersystem, jedenfalls im Fall stationärer Arbeit. Und sie scheinen sehr gut mitzubekommen, auf welche Weise sie Helfersysteme »lahm«legen oder stimulieren können, was zur Voraussetzung hat, sie genau beobachtet zu haben. Diese Annahme wird man machen müssen. Auch wenn man den Familien einfach ein intuitives Geschick bei der »Beobachtung« ihrer Therapeuten unterstellen wollte, besagt man damit ja nur, daß diese Intuition auf irgendetwas basieren muß, das heißt Familien haben etwas am Helfersystem wahrgenommen, wofür das Helfersystem »konzeptuell blind« ist. So gesehen ist die Beobachtungsrichtung beim Zweikammermodell, beim Blick durch die Einwegscheibe, nicht ganz eindeutig festzulegen; zwar beobachten wir die Familien, aber mit einem technischen Aufwand, der seinerseits von den Familien beobachtet, interpretiert und zu Schlußfolgerungen genutzt wird. Vielleicht ist es so, daß wir mit dem Zweikammermodell so viel sehen wollen und uns so sehr die Brille putzen, daß wir nicht mehr merken, wie skurril es ist, wenn sich jemand ständig die Brille putzt, ohne sie einmal aufzusetzen. Die Brille, der sie Putzende und ein Beobachter – wieder haben wir es mit einer Triade zu tun. Die Familien bemerken unsere Brille und daß wir sie putzen; sie machen dazu ihre *Kommentare*, höflich, versteckt, selten bemerkt und immer indirekt. So könnte es sein wie beim Jäger und dem Hasen aus dem »Struwwelpeter« – der Jäger putzt seine Brille und sein Gewehr, aber der Hase lacht am Ende. Oder ist es doch mehr wie beim Frosch und dem Prinzen?

Was ich nun mit den »Kommentaren« meine, will ich wieder an einem Beispiel illustrieren:

In der Vorbesprechung in unserer Werkstatt wird von einer 23-jährigen Patientin berichtet, die als Sechsjährige vom Großvater sexuell mißbraucht wurde, kurz vor der Pubertät die Scheidung ihrer Eltern miterlebt habe und später vom Vater mißbraucht worden sei, doch habe sie hier angegeben, so erzählt der Therapeut, daß das auch nur ein Traum gewesen sein könne. Der Therapeut hat mit ihr anhand der Leitvorstellung gearbeitet, daß die Beschäftigung mit dem Trauma notwendig sei, weil es sie sonst immer wieder einholen würde. Sie solle versuchen, sich zu erinnern, sich ihre Gefühle vergegenwärtigen, ihre Beschämung und Trauer zum Ausdruck bringen lernen.

Die Sitzung findet gemeinsam mit ihrem derzeitigen Freund statt, der Physiker ist, etwas mehr als 12 Jahre älter als sie, seinerseits geschieden ist und ein Kind hat, das bei ihm lebt. Die Patientin lebt mit ihm seit zwei Jahren zusammen. Mit depressiver Stimme erklärt er immer wieder, daß er mit der Krankheit seiner Freundin nicht gut klar komme; er ist davon überzeugt, sie habe nicht nur einen Traum gehabt, sondern ein wirkliches Erlebnis mit dem Vater. Damit sie sich das vergegenwärtigen und bewußt machen kann, fordere er sie immer wieder auf, sich zu erinnern. Wie war das? Was siehst Du? Erinnere Dich! Du siehst ein dunkles Zimmer? Was steht darin? Ein Wecker mit Leuchtziffern? Wie spät ist es, was zeigt er an? Nachts, 23.30 Uhr? Wer ist noch im Zimmer? Usw.

Die Beobachter hinter der Einwegscheibe sind ebenso baff wie die Therapeuten in der Sitzung. Die Vorgehensweise des Freundes unterscheidet sich nicht strukturell von der des Therapeuten, die Patientin hat bereits einen Therapeuten, der ein quasi-kathartisches Modell mit ihr erprobt! Eben dies hatte der Therapeut ja auch als Leitvorstellung konzipiert. Wo ist die Differenz? Die Patientin macht hier nun ihren Kommentar: Sie wolle vom Trauma nicht eingeholt werden, weshalb sie gelernt habe, daß die Beschäftigung damit so notwendig sei.

Das ist die Art der Hilfe, die ihr auch von früheren ambulanten Therapieversuchen in Erinnerung geblieben ist, eine Hilfe, die sie ebenso vertritt wie ihr Freund und ihr Therapeut. Aber diese Hilfe, so fällt den Beobachtern – und angesichts des therapeutischen Freundes kann auch der Therapeut zu einem Beobachter zweiter Ordnung *vor* der Kamera werden – nun auf, verstrickt sie in ein unlösbares Dilemma: Sie beschäftigt sich mit dem Trauma, um sich nicht mehr damit beschäftigen zu müssen; je mehr sie es los sein möchte, um so mehr muß sie es sich vergegenwärtigen – so lautet faktisch die therapeutische Empfehlung.

Sagen wir es nüchtern: Diese Art der Hilfe ist für diese Patienten keine gewesen. Die Beobachter haben folgende doppelte Empfehlung ausgesprochen:

a) Der Freund sei der Therapeut seiner Freundin. Er habe kunstvoll viel versucht, doch scheine er im Augenblick nicht weiter zu kommen. Wenn ein Therapeut nicht weiterkomme, suche er in der Regel eine Supervision, weshalb dem Freund zu raten sei, sich seinerseits einmal ambulant beraten zu lassen.

b) Mit der Patientin über ihre Berufsausbildung (die sie bislang nicht hat) und ihre weitere Lebensplanung zu sprechen.

Besonders die zweite Empfehlung stellte nun etwas ganz Neues heraus: Die Patientin hatte eine ganz klare Vorstellung davon, daß sie im Fall einer abgeschlossenen Berufsausbildung bei ihrem Freund wieder ausziehen werde!

Einige Tage im Anschluß an diese Sitzung teilten die Vertreter des Pflegepersonals, die Beschäftigungstherapeutin, der Psychotherapeut und andere, die die Patientin kannten, den Mitgliedern der Werkstatt mit, sie sei wie verwandelt.

Natürlich kann man eine solche Erfahrung zum Anlaß nehmen, über die Hintergründe der Kollusion zwischen der Patientin und ihrem Freund Vermutungen anzustellen. Klar erkennbar war auch hier ein »imbroglio« (sensu Selvini-Palazzoli et al. 1992), eine betrügerische Verstrickung: die Patientin kommt bei ihrem Freund unter, der sie finanziell sichert; sie gibt ihm dafür die Möglichkeit, sie zu »behandeln«, und das entlastet ihn von seiner Depression wegen seiner kürzlich zurückliegenden Scheidung. Dieser moralisch anfechtbare »Betrug« zwischen beiden darf nicht thematisch werden, und deshalb muß die Situation mit Hilfe einer monokausalen Ätiologietheorie aufrecht erhalten werden. Buchstäblich »Alles« erklärt sich aus dem Trauma, vom dem wiederum keiner wirklich weiß, ob es vorfiel oder nicht – aber gerade dieser Umstand eignet sich so hervorragend dafür, die Situation nicht beenden zu können. Sie kann, wie eine Endlosschleife, unendlich verlängert werden. Und es ist die beschriebene Psychotherapeutisierung des Diskurses in der Folge des sozialen Wandels, die hier innerhalb der Paarbeziehung Verwendung findet und gleichermaßen die Bedingungen dafür schafft, daß Therapeuten sich einbinden lassen können. *Die Psychotherapeutisierung stellt die Anschlußfähigkeit zwischen Patientin und Therapeuten auf eine Weise her, daß zwar Kommunikation, nicht aber Therapie gewährleistet war.* Auf diesem Weg nimmt die Patientin wahr, wie sie das Helfersystem »lahm« legen konnte, denn auch der Therapeut wußte nicht, konnte nicht wissen, was er denn nun machen solle, wenn die Patientin sich »wirklich« erinnert. Insofern muß der Versuch, das herauszufinden, zu einer endlos langen Therapie führen.

Doch weil Patienten merken, daß Psychotherapie, die nur Kommunikation ist, nicht hilft, sondern allenfalls Beziehungsarrangements unter erweiterter Beteiligung von Therapeuten stabilisiert, machen sie eingestreute Kommentare zu den Bedingungen und Richtungen der Hilfe, zu den Helfersystemen, die als Beobachtungen zweiter (oder dritter?) Ordnung aufgefaßt werden können. Viele der Bemerkungen von Patienten lassen sich verstehen, wenn man sie als implizite und versteckte Kommentare zur Art der Hilfe auffaßt.

Diese Erfahrung setze ich in dreierlei Weise um.

Klinisch möchte ich dazu anregen, Patienten (und nicht nur die Beobachter hinter dem Monitor) nach Möglichkeit als Supervisoren der Behandlung aufzufassen; sie werden damit an der Spitze der Triade im Zweikammermodell positioniert.

Epistemologisch habe ich nicht das Ziel, die Grammatik der Beobachtung in ein formalisiertes System überführen zu wollen; sie ist vielmehr, wie auch die linguistische Grammatik des Verstehens und des Nicht-Verstehens ein »creative enterprise« (LAKOFF 1987, S. 175).

Konzeptionell setze ich sie um, indem ich mir über Helferinstitutionen Gedanken mache, die von solchen kommentierenden Bemerkungen inspiriert sind, über die Jahre sich angesammelt haben und die ich, dies Buch beschließend, nun im letzten Kapitel mitteilen möchte. Während ich in den vorangegangenen Kapiteln weitgehend klinisch argumentiert habe, rückt damit wieder mein soziologisches Interesse in den Vordergrund.

Offenbar kommentieren Patienten Helferinstitutionen in der verschiedensten Weise, und sie können dies um so mehr, als die Institutionen selbst wegen des soziokulturellen Wandels insofern an einem Legitimations- und Sinndefizit zu leiden beginnen, als sie keine umschriebenen Vorstellungen von »Normalität« oder »Gesundheit« problemlos mehr verkaufen können. Der Prozeß der sozialen Ausdifferenzierung von Systemen rückt die Helferinstitutionen von einer Position »über« den Klienten in eine Positionen »neben« ihnen, und damit werden Möglichkeiten der gegenseitigen Beobachtung, der Auslegung und Selbstauslegung kreiert, die noch viel zu wenig genutzt worden sind. Die Beobachter werden beobachtet. Nur innerhalb ihrer eigenen Auto-Poesie können Beobachter sich als Beobachter wähnen.

Zur Auto-Poiesie von Helferinstitutionen

»I think, this culture, which once imagined itself inside a church, feels trapped in something like a zoo of separate cages. Modern men are like Rilke's panther, forever looking out from one cage into another.«
(PHILIP RIEFF, The Triumph of the Therapeutic, 1966, S. 5)

Die Genese von institutionellen »Blinden Flecken«

Helferinstitutionen rücken »neben« die Klientensysteme, die Entwicklung der Familientherapie geht der der Familien parallel. Dieser Prozeß der Entautorisierung ist – folgen wir hier LUHMANN (1990) – dem vergleichbar, der sich bei der Ausdifferenzierung der Wissenschaften vollzog: Philosophie und Theologie stritten sich lange darum, wer wessen »ancilla« (Magd) sei, aber sie waren sich einig darin, daß sie über den profanen Wissenschaften stehen, die sich mit empirischer Beobachtung, der Erforschung von Naturgesetzen und so weiter beschäftigen. Das hat sich mittlerweile geändert; die Ergebnisse der Naturwissenschaften haben Theologie und Philosophie entthront, können sie sogar instruieren, aber jede Wissenschaft geht ihren eigenen Gang. Sie haben sich differenziert, bilden Umwelten füreinander und positionieren sich nebeneinander.

Vergleichbares kann man für die großen »Systeme« der Politik, der Wirtschaft, des Rechts sagen – sie bilden Umwelten füreinander, beobachten sich gegenseitig,[1] und indem sie so Kom-

1 Das ist eine LUHMANNsche Formulierung; ob sie empirisch stimmt, ist ungewiß. Vielfach wird gerade resigniert zur Kenntnis genommen, daß die Wissenschaften sich nicht gegenseitig beobachten, sondern isoliert von Entwicklungen in anderen Bereichen arbeiten (vgl. zum Beispiel SPRUIELL 1993).

plexität für den Aufbau eigener Komplexität zur Verfügung stellen, können sie keine autoritäre Stellung mehr beanspruchen. Auch im Bereich der helfenden Berufe gilt dies Nebeneinander: Ärzte sind ihres halbgottähnliches Status entthront; wo sie versuchen, solche Attitüden an den Tag zu legen, erscheinen alsbald Veröffentlichungen, die das kritisieren, es bilden sich Bürgerinitiativen, und selbst wenn Klinikschefs bei der Visite ihre Patienten von oben herab behandeln sollten, sprechen Patienten hinterher doch so miteinander, daß sie sich der »Unmöglichkeit« eines solchen Verhaltens versichern.

Die psychosozialen Helferinstitutionen, in denen Psychologen, Ärzte, Psychotherapeuten, Pädagogen, klinische Soziologen, Pflegepersonal, Beschäftigungstherapeuten und andere arbeiten, haben hier eine zwiespältige Orientierung ausgebildet: Sie teilen FREUDs Perspektive (GW XVII, S. 127), wonach die kategoriale Unterscheidung zwischen Normalität und psychischer Krankheit nichts anderes als eine »Frage der Konvention« sei, und diese Perspektive führt zu einer Haltung, keinen *grundsätzlichen* Unterschied zwischen Klienten und Helfern zu machen. Eine solche Haltung drückt sich bei Mitarbeitern in Lebensstilen, sozialen Emblemen, Wahl der Lebensform und anderem aus, aber auch in Argumentations- und Handlungsformen. In Kontroversen etwa des Typs »nature-nurture« beziehen sie die »nurture«-Position, suchen verstehende Zugänge zu den Klienten, lehnen »Maßnahmen« ab. Sie präferieren in der Familientherapie den neuen »Nicht-Interventionismus«, verstehen sich als »Experten des Dialogs«, sehen Behandlung als »soziales Ereignis«. Sie geraten in Schwierigkeiten dann, wenn es sich beispielsweise um Patienten mit Alkoholismus-Problemen handelt. Deren Behandlung läßt sich nur schwer konzipieren, wenn man die biologisch-physiologisch verselbständigten Ablaufmuster ignoriert.

Dem stehen andere gegenüber; sie teilen die Überzeugung, daß psychisch Kranke sich von den Gesunden oder Normalen kategorial unterscheiden, eine Überzeugung, die mit Hinweis auf Ergebnisse der Zwillingsforschung etwa verteidigt wird. Behandlung wird »verordnet«, Behandler sind Experten für Krankheiten oder Störungen eines normalen Ablaufs. Behandlung wird hier eher als »Instruktion«, weniger als Dialog aufgefaßt. Sie findet statt, weil sie notwendig ist, beginnt mit der Etablierung von »Krankheitseinsicht« beim Patienten oder baut vorhandene aus. Sie ist eher normativ orientiert, begründet ihre Normen jedoch in eigenen theoretischen Zusammenhängen. Die Vertreter der Überzeugung vom Unterschied zwischen »psychisch krank« und »psychisch gesund« haben oft einen professionellen Habitus, aber sie geraten dann in Schwierigkeiten, wenn sie den *genauen* Verlauf der Grenzlinien angeben sollen. Dann spüren sie die verunsichernde Wirkung der Frage danach, ob der Unterschied einen Unterschied macht. Entsprechend typisch verteidigen sie ihre Positionen. Während die Vertreter des ersten Typs gerne lange diskutieren und es nicht lieben, offene Fragen stehen zu lassen, riskieren Vertreter des zweiten Typs scharfe Diskussionsabbrüche, vermuten gegebenenfalls bei ihren Kontrahenten gemäß ihrem Weltbild »unnormale« Gedanken, »Widerstände« und ähnliches.

Es ist nicht zu übersehen, daß man Vertreter des Typs der Antikonventionalisten eher in psychosozialen Einrichtungen wie Beratungsdiensten findet, Vertreter des zweiten Typs eher in medizin- oder psychiatrienahen Einrichtungen, weshalb sie hier Medizinalisten genannt werden sollen. Ich habe nicht vor, mich in die Kontroverse auf inhaltlicher Ebene einzumischen, obwohl ich meine Vorliebe für die Antikonventionalisten nicht verhehlen kann; ich will hier jedoch die institutionelle Dynamik etwas aufschlüsseln. So wie *zwei* Armeen von je 50 000 Mann, die sich gegenseitig bekriegen, als *eine* Armee von 100 000 Mann betrachtet werden kann, die sich selbst umbringt, so kann auch die Kontroverse zwischen Antikonventionalisten und Medizinalisten als ein Unternehmen gesehen werden, daß sich dem beschriebenen sozialen Wandel hin zu einer Egalisierung einfügt. Die Kontroverse verdeckt das Problem, daß Helferinstitutionen mit dem Verlust ihrer überlegenen Position zugleich in weiten Bereichen die Fähigkeit verloren haben, normative Grenzlinien verbindlich zu ziehen. War Homosexualität selbst für psychoanalytische Autoren – die es hätten besser wissen können – lange Zeit eine Krankheit (vgl. dazu KÜNZLER 1992), so wird allmählich klar, daß es nicht eine neurotische Homosexualität, wohl aber neurotische Homosexuelle gibt, so wie es neurotische Heterosexuelle gibt. Die Legasthenie scheint zu einer erfundenen Krankheit zurückgestuft zu werden; manches, das wie eine Borderline-Störung aussieht, entpuppt sich für andere als eine »normale« Pubertätskrise.

Natürlich gibt es Bereiche, in denen sich die meisten Experten schnell über das Vorliegen einer Krankheit einigen würden, aber die Zahl derjenigen, die widersprechen würden, nimmt im psychosozialen Bereich ebenso zu wie die Bandbreite desjenigen Bereichs, in dem eine beträchtliche Unsicherheit über Fragen der Behandlungsnotwendigkeit herrscht. Die gesundheitspolitische Bedeutung dieser Unsicherheit ist nicht zu unterschätzen, denn Behandlungen oder Beratungen müssen finanziert werden. Die Kontroverse scheint sich unter dem Stichwort der »Qualitätssicherung« deshalb in jüngster Zeit aus einer fachinternen in eine fachübergreifende zu verwandeln: Finanzexperten, Krankenkassenvertreter und Verwaltungsfachleute wollen wissen, ob überhaupt und wieviel Behandlungsbedürftigkeit vorliegt, ob und welche Beratungsstellen weiter unterhalten werden müssen, ob und wie häufig Modellprojekte der AIDS-Hilfe überhaupt in Anspruch genommen werden. Kurz, wir haben es in einer Situation entwikkelter Ausdifferenzierung gesellschaftlicher Funktionssysteme und deren Egalisierung sowie bei gestiegenem finanziellem Druck mit einem *Normativitätsdilemma der Helferinsitutionen* zu tun: Wie können/sollen Klienten/Patienten/Ratsuchende von Nicht-Behandlungsbedürftigen zweifelsfrei unterschieden werden?[2]

Der Zusammenhang mit der Pluralisierung von (familialen) Lebensformen ließe sich so formulieren: Fallen normative Vereinheitlichungen in sich zusammen, weil sie sich als unbegründbar erweisen, müssen neue Möglichkeiten der Grenzziehung sondiert werden. Kann diese Grenze nicht oder nur diffus gezogen werden, kommt es zur Kongruenz der Beobachterperspektiven. Die Helferinstitution etabliert sich aber durch ihren spezifischen Beobachtungscode,[3] und wenn sich dieser nicht von dem anderer Systeme – etwa dem von Klienten – unterscheiden läßt, droht der

2 Auch hier verschärft sich die Frage unter Bedingungen der Verknappung ökonomischer Ressourcen: Beratungsstellen, für Schwangerschaftsabbrüche konzipiert, verwandeln sich in der Praxis oft in Beratungsstellen für Lebens- und Partnerfragen; andere, die für AIDS eingerichtet wurden, beraten faktisch Klienten aus dem Umkreis der Homsosexuellen-Szene, aber nur wenige HIV-Infizierte etc.

3 Wolff (1983) hat dies in einer weniger beachteten Arbeit als »Produktion von Fürsorglichkeit« analysiert.

Verlust systemischer Identität. Moraldistanzierte Beobachterbeobachtung hat so gesehen eine Kompensationsfunktion für den normativen Verlust. Die (familientherapeutische) Behandlungstechnik reagiert ebenso wie die Zunahme an Supervisionsbedarf darauf, daß ein normativ orientiertes Verstehen nicht mehr fraglos zu haben ist und mehr Probleme erzeugen als lösen würde; das Verstehen des Verstehens ist den Helferinstitutionen ein praktisches Problem. Die Welt hat sich so verändert, daß sie nicht mehr richtig interpretiert werden kann. »Richtig« meint hier, daß von einer unproblematischen Kongruenz der Relevanzsysteme, von der fraglosen Austauschbarkeit der Standpunkte nicht mehr ausgegangen werden kann. Überleben hängt von Interpretationsleistungen ab, und wo die Ansprüche daran gesteigert werden, droht ständig das Scheitern. Die Scheiternden sind vorzüglich die, deren Fähigkeit zur Perspektivenübernahme skurrile Aspekte hervorhebt oder gänzlich blockiert ist; sie heißen Patienten.

Wenn somit die Frage nach der Behandlungsbedürftigkeit nicht normativ mit einem Unterschied, der einen Unterschied macht, beantwortet werden kann, droht das Verschwinden der Differenz zwischen Helferinstitution und ihrer Klientel. Administrative Entscheidungen, ob weiter finanziert werden soll, drängen an deren Stelle, und sie werden getroffen werden.[4] Der Unterschied, den Antikonventionalisten und Medizinalisten *inhaltlich* und *intern* markieren wollten, entscheidet sich *extern* auf einer *den Institutionen vorgelagerten*, administrativen Ebene. Wenn, salopp gesagt, entscheidend ist, ob man als Patient oder als Mitarbeiter in die Psychiatrie kommt (vgl. zum Beispiel Becker 1992), verschwindet die Differenz zwischen dem System und seiner Umwelt; die Umwelt selbst wird psychiatrisiert beziehungsweise psychotherapeutisiert, und immer »normalere« Patienten werden aufgenommen, denen dann eine ebenfalls »normale« Umwelt geboten werden muß.[5]

---

4 In der Sprache der Synergetik ließe sich der politische Druck, der Helferinstitutionen zum Wandel beeinflußt, als Kontrollparameter auffassen, die selbstorganisierenden Prozesse heißen Ordnungsparameter.

5 Beckers (1992) Beispiel ist schlagend: Auch Mitarbeiter der Psychiatrie müssen sich vom »Streß« erholen. Dann gelten sie als »echt

Eng verbunden mit dem Normativitätsdilemma ist ein zweites, auf das ich nun eingehen möchte. Betrachtet man Helferinstitutionen als Systeme, die mit professionellen Mitteln Klientensysteme beobachten, beschreiben und behandeln, dann kann es nicht anders sein, als daß auch sie selbst Beobachtungskategorien ausbilden, die konzeptionell begründet sind. Die soziologische Systemtheorie lehrt nun, daß jede Beobachtung mit einer Unterscheidung operiert, die die Beobachtung konstituiert, die aber mittels eben dieser Unterscheidung nicht selbst beobachtet werden kann; die Beobachtung kann nur mittels eines »blinden Flecks« geschehen. Der »blinde Fleck« wird sichtbar dann, wenn eine Beobachtung zweiter oder höherer Ordnung mittels anderer Unterscheidungen beobachtet, wie die Beobachtung erster Ordnung operiert und daß sie dabei nicht sieht, was sie nicht sieht.

Unter dem Druck des Kontrollparameters verknappter Finanzmittel wird in die Beschreibung von Helferinstitutionen die zweckrationale Unterscheidung »erfolgreich/nicht-erfolgreich« eingeführt, und dies läßt ein Dilemma beobachten, das den Helferinsitutionen zunehmend selbst auf dem Weg der Selbstbeobachtung zum Problem wird; ich nenne es das *Erfolgsdilemma*. Die Unterscheidung zwischen erfolgreich und nicht-erfolgreich bezieht sich auf die Arbeit mit Klienten- oder Patientensystemen. Wendet man diese Unterscheidung aus einer Perspektive erster Ordnung an, taucht die Frage auf, ob einzelne Institutionen erfolgreich oder nicht-erfolgreich sind. Wendet man diese Unterscheidung aus einer Perspektive zweiter Ordnung an, dann gerät eine andere Frage in den Blick: Können Helferinstitutionen selbst zwischen erfolgreich und nicht-erfolgreich unterscheiden? Meine Antwort ist, sie können es prinzipiell nur diffus (Vgl. wiederum WOLFF 1983, S. 47 f.), aber die Anforderungen an distinkte Erfolgsnachweise wachsen. Helferinstitutionen haben oft keine klar definierten Ziele, und das verschärft den Konflikt zwischen interner Diffusion der Ziele und externem Erfolgsdruck. Da die Frage nach dem Erfolg nur diffus

krank«; haben sie hingegen eine Grippe, werden sie in der institutionellen Sprachregelung als »krank« bezeichnet. »Echt krank« – mit Anführungszeichen – anerkennt die Erholungsbedürftigkeit, aber die Anführungszeichen machen klar, daß es sich um keine echte Krankheit handelt – denn die wäre als »psychische Krankheit« zu verstehen, und damit würden Mitarbeiter riskieren, als Patienten zu erscheinen.

beantwortet werden kann, müssen interne Differenzierungen vorgenommen werden. WOLFF (1983, S. 166 f.) berichtet zum Beispiel von der Unterscheidung zwischen Kern- und Randarbeit. Sie drückt sich in Bemerkungen aus wie etwa der, daß die Akten doch nicht wiedergeben, was in Helferinstitutionen getan wird. »Beziehungsarbeit«, so könnte man ergänzen, ist so wenig »sichtbar« wie das stille Nach-Denken über eine schwierige Gesprächssituation, und deshalb fühlen sich Mitarbeiter oft unter Druck, etwas zu tun, was beweist, daß sie »arbeiten« (zum Beispiel Akten ausfüllen) – aber das betrachten sie nicht als ihre eigentliche »Kern-Arbeit«.

Helferinstitutionen: soziologische Perspektiven

Zunächst möchte ich deskriptiv und dann soziologisch Helferinstitutionen beschreiben.

In deskriptiver Hinsicht handelt es sich bei den hier angesprochenen Helferinstitutionen um Einrichtungen der Gesundheits- und Sozialdienste, die Klienten mit psychotherapeutischen (vorzugsweise dialogischen) Mitteln oder anderen Formen direkter oder indirekter Hilfen ambulant oder stationär behandeln oder betreuen. Mit dieser Beschreibung möchte ich die private psychoanalytische Praxis ebenso einschließen wie den Sozialarbeiter im Jugendamt, wenn er Gespräche führt oder Hausbesuche macht, nicht aber, wenn er über einen Sozialhilfeantrag entscheidet.

Helferinstitutionen gehören in organisationssoziologischer Hinsicht dem »Dritten Sektor« zwischen Staat und Markt an; sie sind weder erwerbswirtschaftlich organisiert noch unmittelbarer Teil der Verwaltung. Alternative Begriffe für diesen Bereich sind »Non-Profit-Sector« oder »Independent Sector«. Sie bilden keinen dominanten institutionellen Typ aus, am ehesten ließen sie sich den »Quangos« (Quasi-Nongovernmental-Organizations) zurechnen (SEIBEL 1992, S. 27 f.).[6] Ihre Aufgaben werden als institutionelle Alternativen zu anderen Verwaltungen beansprucht, weil sie sie

6 Auf SEIBELS glänzende Studie beziehe ich mich im folgenden.

verselbständigt, ohne scharfe Abgrenzungen in einem intermediären Raum zwischen öffentlicher und privater Sphäre wahrnehmen können. Mit diesem halböffentlichen Raum ist die Möglichkeit kontrollärmeren Operierens für personengebundenes Expertenwissen gegeben. Durch bürokratische Kontrolle bewirkte Blockierungen und Unzulänglichkeiten können eher vermieden und dennoch öffentliche Aufgaben (zum Beispiel Jugendhilfe, Krankenversorgung) wahrgenommen werden. Das kann mit einer internen Flexibilisierung und größeren Geschmeidigkeit institutioneller Abläufe gekoppelt sein. Sie werden politisch von starken Minderheiten gewollt und getragen, die im politischen Raum unterrepräsentiert sind (zum Beispiel Kindergärten).

In makrosoziologischer Hinsicht sind Helferinstitutionen Teil eines Systems psychosozialer Dienstleistungen, die als Orte gesellschaftlicher Problemlösungsstrategien angesprochen werden können. Die Gesellschaft bietet nicht nur Problemlösungen für Klienten an, sondern auch für sich selbst: Was im Bereich von Zweck- oder Normrationalität nicht »bedient« werden kann, kann wenigstens kompensiert werden. Der Staat errichtet Verwaltungen, die Gesetze (Normen) vollziehen, der Markt schafft sich seine Institutionen, in denen der Erfolg (Zweck) über die Rationalität der eingesetzten Mittel entscheidet. Zwischen diesen gibt es den »Dritten Sektor« mit anders operierenden Organisationen. »Organisationen, die Zweck- und Normrationalität relativieren, können deshalb als Kompensation von subjektiven und objektiven Widersprüchen dieses Modells interpretiert werden.« (SEIBEL 1992, S. 18). So beantwortet SEIBEL die Frage, warum es solche Institutionen überhaupt gibt. Helferinstitutionen kompensieren das Versagen der Zweck- und Normrationalität im Bereich von Markt und Staat, »allerdings nicht durch komparative Vorteile nach den Maßstäben der Norm- und Zweckrationalität, sondern durch deren relativ stabile Suspendierung. Kumulatives Markt- und Staatsversagen wird kompensiert durch das ›Selbststeuerungsversagen‹ im Dritten Sektor.« (S. 19) Erstaunlicherweise nämlich scheitern die Institutionen des Dritten Sektors – gemessen an den Kriterien anderer Sektoren. Dennoch sind sie zumindest insofern »erfolgreich«, als sie sich meist kontinuierlich selbst erhalten und expandieren; sie scheitern, nach SEIBELS Formulierung, »erfolgreich«.

Ihre konzeptuelle Kreativität wird von diesem Moment beschränkt. Als Institutionen entwickeln sie zwangsläufig Limitierungen ihrer Sichtweisen und müssen manche Folgeprobleme externalisieren. Sie »scheitern erfolgreich«, indem sie ihr Steuerungs- und Kontrollversagen stabilisieren und eine Einbuße ihrer Responsivität hinnehmen; sie reagieren zunehmend blind auf die Probleme ihrer Klienten. Diese These belegt SEIBEL an vier Fallstudien aus so unterschiedlichen Regionen wie dem Bereich der Arbeiterwohlfahrt oder Autonomen Frauenhäusern; er verknüpft sie mit der These von der »halbierten Moderne«, die ich zu Anfang dieses Buches im Anschluß an MARIA RERRICHS familiensoziologische Arbeit referiert habe. Neben den relativ modernen, nämlich eben zweck- und normrationalen Typen institutionalisierter Sozialformen existieren erheblich weniger modernere Strukturen (vgl. RÜSCHEMEYER 1971). Sie aber sind relativ stabil und organisieren die persönliche und institutionelle Handlungskoordination. Das Nicht-Erfolgreich-Sein, das SEIBEL als »Dilettantismus« beschreibt, wird funktional, weil der so etablierte »funktionale Dilettantismus« den Grundprinzipien moderner Organisationskultur funktional entgegensteht. Die Institutionen des »Dritten Sektors« operieren im »Schutz moderner gesellschaftlicher und politischer Ordnungen vor Problemlösungsanforderungen, die bei verbindlicher Geltung norm- und zweckrationaler Handlungsorientierungen und Organisationsstrukturen nicht erfüllt werden könnten« (SEIBEL 1992, S. 207). Die partielle Außerkraftsetzung solcher »rationalen« Orientierungen ist Bedingung ihres Handelns, ihre Entmodernisierung stabilisiert, und diese Ergebnisse bringt SEIBEL in höchst interessanter Weise mit gesellschaftlichen Entwicklungen in Verbindung. Die moderne Gesellschaft steuert sich nach einem Codesystem (Norm- und Zweckrationalität), »dessen Normen sie nur bedingt befolgen kann. Offenbar erfüllt das manifeste Codesystem elementare Funktionen – nämlich die, für zweckrationales Handeln offene und responsive Strukturen bereit zu halten –, aber es kann, aus unterschiedlichen Gründen, sich selbst überfordern. Das bedeutet jedoch, daß das Codesystem selbst – wenn es nicht als solches zusammenbrechen soll – über *Spielräume für seine eigene partielle Suspendierung* verfügen muß. Speziell für unseren Zusammenhang bedeutet dies: Die Lernfähigkeit eines gesellschaftlichen Makrosystems kann sich gerade in der Herabsetzung der Lernfähigkeit von Teilsystemen erweisen.«

(SEIBEL 1992, S. 214). Die Einschränkung der Lernfähigkeit, die Behinderung der Responsivität (»Erblinden«) und die Stabilisierung des Steuerungsversagen *durch* Steuerungsversagen muß, so meine ich, Helfer – vom Psychotherapeuten bis zum Sozialarbeiter, vom Anfänger bis zum Zauberer – brennend interessieren. Denn die Vermutung ist nicht von der Hand zu weisen, daß institutionelle Vorgaben limitierende Effekte auf psychotherapeutisches Handeln haben, die sich – in einer etwas anderen Sprache formuliert – als soziale Unbewußtheit undurchschaut manifestieren. Meine Frage lautet nun: Welche institutionsinternen Probleme wirft die doppelte Kontaminierung der Helferinstitutionen mit dem Normativitäts- und Erfolgsdilemma auf?

Zur Beantwortung versuche ich die Perspektive nun wieder zu verengen, von der makrosoziologischen Sicht zur Binnenperspektive der Institution selbst.

In einer solchen Perspektive lassen sich Helferinstitutionen verstehen als ein Geflecht von theoriegebundenen Leitbildern, offenen und verdeckten sozialen Normen und Kontrollmechanismen, als Einrichtungen mit oft unklaren Zielsetzungen. Oft haben sie eine Geschichte charismatischer Herrschaft, die sich veralltäglicht hat und in patrimoniale Bezirke zerfällt. Eine klinische Institution ist ein kultureller und sozialer Komplex, der den Status einiger Personen festlegt, die als Klienten bezeichnet werden, durch andere Personen, die als Mitarbeiter bezeichnet werden. Die Grenze zwischen beiden Personengruppen wird dadurch markiert, daß Positionen, die von Mitarbeitern eingenommen werden können, nicht für Klienten zugänglich sind und umgekehrt – mit wenigen Ausnahmen. Über Mitarbeiter wie Klienten hat die Institution eine gewiße Macht, und man erkennt sie handelnd daran, daß sie sich nur schwer ändern läßt.

Von dieser Beschreibung der Institution als einem größeren Komplex (wie etwa »die« Psychiatrie) kann man einen *handlungstheoretischen* Begriff der Institution (DITTMANN 1979) abgrenzen; die Institution ist dann nicht das äußere Milieu, sondern wird durch die Handlungen, Konversationen und Entscheidungen ihrer Mitarbeiter konstituiert. Sie ist im Handeln präsent. Auf dieser Ebene nun kodeterminiert die Institution Behandlungsentscheidungen ihrer Mitarbeiter, und dies oft so, daß der institutionelle Einfluß ihrer (Selbst)Wahrnehmung entzogen ist.

Institutionelle Kodetermination als Selektion

Die sich im institutionellen Handeln dokumentierenden Limitierungen kodeterminieren zugleich, wie die Helferinstitution ihre Klienten und deren Probleme (= Gründe für das Aufsuchen der Institution) wahrnimmt. Ich will diese institutionelle Kodetermination auf drei Ebenen beschreiben, zunächst bei der *Wahrnehmung der Probleme ihrer Klienten.*

So wie die Wirtschaft auf ökologische Bedrohungen nur reagiert, wenn sie in Form von Preisen ausgedrückt werden kann (Beispiel von LUHMANN 1990), reagieren Helferinstitution auf Probleme ihrer Klienten dann, wenn sie in einer für die Institution handhabbaren Sprache vorgetragen werden. Ich will dies am Beispiel einer kürzlich vorgelegten qualitatitven Studie verdeutlichen.

WILKE (1992) hat in ihrer konversations- und inhaltsanalytischen Untersuchung von psychoanalytischen Erstinterviews überzeugend gezeigt, daß sich eine »Normalform« des Auftakts in diesem Gesprächstyp rekonstruieren läßt. Patienten präsentieren ein Symptom oder ein Problem (das Etikett), sie äußern ein Krisensignal, das sie gelegentlich steigern, und sie machen einen »Kommentar« (das heißt äußern den Wunsch, »deshalb« eine Psychotherapie machen zu wollen). In diesen Ablauf muß an zweiter oder dritter Stelle eine »problembezogene Selbstdarstellung« eingebaut sein, die dem analytischen Zuhörer ein erstes Verstehen ermöglicht. Fehlt die »problembezogene Selbstdarstellung« oder wird diese von einer lediglich »symptombezogenen Selbstdarstellung« ersetzt, setzen zwischen den Gesprächspartnern sofort Aushandlungsprozesse ein, bis die »Normalform« hergestellt ist. Die »Normalform« stellt in handlungstheoretischer Perspektive den Fall her, auf den die Institution reagieren kann; Patienten, die zu solcher Aushandlung mit dem Ziel eines ersten gelingenden Zusammenspiels (vgl. mein A-Z-F-D-Modell) nicht gebracht werden können, stellen die Institution vor ein spezialisiertes Handlungsproblem: Entweder die Institution stellt sich um, der Psychoanalytiker führt »hausärztliche« Gespräche, oder der Patient wird an eine andere Institution verwiesen.

Mit dieser qualitativen Untersuchung von WILKE (1992) wird

exemplarisch belegt, daß eine Institution (wie psychoanalytische Kliniken oder private Praxen) auf diejenigen Probleme reagiert, auf die sie reagieren kann. Sie erzeugt durch solche *praktischen Tautologien* Limitierungen ihrer Sichtweisen. WOLFF (1989) hatte mit konversationsanalytischer Methodik Beratungsgespräche untersucht und kommt zu analogen Ergebnissen.

Auch auf der *Ebene der Hilfeangebote* findet – zweitens – institutionelle Kodetermination statt. Die etwas ältere empirische Untersuchung von ERMANN und ERMANN (1983) belegt, daß es eine Differenz zwischen patientenbezogener Indikationsstellung und »Indikationswirklichkeit« gibt. Die der Untersuchung zugrundeliegende Hypothese, daß sich Patienten, für die eine Indikation zur analytischen Einzeltherapie gestellt wurde, von Patienten mit Indikation zu einer analytischen Gruppentherapie unterscheiden, ließ sich *nicht* bestätigen. Verschiedene Tests konnten die beiden Gruppen nicht wesentlich voneinander trennen. Die Autoren kommen zu dem Schluß, die Differentialindikation sei als Ergebnis eines »dynamischen Beurteilungsprozesses« aufzufassen, in den »die Wahrnehmung und Beurteilung der Patientenpersönlichkeit durch den Diagnostiker auf dem Hintergrund variabler, institutionsgebundener Erfahrung als entscheidende Faktoren einfließen« (S. 131). Ob es zu einer Gruppenindikation kommt, hängt davon ab, ob der Patient in die Gruppe »paßt« und ob ein Platz frei ist.

Diese Untersuchung belegt, wie sehr die Institution auch bei den Entscheidungen über Hilfeangebote kodeterminiert.

Kodetermination durch die Institution findet aber auch – drittens – auf der *Ebene der Theoriebildung* statt. Am Beispiel der Patientin aus dem Ende des vorigen Kapitels, die durch ihren »therapeutischen« Freund ermutigt wurde, ihr »Trauma nach oben kommen zu lassen«, konnte ich illustrieren, wie in der »Tiefenbrunner Werkstatt« ein »blinder Fleck« beobachtet werden konnte. Der therapeutische Dialog schloß an die Psychotherapeutisierung des Diskurses so an, daß Kommunikation, nicht aber Therapie möglich war. Diese Zusammenhänge waren schon einmal breit diskutiert, sind aber mittlerweile wieder etwas mehr aus der klinischen Diskussion herausgerückt worden. Zentral ist die ältere Untersuchung von ROSENHAN (1973): Pseudopatienten wurden in psychiatrische Kliniken eingewiesen und erfuhren am eigenen Leib die totalisierende Wirkung psychiatrischer Diagnosen. Sind diese erst einmal gestellt, haben Patienten praktisch keine Chancen mehr, ihre »Normalität« unter Beweis zu stellen. Verhalten sie sich – entsprechend den Instruktionen dieser Untersuchung – unmittelbar nach der Aufnahme wieder unauffällig, gilt dies dem Personal als »abklingende Psychose«. Die Diagnose totalisiert die Wahrnehmungsorganisation. ROSENHAN meint nüchtern, diagnostische Systeme, die solche Effekte produzierten, könnten nicht sehr valide sein. HELMCHEN (1992) bestätigt dies, wenn er einen Zusammenhang zwischen Diagnose und Behandlung als ungesichert annimmt; die Inflation der Diagnosesysteme diene vor allem administrativen und wissenschaftlichen Zwecken. Die Institution dichtet sich ab.

Kann man aus der institutionellen Binnenperspektive eine allgemeine Beschreibung dessen finden, was Helferinstitutionen tun, so daß der Prozeß des restriktiven Abdichtens gegenüber nicht-institutionalisierten Problemangeboten rekonstruiert werden kann? Eine solche Beschreibung wäre eine Ergänzung zu SEIBELS These vom »funktionalen Dilettantismus«, könnte aber zugleich Veränderungsmöglichkeiten, Vergrößerung der institutionellen Lernfähigkeit und Steigerung der Responsivität entwickeln, die SEIBELS Makroperspektive ausblenden muß. Die großgesellschaftliche Perspektive überantwortet einzelne Institutionen gleichsam dem gesamtgesellschaftlichen Prozeß. Dieser ist dem individuellen Einfluß entzogen, so daß der Eindruck suggeriert wird, man könne nichts tun – diese Resignation aber ist selbst einer der Mechanismen institutioneller Stabilisierung des Steuerungsversagens durch Steuerungsversagen. Institutionen werden von Menschen bevölkert, die nur partiell modernisiert sind, und einige stehen irgendwie auf Kriegsfuß mit ihrer Institution. Wie sich die Institution abdichtet, muß noch auf einer handlungstheoretischen Ebene nachvollziehbar sein.

Die rekursive Schließung der Institution

Faßt man Helferinstitutionen als Orte gesellschaftlicher Problemlösungsstrategien, dann kann man mit NEUBAUER (1991) fragen: Lösen sie eigentlich Probleme? Ist »Probleme lösen« eine angemessene Beschreibung dessen, was Institutionen tun? Um diese

Frage zu beantworten, bediene ich mich einer Perspektive, die Therapie als soziales Ereignis auffaßt; eine Beschreibung wird so möglich, die Therapie nicht durch die psychotherapeutische Fachsprache beschreibt, sondern diese Fachsprachen selbst als Teil dessen beobachtet, was Helferinstitutionen tun.

Der einfachste Fall dürfte der sein, daß ein Problem auftaucht, eine Intervention erfolgt und dadurch das Problem gelöst wird. Einem Arbeitslosen wird ein Job verschafft, eine Mutter mit einem Kindergartenplatz versorgt. Funktioniert nach diesem Muster die Problemlösung etwa bei einem Studenten, der wegen Arbeitsstörungen sein Examen nicht machen kann, bei einem Depressiven, der an Selbstwertzweifeln herumlaboriert, bei einem Aids-Patienten?

Diese Fragen sollen zeigen, daß die Selbstbeschreibung von Helferinstitutionen, sie lösten Probleme, wahrscheinlich unzutreffend ist. Was tun sie dann?

NEUBAUER (1991) nennt folgende Möglichkeiten:

a) Es gibt eine *Nicht-Lösung mit Problemreduzierung*. Ein schwieriges Kind wird aus einer Familie genommen, Ehepartner trennen sich.
b) *Nicht-Lösung mit Kompensation*: Der Arbeitslose erhält keinen Job, aber eine Therapiegruppe wegen seiner Niedergeschlagenheit und Hoffnungslosigkeit, der arbeitsgestörte Student kompensiert die ausgesetzte Studienförderung durch Jobs, die ihm weiterhelfen, bis er sein Examen machen kann.
c) *Nicht-Lösung mit Problemerhaltung oder Problemsteigerung*. Dies ist etwa der Fall bei Nichtseßhaften, die juristisch erst in jenen Status hineindefiniert werden müssen, bevor sie jene finanzielle Hilfe erhalten können, die sie aus diesem Status wieder herausbringen soll (ROHRMANN 1990, KUJAT 1991).

Diese Strategien verdeutlichen, daß die Wahrscheinlichkeit von Folgeproblemen auch bei Problemreduzierung zunimmt. Aus der Familie genommene Kinder brauchen ein Heim oder einen Pflegeplatz, Ehepartner müssen nach der Trennung den Verlust verarbeiten. Sind das nun auch diejenigen Strategien, die von mit psychotherapeutischen Mitteln arbeitenden Helferinstitutionen angewendet werden? Man wird die NEUBAUERsche Liste ergänzen müssen:

d) *Problemverschiebung* auf einen weniger schmerzhaften Ort. Nicht mit dem gegenwärtigen Ehepartner hat man Schwierigkeiten, sondern mit einer Figur aus der Vergangenheit.

e) *Problemprozessierung*. Probleme werden neu beschrieben, aus anderen Perspektiven erblickt, distanziert, um andere Aspekte vervollständigt, und irgendwann erledigen sie sich.

Daß Helferinstitutionen irgendwelche Probleme lösen, scheint somit nicht so sehr der Fall zu sein; sie können dies, aus einer institutionentheoretischen Sicht überhaupt nur dann, wenn die Probleme so geartet sind, daß sie prozessiert werden können – doch damit steigert sich die Nicht-Unterscheidbarkeit von erfolgreichem und erfolglosem Intervenieren. Hier sieht NEUBAUER nun die Chancen für das Entstehen von institutionellen »Spielen«, die zur Erblindung der Institution gegenüber den Problemen ihrer Klienten sowie zur Einschränkung ihrer Lernfähigkeit führen:

a) *Exhaustion*: Angesichts der nur diffusen Entscheidbarkeit von erfolgreicher oder erfolgloser Problemlösung argumentiert die Institution, daß ohne die Intervention alles noch schlimmer geworden wäre.

b) *Diskussion der Ressourcen*: Um erfolgreicher sein zu können, so eine zweite Argumentationsstrategie von Institutionen, brauche man mehr Mittel, mehr Personal, mehr Zeit. Die Institution – hier ist die genaue Übereinstimmung mit SEIBEL – scheitert »erfolgreich«.

Kann Erfolglosigkeit auf diese Weise erfolgreich begründet werden, kommt es zu einer paradoxen Situation: *Gerade aus dem Mißerfolg schafft sich die Institution einen »Wachstumsimpuls«* (NEUBAUER 1991, S. 103).[7] Pointiert gesagt: die Nicht-Lösung bei den Klienten erwirbt sich eine Chance, institutionsinterne Probleme zu lösen. Es können mehr Stellen, mehr Mittel, bessere Ausstattung, gediegenere Fortbildungen gefordert werden. Ist hier erst einmal ein gewisser Stand erreicht, kann »nur die Begrenztheit verfügbarer Geldmittel ... das der inneren Logik folgende Wachstum bremsen oder aufhalten« (ebd.). Es setzt ein Prozeß ein, den NEUBAUER als »rekursive Schließung« bezeichnet und

7 Vgl. aber auch in Übereinstimmung damit die ethnomethodologisch orientierte Untersuchung von STEFAN WOLFF (1983) an Institutionen der Sozialarbeit.

den wir bei SEIBEL als Beschränkung von Lernfähigkeit und Responsivität schon kennengelernt haben: Interventionsplanungen werden zunehmend mehr ein Ergebnis der internen Macht-, Konkurrenz- und Einfluß-Kommunikation innerhalb der Institution; diese erblindet für externe Probleme.

Die Helferinstitution erzeugt sich, wenn sie ihre Ziele diffus läßt, *Auto-Poiesie*. Sie entwickelt eigene Sprachspiele, bildet Fach- und Sondersprachen aus und entwirft spezielle Formen der Sozialisation ihrer Mitarbeiter, die in Ausbildungsgängen festgelegte professionelle Standards erreichen müssen, die dann als Standesinteressen gegen andere abgegrenzt und verteidigt werden müssen. Die Institution differenziert sich intern hinsichtlich der Verteilung von Macht- und Einflußchancen und regelt diese vornehmlich durch finanzielle Zuteilungen, für deren Requirierung ein erheblicher Teil der Arbeitszeit aufgewandt werden muß.

Aber es geht auch um andere territoriale Markierungen. In Beratungsstellen ist selten klar, was eine »therapeutische Beziehung« ist, aber klar ist, nicht jeder hat sie. THOMÄ und KÄCHELE (1988, S. 332) bemerken auch, daß »häufig in psychoanalytischen Publikationen Sätze vorkommen, in denen festgelegt wird, was ›der Analytiker‹ zu tun hat, bzw. was die Psychoanalyse ist. Wer immer sich genannten Merkmalszuschreibungen (zum Beispiel ›Neutralsein‹) entzieht, ist kein wirklichker Analytiker bzw. er handelt unanalytisch.« Da niemand autorisiert sagen kann, was »die Psychoanalyse« ist, kann man diese Sätze als Kritik an der institutionellen Verfaßtheit der real existierenden Psychoanalyse lesen; sie gehören in den hier entwickelten Zusammenhang der Ausdifferenzierung interner Kommunikation um territoriale Macht um den Preis der Erblindung gegenüber externen Problemen.

Im Interesse selbstreferentieller Selbsterhaltung sucht die Institution im Außenkontakt nach günstigen Formen der Selbstdarstellung, entwickelt Anschlußfähigkeit an öffentliche Sprachspiele und bringt eigene in die Öffentlichkeit ein. Sie wird lyrisch.

Zunehmend reagieren gerade psychotherapeutisch orientierte Helferinstitutionen auf diese Prozesse mit wachsender Sensibilität, und deshalb wird es wichtig sein, sich noch einmal den Zusammenhang zwischen institutioneller Dynamik und Wahrnehmung der Klientenprobleme anhand der Sprachspiele, die psychotherapeutische Institutionen ausbilden, zu vergegenwärtigen. Denn wenn zwischen Erfüllung und Nicht-Erfüllung von Aufgaben nicht oder nur diffus unterschieden werden kann, kann man die Folgen prognostizieren. Zum einen werden die Mitarbeiter in solchen Institutionen über kurz oder lang an den verschiedensten Symptomen eines Mangels an persönlicher Befriedigung leiden, zum anderen wird die Institution als ganze ein beträchtliches Sinn-Defizit entwickeln. Beide Bereiche wachsen sich zu dem aus, was man als institutionelle Involution (REINHART WOLFF) oder klinischer als »institutionelle Depression« bezeichnen könnte. Zu den Sprachspielen gehört ganz allgemein der Selbstbehandlungsversuch der institutionellen Depression. Eine Helferinstitution verfügt über beträchtliche Selbsthilfepotentiale und professionelle Kompetenz; sie entwickelt Selbstheilungsmanöver. Dabei tun sich einzelne Mitarbeiter als Behandler hervor, während andere deren Supervision übernehmen. Ich will drei Sprachspiele, die an der strukturellen Offenheit therapeutischen Wissens und Handelns ansetzen können,zu beschreiben versuchen, mit deren Hilfe therapeutische Institutionen Probleme ihrer Klienten prozessieren.

Strukturelle Offenheit meint hier, daß Therapeuten sich ein irgendwie geartetes Bild von der inneren wie äußeren Wirklichkeit ihrer Klienten machen müssen. Das dabei zur Anwendung kommende Wissen ist von einem irritablen Typ: Therapeuten lernen im Lauf eines komplizierten Sozialisationsprozesses ihre persönlichen Idiosynkrasien kennen, lernen, wie sie kleine Hinweisreize gewichten, welchen Grad an Sicherheit sie ihren Wahrnehmungen zusprechen können. Solche persongebundene strukturelle Instabilität therapeutischen Wissens erzeugt eine ständige emotional-kognitive Aufgabe, die sich prägnant dann steigert, wenn keine stimmigen Bilder komponiert werden können. Dies ist etwa dann der Fall, wenn Therapeuten eklatante Unstimmigkeiten im

Bericht eines Patienten über seine Lebensgeschichte nicht aufklären können. Die beim Therapeuten resultierenden, auch affektiven Spannungszustände müssen einer Verarbeitung zugeführt werden; wird direkt gehandelt, ist das Moment der institutionellen Kodetermination meist recht gut erkennbar – der Patient wird weiteren diagnostischen Prozeduren unterzogen, an andere Institutionen verwiesen oder ähnliches. Subtilere Stabilisierungstechniken hingegen lassen das institutionelle Moment nicht so prägnant erkennen. Sie können persönlichkeitsspezifisch gefärbt sein; es gibt jedoch ein Arsenal institutionell favorisierter Strategien; eine läßt sich als Strategie der Dissonanz-Reduktion ausmachen. Ich nenne ein Beispiel:

Dem Therapeuten sitzt ein Mann mit struppigem Bart in schlecht gepflegter Kleidung gegenüber, der seine Zigaretten selber dreht und, obwohl leitender Angestellter einer Bank, keinen Schlips trägt. Er erzeugt das Bild der Armut, wozu in beträchtlichem Kontrast steht, daß er nicht nur leitender Angestellter ist, sondern auch eine größere Erbschaft gemacht hat. Wie reduziert der Therapeut die Dissonanz, wie komponiert er sich ein stimmiges Bild? Er vermutet zum Beispiel Alkoholismus als ein bislang nicht genanntes Problem, verwirft diese Vermutung jedoch, als der Mann auf entsprechende Fragen verneinend reagiert. Der Therapeut traut auch seiner Intuition, denn der Mann sieht nicht wie ein Alkoholiker aus. Nachdem der Therapeut eine ganze Palette gedanklich durchgespielt hat, kommt er zu der Vermutung: Dieser Mann fürchtet den Neid anderer. Diese Vermutung klärt die Dissonanz hinreichend, denn die beiden Seiten des dissonanten Bildes verwandeln sich plötzlich in eine »gute Gestalt«.

Diese Strategie der Dissonanz-Reduktion ist institutionell favorisiert; sie wird als »Deutung« bezeichnet. Ich will hier nicht die »Richtigkeit« einer solchen Deutung diskutieren, und auch nicht, ob diese Deutung ausgesprochen wurde. Vielmehr führt die strukturelle Offenheit therapeutischen Wissens den Therapeuten zur Durchführung einer Suchbewegung mit dem Ziel der Komposition einer stimmigen Gestalt. Andere Institutionen hatten möglicherweise eine andere Strategie der Dissonanz-Reduktion favorisiert, indem der Therapeut den Patienten vielleicht als »abnorme Persönlichkeit« diagnostiziert oder dem Struppig-Haarigen eine bestimmte ideologische Weltsicht unterstellt hätte. Eine weitere

Möglichkeit der Dissonanzreduktion hätte darin bestehen können, daß der Therapeut sich selbst Inkompetenz bei der diagnostischen Aufklärung attestiert.

Andere Techniken, mittels derer Institutionen ein institutionskonformes Bild vom Patienten komponieren, lassen sich als *narrative Transformationen* beschreiben. Lebensgeschichte und Symptomatik des Patienten wird in eine, den Mitarbeitern der Institution Kommunikation ermöglichende Fachsprache übersetzt. Verschiedene Arten narrativer Transformationen lassen sich unterscheiden:

a) Die Technik der *nachträglichen Bedeutungsgebung*: Zunächst für unbedeutend gehaltene Vorkommnisse in der Begegnung mit einem Patienten erhalten durch nachfolgende Ereignisse nachträglich eine andere Bedeutung. Eine Theorie, etwa vermittelt in einer Supervision, verknüpft die Ereignisse miteinander und bei der dann eingeleiteten Komposition eines stimmigen Bildes kommt es zu einer Art »Sinn-Explosion« – im Licht der Theorie wird »alles« klar ...

b) das »*Framing*«: Das Verhalten eines Patienten wird narrativ transformiert, indem es in einen anderen »frame of reference« gestellt wird: der Patient, der sich bislang weigerte, morgens aus dem Bett aufzustehen, verweigert sich nicht einfach widerspenstig, wie vielleicht das Pflegepersonal annahm, sondern er »hat« eine Depression, und dieses framing leitet einen anderen therapeutischen Umgang mit ihm ein.

c) *Semantische Kreditierung*: Patienten erhalten einen »Kredit«; was sie tun, wird als Hinweis auf kommende Entwicklungen aufgefaßt, als Zeichen des therapeutischen Fortschritts auch und gerade dann, wenn es nicht in das Bild paßt, das man sich bislang von ihnen machte.

Von Techniken der Dissonanzreduktion und der narrativen Transformationen machen Mitarbeiter Gebrauch, denn sie müssen sich untereinander verständigen, sei es in Konferenzen, sei es in Veröffentlichungen. Zwar muß die Lebensgeschichte eines Patienten in eine verdichtende Fachsprache übersetzt werden unter Inkaufnahme erheblicher Informationsverluste, aber eben dadurch prozessiert die Institution die Probleme ihrer Klienten, und zugleich organisiert sie selbstreferentiell ihre alltäglichen Prozeduren. Sie betreibt Auto-Poiesie.

Bei der Verständigung der Mitarbeiter untereinander bedient sich die Institution einer *Selektion von Diskursregeln*. Jeder Novize in einer Supervision lernt sehr schnell die Regel (Berman 1988), daß auftauchende Konflikte zwischen dem Supervisanden und dem Supervisor als Widerspiegelung der Pathologie des Patienten aufzufassen seien. In einer psychoanalytisch-familientherapeutischen Perspektive ist ersichtlich, daß solche Regeln eine Form institutionalisierter Abwehr (Mentzos 1976, Lyth 1989) darstellen. Mit Berman (1988) möchte ich vorschlagen, sich statt dessen zur Klärung solcher Zusammenhänge der familientherapeutischen Triadentheorie zu bedienen; der Supervisor fungiert als »Dritter« in der therapeutischen Beziehung. Nur wenn auch diese Triade gespalten wird, kann sich der Supervisor als »Spiegel« der Therapeut-Patient-Beziehung sehen und reduziert damit Komplexität, erblindet aber für den eigenen Beitrag. Er stellt sich außerhalb der Triade; in einer komplexeren Perspektive jedoch, wie sie die Triadentheorie vorschlägt, gehört er unzweifelhaft dazu.

Die Etablierung solcher Diskursregeln erfolgt sehr schnell; jeder soziale Kontext schreibt bestimmte Regeln vor, deren Überschreitung oder Verletzung von Sanktionen bedroht ist und Aushandlungsprozesse mit dem Ziel der Wiederherstellung der »Normalform« nach sich zieht. Sie erzeugen sensu Goffman (1974) unsichtbare Rahmungen, das heißt implizite Regeln einer sozialen Ordnung, mit deren Hilfe soziale Ereignisse konsensuell als solche identifiziert, auftretende Anomalien verständlich gemacht und beseitigt werden können. Sie haben somit eine doppelte pragmatische Wirkung: sie garantieren eine gewisse Loyalität und reduzieren Komplexität, und beides gewährleistet ihre Funktionalität bei der institutionellen Integration. Weil sie Diskurse organisieren, können sie unter normalen Bedingungen selbst nicht Teil des Diskurses werden; sie zu thematisieren, ist Teil der Bewältigungsversuche bei einer institutionellen Krise. Normalerweise werden die Konflikte zwischen verschiedenen Berufsgruppen nicht thematisch, nicht die unterschiedlichen Strategien bei der Reduktion kognitiver Dissonanzen, nicht Probleme der Hierarchie; diese werden unter normalen Bedingungen als Teil der Alltagsarbeit der Institution aufgefaßt. Auftauchende Konfliktthemen werden mit dem Hinweis: »Das würde jetzt zu weit führen!« entschärft, und diese Diskursregel der *Normalisierung* ermöglicht die Fortsetzung der Arbeitsbeziehungen bei Aufrechterhaltung der sozio-emotionalen Gruppenintegration. Doch die Institution erzeugt sich, wie alle diese Beispiele illustrieren sollen, durch die Strategien der Reduktion kognitiver Dissonanz, durch narrative Transformationen und durch die Selektion von Diskursregeln systematisch eine institutionelle Unbewußtheit, einen »blinden Fleck«: Sie sieht nicht, daß sie nicht sieht, was sie nicht sieht. Aber, und das war hier der Ausgangspunkt: Patienten, die über andere Wahrnehmungscodierungen verfügen, sehen und kommentieren die Institution.

Nun mag man einwenden, wieso ich denn diese Dinge sehe? Meine Antwort ist relativ einfach: Ich habe zur Beschreibung von Helfer-Institutionen Beobachtungsschemata benutzt, die von den Institutionen selbst nicht benutzt werden. Ich beschreibe Institutionen als komplexe Handlungszusammenhänge, die Wirklichkeiten durch Realitätsarbeit (BUCHHOLZ 1993) generieren, wenn sie mit den Problemen ihrer Klienten konfrontiert sind. Dabei muß die Institution – wie jede Familie – ihren Alltag organisieren, ihren Bestand erhalten und die Loyalität ihrer Mitarbeiter sichern. Dies sind die drei Bereiche, die ich zu Anfang dieses Buches als diejenigen ausgezeichnet habe, in denen auch eine Familie ihre Institutionalisierungsprobleme lösen muß. Die Helferinstitutionen unterscheiden sich als *Institutionen* hier nicht von den Familien, wohl aber verwenden sie andere Strategien. Helferinstitutionen bedienen sich dabei verschiedener Fach- und Sondersprachen (wie zum Beispiel der Neurosenlehre, psychiatrischer Terminologie oder ähnlichem), aber da ich die Ausdifferenzierung solcher Phänomene beschreiben wollte, konnte ich mich dieser Terminologie nicht selbst zur Beschreibung bedienen. Die Differenz, die die Beobachtung der Institution möglich macht, liegt wie im Zweikammermodell darin, die Institution bei ihrer Arbeit zu beobachten, und dann werden Therapie und »Hilfe« als soziale Ereignisse beschreibbar. Diese finden immer im Medium der Interaktion statt, und man kann sie mit den Basisregeln der Ethnomethodologie beschreiben; einige davon – wie beispielsweise die Reziprozität der Perspektiven und die daraus folgende Annahme, Patienten-Äußerungen als »Kommentare« aufzufassen – habe ich zur Beobachtung des sozialen Ereignisses »Therapie« verwendet. Dabei ist mir völlig klar, daß meine Beobachtung auf meinen eigenen blinden Flecken basiert, die zu beschreiben jemand anderes aus einer anderen Perspektive unternehmen müßte, denn ich sehe natürlich auch nicht, was ich nicht sehe. Ich möchte nur dem durchgängigen Prinzip dieses Buches folgen, auf ein Phänomen aus möglichst vielen Perspektiven zu blicken, auf »Therapie« also nicht nur aus einer therapeutischen Perspektive, und damit verbindet sich die Hoffnung, verschiedene Ansätze zu finden, wie die Schnittstelle zwischen den Institutionen, zwischen der Familie und ihren Helfern, beobachtet werden kann. Denn die Familien beobachten ihre Helfer, wie gesagt ...

Wandel von Institutionen

Mir scheint deutlich zu sein, daß sich solche Beobachtung nicht auf das Gesamt der Institution bezieht, sondern auf einen interaktiven Ausschnitt, und umgekehrt scheint es mir auch wenig sinnvoll, mit einem makrosoziologischen Begriff der Institution (»die« Psychiatrie) zu operieren. Solche Versuche sind gescheitert. Operiert werden kann jedoch mit einem handlungstheoretischen Begriff der Institution dort, wo diese Handlungs- und Behandlungsmöglichkeiten *restringiert*. Die Institution reproduziert sich durch uns, ihre Mitarbeiter, ihre Konzepte und ihre Rollen.

Eine Leitmaxime zur Steigerung der Selbstbeobachtung der Helferinstitutionen muß demnach heißen: konkurrierende Beobachtungsperspektiven einführen!

Diese Devise kann etwa bei den institutionell favorisierten Strategien der *Dissonanzreduktion* realisiert werden: Welche weiteren Möglichkeiten der (Be-)Deutungsgebung existieren noch? Welche kehren immer wieder?

Die *Rückübersetzung aus Fachsprachen in Narrative* hat immer einen verändernden Effekt. Gefühle und Mitbeteiligung hängen an den Details. Mitgefühl entsteht nicht mit einer als »depressiv« diagnostizierten Patientin, sondern wenn ihre Geschichte der Elternverluste während des Krieges und des Unfalltodes zweier Kinder bekannt wird. Damit werden Patienten zu personal wahrgenommenen und ge-(nicht: be-)kannten Subjekten mit einer individuellen Biographie. Die Geschichten transportieren die Affekte, die dann in den Dialog der Mitarbeiter eindringen können. Das Narrativ reorganisiert die Institution: aus einem »Krankenhaus« wird für die depressive Patientin eine »Trauerbewältigungsstätte« mit ganz neuen Funktions- und Rollenverteilungen für das Personal.

Redundante Diskursregeln können dann ausgemacht werden, wenn die Institution *Selbstbeobachtung* als Teil ihrer Aufgaben wahrnimmt; die Institution braucht nicht durch den Kontrollparameter des politischen Drucks in eine Krise getrieben zu werden. Sie kann durch Selbstbeobachtung ihre Ordnungsparameter dann selbsreferentiell etablieren und neue Diskursregeln auszuhandeln beginnen, wenn solche Selbstbeobachtung mit einer Öffnung für die Probleme ihrer Klienten einhergeht; Selbstbeobachtung um ihrer selbst willen fördert nur die rekursive Schließung.

Die Leitmetaphern der Institution werden besonders schwierig zu identifizieren sein. Wie lauten sie? Was implizieren sie? »Versorgung« klingt nach einer Art oraler Abhängigkeit – werden Patienten durch solche Konzepte eher abhängig organisiert? Daß Worte wie »Pflege« selbst eine infantilisierende Wirkung haben, wird innerhalb der Diskussion um das Pflegepersonal im Bereich der Psychotherapie nicht mehr ernsthaft bestritten.[8] KRÜGER und SCHMIDT-MICHEL (1993) untersuchen Worte wie »Rehabilitation« auf ihre Implikationen bezüglich der Behandlungsorganisation im sozialpsychiatrischen Rahmen. So kann man weiter fragen, was impliziert ist, wenn von »Betreuung« der Patienten die Rede ist oder welche medizin-analogen Assoziationen bei der »Behandlung« auftreten. Selbst die »Intervention« ist eine ziemlich kriegerische Metapher. Die Leitmetaphern der Institutionen können so in einer handlungstheoretischen Perspektive verortet werden. Sie gehören in einen institutionellen, nicht allein fachimmanen-

---

8 Vgl. dazu die folgende Literatur. FABRICIUS (1991), HUGHES und HALEK (1991), GOLDIE (1991), ROHLFING (1991), WRIGHT (1991), WEIDMANN (1990), EDWARDS (1990). STEIN (1967) hat schon früh das Verhältnis zwischen Pflegepersonal und Ärzten als Träger eines institutionellen Musters (der »doctor-nurse-games«) beschrieben; TRESS et al. (1988) thematisieren die Wichtigkeit des Pflegepersonals auf psychotherapeutischen Stationen, allerdings ohne allzusehr auf die institutionellen Momente einzugehen.

ten Kontext. Löst man sie davon ab im Interesse einer vermeintlich nur fachlichen Diskussion, dann erzeugen sie mit einer solchen Dekontextualisierung eher ein geschlossenes Weltbild, das Veränderungsversuchen einen zähen Widerstand entgegensetzt. Metaphoriken als Bestandteil der Rede und der institutionellen Be-Handlungsinszenierung haben einen wechselseitigen Bezug. Sie reduzieren Komplexität, aber sie steuern auch Behandlungsarrangements. Werden sie selbst nicht lebendig gehandhabt, eignet ihnen eine Tendenz zur Erzeugung sozialer Unbewußtheit in der Helferinstitution selbst, die sich kontraproduktiv insofern auswirkt, als sie sich gegen die Intentionen der Institution richten kann. Die Ziele der »Metaphernanalyse« (BUCHHOLZ 1993) sind auch hier durchaus praktisch: erstarrte, aber wirksame Behandlungsleitlinien wieder zu verlebendigen.

Konkurrierende Perspektiven einzuführen braucht immer einen gewissen Mut zur persönlichen Verantwortung jenseits institutioneller Beauftragung. Dazu fordert der alte aufklärerische Satz auf: »Sapere aude!« Er fordert das Wagnis, klug und weise zu sein. Dabei kommt es auf beides an: »Selber denken« und »sich selber denken« – wobei das Handeln ja aus dem Denken folgen kann. Denn in therapeutischen Prozessen kommt nichts von selbst, es sei denn, man besinnt sich auf seine eigene Kraft. Eine solche Haltung wird auch die Familien ermutigen, sich aus den redundanten Zwängen ihrer Institution zu befreien – um neue Muster der Institutionalisierung zu finden. Das ist das zentrale moderne Problem und wird dann auch das einer psychoanalytischen Familientherapie – im Wandel.

Literatur

ABELIN, E.L. (1975): Some further observations and comments on the earliest role of the father. Int.J.PsA. 56, 293

ADAMS, K.A. (1981): Arachnophobia: Love American Style. Journal of Psychoanalytic Anthropology 4, (Heft Nr. 2), 157-197

AHLERS, C. u. KINIGADNER-JANES, S. (1991): Systemische Therapie und Familientherapie in der Institution Psychiatrie. In: REITER, L. u. AHLERS, C. (HG.), Systemisches Denken und therapeutischer Prozeß. Springer, Berlin Heidelberg

ALBERS, L.J.; DOANE, J.A. u. MINTZ, J. (1986): Social Competence and Family Environment: 15-Year Follow-Up of Disturbed Adolescents. Family Process 25, 379-389

ARGELANDER, H. (1970): Das Erstinterview in der Psychotherapie. Wiss. Buchgesellschaft, Darmstadt

ARIÈS, P. (1984): Liebe in der Ehe. In: ARIÈS, P., BÉJIN, A. u. FOUCAULT, M. (HG.), Die Masken des Begehrens und die Metamorphosen der Sinnlichkeit. Fischer, Frankfurt

AUSTIN, J. (1962): How to do Things with Words. Oxford University Press, New York

AVERILL, J. (1985): The Social Construction of Emotion: With Special Reference to Love. In: GERGEN, K.J. u. DAVIS, K.E. (HG.), The Social Construction of the Person. Springer, New York/Berlin/Heidelberg/Tokyo

BAETHGE, M. (1985): Individualisierung als Hoffnung und Verhängnis. Aporien und Paradoxien in spätbürgerlichen Gesellschaften oder: die Bedrohung von Subjektivität. Soziale Welt 36, 299-312

BAETHGE, M. (1990): Arbeit und Identität bei Jugendlichen. Psychosozial 13, (Heft Nr. 43), 67-79

BAETHGE, M.; HANTSCHE, B.; PELULL, W. u. VOSKAMP, U. (1988): Arbeit, Jugend, Identität. Lebensperspektiven und Interessenorientierung von Jugendlichen. Leske + Budrich, Opladen

BAHRDT, H.P. (1982): Großvaterbriefe. Beck, München

BATESON, G. (1981): Ökologie des Geistes. Suhrkamp, Frankfurt/M.

BATESON, G. (1982): Geist und Natur. Eine notwendige Einheit. Suhrkamp, Frankfurt/M.

BAURIEDL, Th. (1988): Kritik der Triangulierungstheorie. Vortrag, gehalten am 22.1.1988, am Institut für Psychotherapie und Psychoanalyse. Göttingen

BECK, U. (1986): Risikogesellschaft. Auf dem Weg in eine andere Moderne?. Suhrkamp, Frankfurt

BECK-GERNSHEIM, E. (1982): Geburtenrückgang: Die wissenschaftliche Karriere eines politischen themas. Soziale Welt Sonderb.1, 243-247

BECK-GERNSHEIM, E. (1983): Vom »Dasein für Andere« zum Anspruch auf ein Stück »eigenes Leben«: Individualisierungsprozesse im weiblichen Lebenszusammenhang. Soziale Welt 34, 307-340

BECK-GERNSHEIM, E. (1986): Von der Liebe zur Beziehung? Veränderungen im

Verhältnis von Mann und Frau in der individualisierten Gesellschaft. In: BERGER, J. (HG.), Die Moderne – Kontinuitäten und Zäsuren. Sonderband 4 der Sozialen Welt. Vandenhoeck und Ruprecht, Göttingen

BECK-GERNSHEIM, E. (1986): Bis das der Tod Euch scheidet? Wandlungen von Liebe und Ehe in der modernen Gesellschaft. Archiv für Wissenschaft und Praxis der sozialen Arbeit 16, 144-173

BECK-GERNSHEIM, E. (1988): Von der Pille zum Retortenbaby: Neue Handlungsmöglichkeiten, neue Handlungszwänge im Bereich des generativen Verhaltens. In: LÜSCHER, K., SCHULTHEIS, F. u. WEHRSPAUN, M. (HG.), Die »postmoderne« Familie. Familiale Strategien und Familienpolitik in einer Übergangszeit. Universitätsverlag, Konstanz

BECK-GERNSHEIM, E. (1989): Freie Liebe – freie Scheidung. Zum Doppelgesicht von Freisetzungsprozessen. In: WEYMANN, A. (HG.), Handlungsspielräume: Unters. zur Individualisierung und Institutionalisierung von Lebensläufen in der Moderne. Enke, Stuttgart

BECK-GERNSHEIM, E. (1990): Auf der Suche nach Gemeinsamkeit. Liebe, Ehe, Individualisierung. Merkur 44, (Heft Nr. 491), 47-58

BECK-GERNSHEIM, E. (1992): Anspruch und Wirklichkeit – Zum Wandel der Geschlechtsrollen in der Familie. In: SCHNEEWIND, K.A. u. VON ROSENSTIEL, L. (HG.), Wandel der Familie. Hogrefe – Verlag für Psychologie, Göttingen

BECKER, H.-J. (1991): Konfliktverarbeitung in psychiatrischen Institutionen. Psychiat. Prax. 18, 149-154

BECKER, H.A. (1989): Generationen, Handlungsspielräume und Generationspolitik. In: WEYMANN, A. (HG.), Handlungsspielräume: Untersuchungen zur Individualisierung und Institutionalisierung von Lebensläufen in der Moderne. Enke, Stuttgart

BEIDERWIEDEN, J.; WINDAUS, E. u. WOLFF, R. (1986): Jenseits der Gewalt – Hilfen für mißhandelte Kinder. Stroemfeld/Roter Stern, Basel/Frankfurt

BELGRAD, J.; GÖRLICH, B.; KÖNIG, H.-D. u. SCHMID NOERR, G. (HG.) (1987): Zur Idee einer psychoanalytischen Sozialforschung. Dimensionen szenischen Verstehens. Fischer, Frankfurt

BENJAMIN, J. (1988): The Bonds of Love. Pantheon, New York

BERGER, P.L. (1965): Towards a Sociological Understanding of Psychoanalysis. Social Research 32, 26-41

BERGMANN, G., KRÖGER, F. u. PETZOLD, E. (1990): Stationäre Psychotherapie und Familientherapie – ein Widerspruch?. In: HELLWIG, A. u. SCHOOF, M. (HG.), Psychotherapie und Rehabilitation in der Klinik. Vandenhoeck & Ruprecht, Göttingen

BERMAN, E. (1988): The Joint Exploration of the Supervisory Relationship as an Aspect of Psychoanalytically Oriented Supervision. In: ROSS, J.M. u. MYERS, W.A. (HG.), New Concepts in Psychoanalytic Psychotherapy. American Psychiatric Press, Washington

BINSWANGER, L. (1927): Erfahren, Verstehen, Deuten in der Psychoanalyse. In: STORFER, A.J. (HG.), Almanach der Psychoanalyse. Internationaler Psychoanalytischer Verlag, Wien

BION, W.R. (1992): Lernen durch Erfahrung. Suhrkamp, Frankfurt

BOCK, M.; REIMITZ, M.; REICH, W.; RICHTER, H.-E. u. WIRTH, H.-J. (1988): Zwischen Resignation und Gewalt. Jugendprotest in den achtziger Jahren. Leske + Budrich, Opladen

BÖSEL, M. (1980): Lebenswelt Familie. Ein Beitrag zur interpretativen Familiensoziologie. Campus, Frankfurt/New York

BOLTE, K.M. (1983): Subjektorientierte Soziologie – Plädoyer für eine Forschungsperspektive. In: BOLTE, K.M. u. TREUTNER, E. (HG.), Subjektorientierte Arbeits- und Berufssoziologie. Campus, Frankfurt/New York

BONß, W. u. HONNETH, A. (HG.) (1982): Sozialforschung als Kritik. Zum sozialwissenschaftlichen Potential der Kritischen Theorie. Suhrkamp, Frankfurt

BRÄHLER, E. u. FELDER, H. (1991): Das Familiengespräch im klinischen Alltag: Empirische Untersuchung der Interaktion und Kommunikation. System Familie 4, 81-96

BRAY, J.H.; WILLIAMSON, D.S. u. MALONE, P.E. (1986): An Evaluation of an Intergenerational Consultation Process to Increase Personal Authority in the Family System. Family Process 25, 423-436

BROCHER, T. u. SIES, C. (1986): Psychoanalyse und Neurobiologie. Zum Modell der Autopoiese als Regulationsprinzip. frommann-holzboog, Stuttgart

BRODKIN, A.M. (1980): Family Therapy: The Making of a Mental Health Movement. Amer.J. Orthopsychiat. 50, 4-17

BRUNNER, E.J. u. LENZ, G. (1993): Was veranlaßt ein Klientensystem zu sprunghaften Veränderungen?. System Familie 6, 1-9

BUCHHOLZ, M.B. (1981): Psychoanalyse – Familientherapie – Systemtheorie: Kritische Bemerkungen zur These vom Paradigmawechsel. Prax. Kinderpsychol. Kinderpsychiat. 30, 48-55

BUCHHOLZ, M.B. (1982): Psychoanalytische Methode und Familientherapie. Verlag der psychologischen Fachbuchhandlung, Frankfurt

BUCHHOLZ, M.B. (1983): Psychoanalytische Familientherapie. In: SCHNEIDER, K. (HG.), Familientherapie in der Sicht psychotherapeutischer Schulen. Junfermann, Paderborn

BUCHHOLZ, M.B. (1983): Psychoanalytische Aspekte der Kommunikation. Psyche 37, 624-641

BUCHHOLZ, M.B. (1987): Das Erstinterview in der Beratung – ein kommunikativer Gesichtspunkt. Prax.Kinderpsychol.Kinderpsychiat. 36, 98-106

BUCHHOLZ, M.B. (1988): Moderne oder Postmoderne? Zeitgenössische Anmerkungen und alternative Lebensformen. Gruppenpsychother.Gruppendynamik 24, 149-161

BUCHHOLZ, M.B. (1988): Die Antifamilie-Familien: Neue Konfliktzumutungen an alternative Lebensformen. Psychosozial 11, (Heft Nr. 35), 103-116

BUCHHOLZ, M.B. (1988): Der Traum in der Familientherapie. Psyche 42, 533-551

BUCHHOLZ, M.B. (1988): Die therapeutische Situation. Forum Psychoanal. 4, 273-291

BUCHHOLZ, M.B. (1989): Familien in der Moderne: NS-Vergangenheit und ›Vaterlosigkeit‹. Forum Psychoanal. 5, 35-51

BUCHHOLZ, M.B. (1990): Die unbewußte Familie. Psychoanalytische Studien zur Familie in der Moderne. Springer, Berlin/Heidelberg/New York

BUCHHOLZ, M.B. (1990): Geschichten in der Geschichte – Die unbewußte Weitergabe zwischen den Generationen. In: MASSING, A. (HG.), Psychoanalytische Wege der Familientherapie. Springer, Berlin/Heidelberg/New York

BUCHHOLZ, M.B. (1992): Arbeit am Widerstand. Eine qualitative Analyse kommunikativer Codes. Forum Psychoanal 8, 217-237

BUCHHOLZ, M.B. (1993): »Person« und »Identität« in Luhmanns Systemtheorie – Eine kritische Auseinandersetzung. System Familie 6, (Heft Nr. 2), (im Druck)

BUCHHOLZ, M.B. (1993): Probleme und Strategien qualitativer Psychotherapieforschung in klinischen Institutionen. Psyche 47, 148-179

BUCHHOLZ, M.B. u. BUCHHOLZ, U. (1977): Zur Geschichte der Individualitätsformen. Focus, Gießen

BUCHHOLZ, M.B. u. DÜMPELMANN, M. (1993): Väter bei Anorexie. Inhaltsanalyse biographischer Verlaufsmuster aus tiefenpsychologischen Anamnesen. In: SEIDLER, G.H. (HG.), Magersucht – Öffentliches Geheimnis. Vandenhoeck & Ruprecht, Göttingen

BUCHHOLZ, M.B. u. KOLLE, U. (1989): Familien in der Moderne – Anti-Familie-Familien?. Prax. Kinderpsychol. Kinderpsychiat. 38, 42-52

BUCHHOLZ, M.B. (HG.) (1989): Intimität. Über die Veränderung des Privaten. Beltz, Weinheim/Basel

BUCHHOLZ, M.B. (HG.) (1993): Metaphernanalyse. Vandenhoeck & Ruprecht, Göttingen

BUCHMANN, M. (1989): Die Dynamik von Standardisierung und Individualisierung im Lebenslauf. Der Übertritt ins Erwachsenenalter im sozialen Wandel fortgeschrittener Industriegesellschaften. In: WEYMANN, A. (HG.), Handlungsspielräume: Unters. zur Individualisierung und Institutionalisierung von Lebensläufen in der Moderne. Enke, Stuttgart

BUDE, H. (1982): Text und soziale Realität. Zu der von Oevermann formulierten Konzeption einer ›objektiven‹ Hermeneutik. Z.f.Sozialisationsforschung und Erziehungssoziologie 2, 134-143

BUNDESMINISTERIUM FÜR JUGEND, FAMILIE UND GESUNDHEIT (1985): Nichteheliche Lebensgemeinschaften in der Bundesrepublik Deutschland. Schriftenreihe des Bundesministeriums für Jugend, Familie und Gesundheit. 170,

BURGESS, E.W. u. LOCKE, H.J. (1953): The Family: From Institution to Companionship (2nd edition). American Book Co, New York

BURKE, K. (1950). A Rhetoric of Motives (California Edition 1969). University of California Press, Berkely/Los Angeles

BUSCH, H.-J. (1985): Interaktion und innere Natur. Sozialisationstheoretische Reflexionen. Campus, Frankfurt/New York

CARVETH, D.L. (1993): Die Metaphern des Analytikers. Eine dekonstruktionistische Perspektive. In: BUCHHOLZ, M.B. (HG.), Metaphernanalyse. Vandenhoeck & Ruprecht, Göttingen

CASEMENT, P. (1984): The Reflective Potential of the Patient as Mirror to the Therapist. In: RANEY, J. (HG.), Listening and Interpreting. The Challenge of the Work of Robert Langs. Jason Aronson, New York/London

CASEMENT, P. (1989): Vom Patienten lernen. Klett-Cotta, Stuttgart

CASTORIADIS, C. (1990): Gesellschaft als imaginäre Institution. Suhrkamp, Frankfurt

CHASSEGUET-SMIRGEL, J. (1988): Zwei Bäume im Garten. Zur psychischen Bedeutung der Vater- und Mutterbilder. Verlag Internationale Psychoanalyse, München/Weinheim

CHERLIN, A. (1977): The Effect of Children on Marital Dissolution. Demography 14, 265

CHERLIN, A. (1988): Familienpolitik in den USA. In: LÜSCHER, K., SCHULTHEIS, F.

U. WEHRSPAUN, M. (HG.), Die »postmoderne« Familie. Familiale Strategien und Familienpolitik in einer Übergangszeit. Universitätsverlag, Konstanz
CHOPRA, I. u. SCHELLER, G. (1992): »Die neue Unbeständigkeit«. Ehe und Familie in der spätmodernen Gesellschaft. Soziale Welt 43, (Heft Nr. 1), 48-69
CICOUREL, A. (1975): Sprache in der sozialen Interaktion. List, München
CIERPKA, M. (1989): Das Problem der Spezifität in der Familientheorie. System Familie 2, 197-216
CLAESSENS, D. (1979): Familie und Wertsystem (4. Auflage). Duncker & Humblot, Berlin
CLEMENT, U. (1986): Sexualität im sozialen Wandel. Enke, Stuttgart
CLEMENZ, M. (1986): Soziale Codierung des Körpers. Zum Verhältnis von Psychoanalyse und Systemtheorie. Westdeutscher Verlag, Opladen
CREMERIUS, J. (1979): Gibt es zwei psychoanalytische Techniken?. Psyche 33, 577
CREMERIUS, J. (1984): Die Konstruktion der biographischen Wirklichkeit im analytischen Prozeß. In: CREMERIUS, J. (HG.), Vom Handwerkszeug des Psychoanalytikers: Das Werkzeug der psychoanalytischen Technik. frommann-holzboog, Tübingen
DAHMER, H. (1973): Libido und Gesellschaft. Suhrkamp, Frankfurt
DELIS, D.C. u. CASSANDRA, P. (1990): The Passion Paradox. Patterns of Love and Power in Intimate Relationships. Bantam Books, New York
DELL, P.F. (1986): Klinische Erkenntnis. Modernes Lernen, Dortmund
DETER, H.-C.; PETZOLD, E. u. HEHL, F.-J. (1989): Differenzierung der Langzeitwirkungen einer stationären psychosomatischen Therapie von Anorexia-nervosa-Patienten. Zsch. psychosom. Med. 35, 68-91
DETER, H.-CH. (1990): Der Langzeiterfolg einer stationären psychosomatischen Therapie aus Sicht von Patienten und Therapeuten. In: HELLWIG, A. u. SCHOOF, M. (HG..), Psychotherapie und Rehabilitation in der Klinik. Vandenhoeck & Ruprecht, Göttingen
DEUTSCH, H. (1918): Kasuistik zum »induzierten Irresein«. Wien. klin. Wschr. 31, 809-812
DEVEREUX, G. (1973): Angst und Methode in den Verhaltenswissenschaften (orig. 1967). Ullstein, München
DEVEREUX, G. (1978): Ethnopsychoanalyse. Suhrkamp, Frankfurt
DEVEREUX, G. (1980): Freud, Discoverer of the Principle of Complementary (A Serious Inaccuracy of Translation in the Standard Edition). Int.Rev.Psycho-Anal. 7,
DÖBLIN, A. (1927): Zum siebzigsten Geburtstag Sigm. Freuds. In: STORFER, A.J. (HG.), Almanach der Psychoanalyse Internationaler Psychoanalytischer Verlag, Wien
DREITZEL, H.-P. (1969): Die gesellschaftlichen Leiden und das Leiden an der Gesellschaft. DTV, München
DÜHRSSEN, A. (1953): Katamnestische Ergebnisse bei 1004 Patienten nach analytischer Psychotherapie. Z. psychosom. Med. Psychoanal. 3, 167-170
DUVAL, J. u. WICKLUND, A. (1972): A Theory of Objective Self-Awareness. Academic press, New York
EAGLE, M.N. (1987): Neuere Entwicklungen in der Psychoanalyse. Verlag Internationale Psychoanalyse, München/Weinheim
EDWARDS, R.B. (ED.) (1990): Psychiatry and Ethics – insanity, rational autonomy and mental health care. Prometheus Books, Buffalo, N.Y.

EICKELPASCH, R. (1974): Ist die Kernfamilie universal? Zur Kritik eines ethnozentrischen Familienbegriffs. Z.Soziol. 3, 323-338

ELLRICH, L. (1992): Die Konstitution des Sozialen. Phänomenologische Motive in N. Luhmanns Systemtheorie. Z.f. Philosophische Forschung 46, (Heft Nr. 1), 24-43

ENGEL, K. u. MEYER, A.-E. (1991): Therapie schwer erkrankter Anorexie-Patienten (Zusammenfassender Bericht über ein Forschungsprojekt). Zsch.psychosom.Med. 37, 220-248

ENGEL, K. u. STIENEN, M. (1988): Father types of anorexia nervosa patients: »bonding«, the »brutal«, the »weak« and the »absent« father. Psychother.Psychosom. 49, 145-152

ENGELBERT, A. (1988): Familienumwelt, Familienalltag und familiale Leistungen für Kinder. System Familie 1, 33-48

ERMANN, M. (1985): Die Fixierung in der frühen Triangulierung. Forum Psychoanal. 1, 93-110

FABRICIUS, J. (1991): Running on the spot or can nursing really change? Psychoanalytic Psychotherapy 5, 97-108

FALICOV, C.J. (1988): Family Sociology and Family Therapy Contributions to the Family Development Framework: A Comparative Analysis and Thoughts on Future Trends. In: FALICOV, C.J. (HG.), Family Transitions. Continuity and Change over the Life Cycle. The Guilford Press, New York/London

FERENCZI, S. (1930): »Kinder können furchtbar schweigen ...« Episoden aus der Kindheit eines Proletariermädchens. In: STORFER, A.J. (HG.), Almanach der Psychoanalyse. Internationaler psychoanalytischer Verlag, Wien

FERENCZI, S. (1967): Sprachverwirrung zwischen dem Erwachsenen und dem Kind (1932). Psyche 21, 256

FERENCZI, S. (1972): Die Anpassung der Familie an das Kind (1928). In: BALINT, M. (HG.), Schriften zur Psychoanalyse, Bd. 2. S.Fischer, Frankfurt

FISCHER, G. (1981): Wechselseitigkeit. Interpersonelle und gegenständliche Orientierung in der sozialen Interaktion. Huber, Bern/Stuttgart/Wien

FLADER, D.; GRODZICKI, W.-D. u. SCHRÖTER, K. (1982): Psychoanalyse als Gespräch. Interaktionsanalytische Untersuchungen über Therapie und Supervision. Suhrkamp, Frankfurt

FLECK, ST.; CORNELISON, A.; NORTON, N. u. LIDZ, TH. (1959): Wechselwirkungen zwischen dem Klinikpersonal und den Familien. Psyche 13, 365-376

FLECK, ST.; LIDZ, TH.; CORNELISON, A.; SCHAFER, S. u. TERRY, D. (1959): Zur Familienumwelt des Schizophrenen: Inzestuose und homosexuelle Problematik. Psyche 13, 330-344

FLICK, U.; KARDORFF, E.V.; KEUPP, H.; ROSENSTIEL, L. V. u. WOLFF, S. (HG.) (1991): Handbuch qualitative Sozialforschung. Grundlagen, Konzepte, Methoden und Anwendungen. Psychologie Verlags Union, München

FOUCAULT, M. (1969). Psychologie und Geisteskrankheit. Suhrkamp, Frankfurt

FREUD, S. (1904): Psychopathologie des Alltagslebens, G.W. Bd. 4. S. Fischer, Frankfurt

FREUD, S. (1905): Bruchstück einer Hysterie-Analyse. G.W, Bd. 5, S.161. S. Fischer, Frankfurt

FREUD, S. (1905): Drei Abhandlungen zur Sexualthorie. G.W, Bd. 5, S. 27. S. Fischer, Frankfurt

FREUD, S. (1912): Zur Dynamik der Übertragung. G.W, Bd. 8, S.363. S. Fischer, Frankfurt
FREUD, S. (1915): Triebe und Triebschicksale. G.W, Bd. 10, S. 209. S. Fischer, Frankfurt
FREUD, S. (1916-17): Vorlesungen zur Einführung in die Psychoanalyse. G.W, Bd. 11. S. Fischer, Frankfurt
FREUD, S. (1920): Jenseits des Lustprinzips. G.W, Bd. 13, S. 1. S. Fischer, Frankfurt
FREUD, S. (1923): Josef Popper-Lynkeus und die Theorie des Traums. G.W, Bd. 13, S.355. S. Fischer, Frankfurt
FREUD, S. (1933): Warum Krieg? G.W, Bd. 16, S. 11. S. Fischer, Frankfurt
FREUD, S. (1937): Die endliche und die unendliche Analyse. G.W, Bd. 16, S. 57. S. Fischer, Frankfurt
FREUD, S. (1940): Abriß der Psychoanalyse. G.W, Bd. 17, S. 63. S. Fischer, Frankfurt
FREUD, S. (1950): Aus den Anfängen der Psychoanalyse. S. Fischer, Frankfurt
FRIEDRICH, H. (1984): Anamnese als Drama. – Die ersten Sätze. Z.Psychosom.Med. 30, 314-322
FUCHS, W. (1983): Jugendliche Statuspassage oder individualisierte Jugendbiographie. Soziale Welt 34, 341-371
FÜRSTENAU, P. (1979): Zur Theorie psychoanalytischer Praxis. Klett, Stuttgart
FÜRSTENAU, P. (1984): Der Psychoanalytiker als systemisch arbeitender Psychotherapeut. Familiendynamik 9, 166-176
FURSTENBERG, F. (1988): Die Entstehung des Verhaltensmusters »sukzessive Ehen«. In: LÜSCHER, K. u. SCHULTHEIS, F. u. WEHRSPAUN, M. (HG.), Die »postmoderne« Familie. Familiale Strategien und Familienpolitik in einer Übergangszeit. Universitätsverlag, Konstanz
GAGNON, J.H. u. SIMON, W.S. (1973): Sexual Conduct: The Social Sources of Human Sexuality. Chicago
GEDO, J.E. (1986): Conceptual Issues in Psychoanalysis. Essays in History and Method. The Analytic Press, Hillsdale/New Jersey
GEHLEN, A. (1957): Die Seele im technischen Zeitalter (Taschenbuch-Ausgabe). Rowohlt, Reinbek
GENTNER, D. u. GENTNER, D.R. (1982): Flowing Waters or Teeming Crowds: Mental Models of Electricity. In: GENTNER, D. u. STEVENS, A.L. (HG.), Mental Models. Lawrence Earlbaum, Hillsdale, NJ
GERHARDS, J. (1988): Soziologie der Emotionen. Fragestellungen, Systematik und Perspektiven. Juventa, Weinheim/München
GIESEN, B. (1986): Der Herbst der Moderne? Zum zeitdiagnostischen Potential neuer sozialer Bewegungen. In: BERGER, J. (HG.), Die Moderne – Kontinuitäten und Zäsuren (Soziale Welt Sonderband 4). Schwartz, Göttingen
GILL, M.M. (1987): The point of View of Psychoanalysis: Energy Discharge or Person?. In: SACKSTEDTER, J.L, SCHWARTZ, D.P. u. AKABANE, Y. (HG.), Attachment and the Therapeutic Process: Essays In Honor of O.A. Will Int. Univ. Press, Madison/CT
GOFFMAN, E. (1963): Stigma. Über Techniken der Bewältigung beschädigter Identität (deutsche Ausgabe 1988). Suhrkamp, Frankfurt
GOFFMAN, E. (1977): Rahmen-Analyse. Ein Versuch über die Organisation von Alltagserfahrungen. Suhrkamp, Frankfurt
GOLDBERG, C. (1991): Von der Ehe als Institution zur individuellen Partnerschaft?

Einstellungen zur Ehe und Familie in Österreich. Zeitschrift für Soziologie 20, 323-333

GOLDIE, L. (1991): Ethical Dilemmas for nurses and their emotional implications. Psychoanalytic Psychotherapy 5, 125-138

GOLDNER, V.; PENN, P.; SHEINBERG, M. u. WALKER, G. (1990): Love and Violence: Gender Paradoxes in Volatile Attachments. Fam Proc 29, 343-364

GOODE, W.J. (1956): After Divorce. Macmillan, New York

GOODE, W.J. (1981): Why Men Resist. In: SKOLNICK, A.S. u. SKOLNICK, J.H. (HG.), Family in Transition (5th edition 1986). Little, Brown and Company, Boston/Toronto

GREEN, A. (1974): Surface analysis, deep analysis (the role of the preconscious in psychoanalytical technique). Int. Rev. Psychoanal. 1, 415-425

GREEN, A. (1975): Analytiker, Symbolisierung und Abwesenheit im Rahmen der psychoanalytischen Situation. Psyche 29, 503

GREEN, A. (1977): Conceptions of affect. Int. J. Psychoanal. 58, 129-156

GREEN, A. (1979): Psychoanalytische Theorien über den Affekt. Psyche 33, 681

GREENBERG, J.R. u. MITCHELL, ST. A. (1983): Object Relations in Psychoanalytic Theory. Harvard University Press, Cambridge

GREENWOOD, J.D. (1992): Realism, Empirism and Social Constructionism: Psychological Theory and the Social Dimension of Mind and Action. Theory & Psychology 2, 131-152

GRODDECK, G. (1926): Wie ich Arzt wurde und wie ich zur Abneigung gegen das Wissen gekommen bin. In: STORFER, A.J. (HG.), Almanach für das Jahr 1926. Internationaler Psychoanalytischer Verlag, Wien

GRUNBERGER, B. (1976): Vom Narzißmus zum Objekt. Suhrkamp, Frankfurt

GUIDANO, V.F. (1987): Complexity of the Self. A Developmental Approach to Psychopathology and Therapy. The Guilford Press, New York/London

HABERMAS, J. (1981): Theorie des kommunikativen Handelns. 2 Bde. Suhrkamp, Frankfurt/M.

HALTMAYER, S. u. RIEDLER-SINGER, R. (1991): Systemische Therapie auf radikalkonstruktivistischer Grundlage?. In: REITER, L. u. AHLERS, C. (HG.), Systemisches Denken und therapeutischer Prozeß. Springer, Berlin Heidelberg

HARRÉ, R.; CLARKE, D. u. DE CARLO, N. (1985): Motives and Mechanisms. An Introduction to the Psychology of Action. Methuen, London/New York

HAUSENDORF, H. (1992): Das Gespräch als selbstreferentielles System. Ein Beitrag zum empirischen Konstruktivismus der ethnomethodologischen Konversationsanalyse. Zeitschrift für Soziologie 21, 83-95

HEEKERENS, H.-P. (1990): Familientherapie bei Problem von Kindern und Jugendlichen: Eine Sekundärevaluation der Effektivitätsstudien. System Familie 3, 1-10

HEEKERENS, H.-P. (1990): Familiendiagnostik und Evaluationsforschung. Prax. Kinderpsychol. Kinderpsychiat. 39, 2-5

HEISENBERG, W. (1981): Der Teil und das Ganze. dtv, München

HEISENBERG, W. (1984): Schritte über Grenzen. Piper, München

HELMCHEN, H. (1991): Der Einfluß diagnostischer Systeme auf die Behandlungsplanung. Fundamenta Psychiatrica 5, 18-23

HENNIG, C. (1988): Die Entfesselung der Seele. Romantischer Individualismus in den deutschen Alternativkulturen. Campus, Frankfurt/New York

HERTZ, N. (1983): Dora's secrets, Freud's techniques. Diacritics 65-83

HERZOG, J. (1980): Sleep disturbance and father hunger in 18- to 20-month-old boys: The Erlkonig syndrome. Psychoanal. Study Child 35, 219-236

HESS, G.D. u. HANDEL, G. (1975): Familienwelten. Kommunikation und Verhaltensstile in Familien. Schwan, Düsseldorf

HEUSER-KEßLER, M.-L. (1986): Die Produktivität der Natur. Schellings Naturphilosophie und das neue Paradigma der Selbstorganisation in den Naturwissenschaften. Duncker & Humblot, Berlin

HILDENBRAND, B. u. WELTER-ENDERLIN, R. (1992): Ausbildung im Rahmen des Meilener Konzepts familientherapeutischen Wissens und Handelns. System Familie 5, 197-206

HILDENBRAND, B. (1988): Modernisierungsprozeße in der Landwirtschaft und ihre Bewältigung. Vergleich einer »schizophrenen« mit einer »normalen« Familie. In: LÜSCHER, K., SCHULTHEIS, F. u. WEHRSPAUN, M. (HG.), Die »postmoderne« Familie. Familiale Strategien und Familienpolitik in einer Übergangszeit. Universitätsverlag, Konstanz

HILL, L.B. (1958): Der psychotherapeutische Eingriff in die Schizophrenie. Thieme, Stuttgart

HIRSCH, M. (1988): Pseudo-ödipale Dreiecksbeziehungen. Frühe Triangulierung der Borderline-Persönlichkeit. Forum Psychoanal. 4, 139-152

HOLLSTEIN, W. (1981): Die Gegengesellschaft. Alternative Lebensformen. Bonn

HOLT, R.R. (1989): Freud Reappraised: A fresh Look at Psychoanalytic Theory. Guilford Press, New York

HOLT, R.R. (1992): The Contemporary Crises of Psychoanalysis. Psychoanalysis and Contemp. Thought 15, 375-403

HONIG, M.S. (1986): Verhäuslichte Gewalt – Sozialer Konflikt, wissenschaftliche Konstrukte, Alltagswissen, Handlungssituationen. Eine Explorativstudie über Gewalthandeln von Familien. Suhrkamp, Frankfurt

HORNEY, K. (1928): Die monogame Forderung. In: STORFER, A.J. (HG.), Almanach der Psychoanalyse. Internationaler Psychoanalytischer Verlag, Wien

HUGHES, P.M. u. HALEK, C. (1991): Training Nurses in psychotherapeutic skills. Psychoanalytic Psychotherapy 5, 115-123

JAIDE, W. (1988): Generationen eines Jahrhunderts. Wandel der Jugendgenerationen im Jahrhunderttrend. Zur Sozialgeschichte der Jugend in Deutschland 1871-1985. Leske + Budrich, Opladen

JOHNSON, M. (1987): The body in the mind: The bodily basis of meaning, imagination and reason. University of Chicago Press, Chicago

JÜTTEMANN, G. (1987): Das Allgemeine am Individuellen als Fragestellung der Allgemeinen Psychologie. In: JÜTTEMANN, G. u. THOMAE, H. (HG.), Biographie und Psychologie. Springer, Berlin/Heidelberg/New York

KAUFMANN, F.-X. (1988): Familie und Modernität. In: LÜSCHER, K., SCHULTHEIS, F. u. WEHRSPAUN, M. (HG.), Die »postmoderne« Familie. Familiale Strategien und Familienpolitik in einer Übergangszeit. Universitätsverlag, Konstanz

KEENEY, BRADFORD P. (1979): Ecosystemic Epistemology: An Alternative Paradigm for Diagnosis. Family Process 18, (Heft Nr. 2), 117-129

KEGAN, R. (1986): Die Entwicklungsstufen des Selbst. Fortschritte und Krisen im menschlichen Leben. Kindt, München

KELLER, E.F. (1986): Liebe, Macht und Erkenntnis. Männliche oder weibliche Wissenschaft. Hanser, München/Wien

KERNBERG, O.F. (1975): Borderline-Störungen und pathologischer Narzißmus. Suhrkamp, Frankfurt
KERNBERG, O.F. (1977): Boundaries and Structure in Love Relations. J. Amer. Psychoanal. Assoc. 25, 81-114
KERNBERG, O.F. (1980): Adolescent sexuality in the light of group processes. Psychoanal. Quart. 49, 27-47
KERNBERG, O.F. (1982): Self, Ego, Affects, and Drives. J. Amer. Psychoanal. Assoc. 30, 893-918
KERNBERG, O.F. (1985): Ein konzeptuelles Modell zur männlichen Perversion. Forum Psychoanal. 1, 167-188
KERNBERG, O.F. (1992): Aggression und Liebe in Zweierbeziehungen. Psyche 46, 797-820
KERR, M.E. u. BOWEN, M. (1988): Family Evaluation. An Approach Based on Bowen Theory. Norton & Co, New York/London
KESTEMBERG, E.; FRÉJAVILLE, A.; KREISLER, A.; RABAIN-LEBOVICI, M.; COVELLO, L. u. GRANDIN, D. (1986): Schauplatz Familie. Klett-Cotta, Stuttgart
KHAN, M.M.R. (1984): Negotiating the Impossible. In: RANEY, J. (HG.), Listening and Interpreting. The Challenge of the Work of Robert Langs. Jason Aronson, New York/London
KIND, J. (1988): Selbstobjekt Automat. Zur Bedeutung der frühen Triangulierung für die Psychogenese der Spielsucht. Forum Psychoanal. 4, 116-138
KITTLER, E. (1991): Gedanken zum Werk von André Green. Jb.d.Psychoanalyse 28,
KLEIN, G.S. (1976): Psychoanalytic theory. An exploration of essentials. Int Univers Press, New York
KLEIN, T. (1990): Ehe und Familie: Ein empirischer Beitrag zum Einfluß des Familienstandes auf den Kinderwunsch. Zeitschrift für Familienforschung 2, (Heft Nr. 2), 114-127
KLEIN, T. (1990): Postmaterialismus und generatives Verhalten. Z. f. Soziol. 19, 57-64
KLINGER, C. (1992): Faschismus – der deutsche Fundamentalismus?. Merkur 46, (Heft Nr. 522/523), 782-798
KNAUTH, B. u. WOLFF, ST. (1989): Die Pragmatik von Beratung. Ein konversationsanalytischer Beitrag zur Theorie psychosozialer Dienstleistungen. Verhaltenstherapie und psychosoziale Praxis 2, 327-344
KNEER, G. u. NASSEHI, A. (1991): Verstehen des Verstehens. Eine systemtheoretische Revision der Hermeneutik. Zeitschrift für Soziologie 20, 341-356
KÖHLER, L. (1986): Von der Biologie zur Phantasie. Forschungsbeiträge zum Verständnis der frühkindlichen Entwicklung aus den USA. In: STORK, J. (HG.), Zur Psychologie und Psychopathologie des Säuglings – neue Ergebnisse. Frommann-Holzboog, Stuttgart
KOERFER, D. u. NEUMANN, C. (1982): Alltagsdiskurs und psychoanalytischer Diskurs. Aspekte der Sozialisierung des Patienten in einen »ungewohnten« Diskurstyp. In: FLADER, D., GRODZICKI, W.-D. u. SCHRÖTER, K. (HG.), Psychoanalyse als Gespräch. Interaktionsanalytische Untersuchungen über Therapie und Supervision. Suhrkamp, Frankfurt
KOHUT, H. (1975): Die Zukunft der Psychoanalyse. Aufsätze zu allgemeinen Themen und zur Psychologie des Selbst. Suhrkamp, Frankfurt

KRIZ, J. (1988): Pragmatik systemischer Therapie-Theorie. Teil I: Probleme des Verstehens und der Verständigung. System Familie 1, 92-102

KRÜGER, M. u. SCHMIDT-MICHEL, P.-O. (1993): Neue Praxis wartet auf neue Theorie. Epistemologische Fallstricke in der (sozial-)psychiatrischen Praxis. Familiendynamik 18, 3-10

KÜNZLER, E. (1992): Der homosexuelle Mann in der Psychoanalyse. Theorie und Praxis im Wandel. Forum Psychoanal 8, 202-216

KUJAT, H. (1991): Aus der Sicht einer Einrichtung der Nichtseßhaftenhilfe. Sozialpsychiatrische Informationen 21, (Heft Nr. 2), 35-37

LAING, R.D. (1969): Mystifizierung, Konfusion und Konflikt (1965). In: BATESON, G. et al. (HG.), Schizophrenie und Familie. Suhrkamp, Frankfurt

LAKOFF, G. (1987): Women, Fire, and Dangerous Things. The University of Chicago Press, Chicago/London

LAKOFF, G. u. JOHNSON, M. (1980): Metaphors We Live By. University of Chicago Press, Chicago

LAKOFF, G. u. TURNER, M. (1989): More than cool reason: A field guide to poetic metaphor. University of Chicago Press, Chicago

LAMNEK, S. (1988): Qualitative Sozialforschung. Bd. 1: Methodologie. PsychologieVerlagsUnion, München/Weinheim

LANGS, R. (1980): Interactions. The Realms of Transference and Countertransference. Jason Aronson, London

LAZAR, R.A. (1988): Vorläufer der Triangulierung. Die ersten dreidimensionalen Teilobjektbeziehungen des Säuglings. Forum Psychoanal. 3, 28-39

LEITHÄUSER, T. u. VOLMERG, B. (1988): Psychoanalyse in der Sozialforschung. Eine Einführung am Beispiel der Sozialpsychologie der Arbeit. Westdeutscher Verlag, Opladen

LEVITT, M. u. RUBINSTEIN, B. (1974): The counter-culture: adaptive or maladaptive?. Int. Rev. Psychoanal. 1, 325-336

LEVOLD, T.; WEDEKIND, E. u. GEORGI, H. (1990): Familienorientierte Behandlungsstrategien bei Inzest. System Familie 3, 74-87

LICHTENBERG, J.D. (1983): Psychoanalysis and Infant Research. Lawrence Erlbaum Associates, Hillsdale/London

LIDZ, TH.; CORNELISON, A.; FLECK, ST. u. TERRY, D. (1959): Die intrafamiliäre Umwelt des Schizophrenen: Spaltung und Strukturverschiebung in der Ehe. Psyche 13, 287-300

LIEDTKE, R.; LEMPA, W. u. KÜNSEBECK, H.-W. (1991): Abwehrverhalten und Symptomatik ein Jahr nach stationärer psychosomatischer Therapie. Zsch. psychosom. Med. 37, 185-193

LOCH, W. (1968): Bemerkungen zur Rolle des Sexualtabus. Psyche 22, 720

LORENZER, A. (1970): Sprachzerstörung und Rekonstruktion. Suhrkamp, Frankfurt/M.

LORENZER, A. (1974): Die Wahrheit der psychoanalytischen Erkenntnis. Suhrkamp, Frankfurt/M.

LORENZER, A. (1981): Das Konzil der Buchhalter. EVA, Frankfurt

LORENZER, A. (1985): Der Analytiker als Detektiv, der Detektiv als Analytiker. Psyche 39, 1

LORENZER, A. (1988): Hermeneutik des Leibes. Über die Naturwissenschaftlichkeit der Psychoanalyse. Merkur 42, 838-852

LOVLIE, A.-L. (1982): The Self. Yours, Mine or Ours?. Universitetsforlaget, Oslo/ Bergen/Tromso
LUBORSKY, L. (1988): Einführung in die analytische Psychotherapie. Springer, Berlin Heidelberg
LÜSCHER, K. (1988): Familie und Familienpolitik im Übergang zur Postmoderne. In: LÜSCHER, K., SCHULTHEIS, F. u. WEHRSPAUN, M. (HG.), Die »postmoderne« Familie. Familiale Strategien und Familienpolitik in einer Übergangszeit. Universitätsverlag, Konstanz
LUHMANN, N. (1982): Liebe als Passion. Suhrkamp, Frankfurt
LUHMANN, N. (1984): Soziale Systeme. Grundriß einer allgemeinen Theorie. Suhrkamp, Frankfurt
LUHMANN, N. (1985): Die Autopoiesis des Bewußtseins. Soziale Welt 36, 402-446
LUHMANN, N. (1986): Ökologische Kommunikation. Westdeutscher Verlag, Opladen
LUHMANN, N. (1988): Sozialsystem Familie. System Familie 1, 75-91
LUHMANN, N. (1988): Neuere Entwicklungen in der Systemtheorie. Merkur 42, 292-300
LUHMANN, N. (1990): Die Wissenschaft der Gesellschaft. Suhrkamp, Frankfurt
MACKLIN, E.D. (1978): Nonmarital Heterosexual Cohabitation. In: SKOLNICK, A.S. u. SKOLNICK, J.H. (HG.), Family in Transition (5th edition 1986). Little, Brown and Company, Boston/Toronto
MACKLIN, E.D. u. RUBIN, R.H. (HG.) (1983): Contemporary families and alternative lifestyles. Sage Publications, Beverly Hills/London/New Delhi
MADER, W. (1989): Paradoxien im psychotherapeutischen Handeln. In: WEYMANN, A. (HG.), Handlungsspielräume:Unters. zur Individualisierung und Institutionalisierung von Lebensläufen in der Moderne. Enke, Stuttgart
MAHLER, M.S.; PINE, F. u. BERGMAN, A. (1978): Die psychische Geburt des Menschen. Fischer, Frankfurt
MAHLMANN, R. (1992): Zur medientheoretischen Formulierung der Wandlungen im Verständnis von Liebe. System Familie 5, 105-120
MASSING, A. u. BEUSHAUSEN, U. (1986): Bis ins dritte und vierte Glied. Auswirkungen des Nationalsozialismus in den Familien. Psychosozial 9, (Heft Nr. 28), 72-42
MASSING, A. u. WEBER, I. (HG.) (1987): Lust und Leid. Sexualität im Alltag und alltägliche Sexualität. Springer, Heidelberg/New York
MATURANA, H. (1982): Erkennen: Die Organisation und Verkörperung von Wirklichkeit. Vieweg, Braunschweig/Wiesbaden
MCCUBBIN, H.I. u. FIGLEY, C.R. (HG.) (1983): Stress and the family: Volume I. Coping with normal transitions. Brunner/Mazel, New York
MCGOLDRICK, M. u. GERSON, R. (1990): Genogramme in der Familienberatung. Hans Huber, Bern Stuttgart Toronto
MEICHENBAUM, D. (1988): The Ubiquity of Interpretation: Commentary on Donald P. Spence. In: MESSER, S.B., SASS, L.A. u. WOOLFOLK, R.L. (HG.), Hermeneutics and Psychological Theory. Rutgers University Press, New Brunswick and London
MENTZOS, S. (1976): Interpersonale und institutionalisierte Abwehr. Suhrkamp, Frankfurt/M.
MENZIES LYTH, I. (1988): Containing Anxiety in Institutions. Selected Essays of Isabel Menzies Lyth. Free Association Books, London

MENZIES LYTH, I. (1989): The Dynamics of the Social. Selected Essays of Isabel Menzies Lyth. Free Association Books, London

MILLS, C.W. (1961): The Sociological Imagination. Oxford University Press, New York

MINUCHIN, S. (1976): Familie und Familientherapie, Theorie und Praxis struktureller Familientherapie. Lambertus, Freiburg

MITCHELL, ST.A. (1988): Relational Concepts in Psychoanalysis. An Integration. Harvard University Press, Cambridge

MODELL, A.H. (1986): Die beiden Bedeutungen des Selbst. Forum Psychoanal. 2, 261-276

MONAHAN, T.P. (1940): The Changing Probability of Divorce. Amer. Sociol. Rev. 5, 536-545

MONEY, J. (1981): Love and Love Sickness. The Science of Sex, Gender Difference and Pair-Bonding. John Hopkins Press, Baltimore/London

NAVE-HERZ, R. (1988): Kinderlose Ehen. In: LÜSCHER, K., SCHULTHEIS, F. u. WEHRSPAUN, M. (HG.), Die »postmoderne« Familie. Familiale Strategien und Familienpolitik in einer Übergangszeit. Universitätsverlag, Konstanz

NAVE-HERZ, R. (1988): Kontinuität und Wandel in der Bedeutung, in der Struktur und Stabilität von Ehe und Familie in der Bundesrepublik Deutschland. In: NAVE-HERZ, R. (HG.), Wandel und Kontinuität der Familie in der Bundesrepublik Deutschland. Enke, Stuttgart

NAVE-HERZ, R. (HG.) (1988): Wandel und Kontinuität der Familie in der Bundesrepublik Deutschland. Enke, Stuttgart

NEUBAUER, G. (1990): Jugendphase und Sexualität. Ferdinand Enke, Stuttgart

NEUBAUER, W. (1991): Soziale Probleme: politische und institutionelle Interventionen. In: REITER, L. u. AHLERS, C. (HG.), Systemisches Denken und therapeutischer Prozeß. Springer, Berlin Heidelberg

NEY, P.G. (1988): Triangles of Abuse: A Model of Maltreatment. Child Abuse & Neglect 12, (Heft Nr. 3), 363-373

NIETZSCHE, F. (1886): Jenseits von Gut und Böse. (HG.), Werke in drei Bänden, Bd. 2, hg. v. K. Schlechta. Hanser, München, 8. Aufl. 1977

NITZ, H.R. (1987): Anorexia nervosa bei Jugendlichen. Kontext der Störung und Ergebnisse familientherapeutischer Behandlungen. Springer, Berlin

NOVICK, J. u. NOVICK, K.K. (1991): Some Comments on Masochism and the Delusion of Omnipotence from a Developmental Perspective. J. Amer. Psychoanal. Assn. 39, 307-332

O' NEILL, J. (1990): Die fünf Körper. Medikalisierte Gesellschaft und Vergesellschaftung des Leibes. Wilhelm Fink, München

OEVERMANN, U. (1985): Versozialwissenschaftlichung der Identitätsformation und die Verweigerung von Lebenspraxis. In: LUTZ, B. (HG.), Soziologie und gesellschaftliche Entwicklung. Campus, Frankfurt/New York

OEVERMANN, U.; ALLERT, T.; GRIPP, H.; KONAU, E.; KRAMBECK, J.; SCHRÖDER-CAESAR, E. u. SCHÜTZE, Y. (1976): Beobachtungen zur Struktur sozialisatorischer Interaktion. In: AUWÄRTER, M. u. u.a. (HG.), Seminar: Kommunikation, Interaktion, Identität. Suhrkamp, Frankfurt

OEVERMANN, U.; ALLERT, T.; KONAU, E. u. KRAMBECK, J. (1979): Die Methodologie einer ›objektiven Hermeneutik‹ und ihre allgemeine forschungslogische Bedeutung in den Sozialwissenschaften. In: SOEFFNER, H.G. (HG.), Interpretative Verfahren in den Sozial- und Textwissenschaften. Klett-Cotta, Stuttgart

OGBURN, W.F. (1938): The changing Family. The Family 19, 139-143

OGDEN, D.K. u. RICHARDS, J.A. (1923): Die Bedeutung der Bedeutung. Suhrkamp (1974), Frankfurt

OLIVIER, C. (1980): Jokastes Kinder. Die Psyche der Frau im Schatten der Mutter. Claassen, Düsseldorf

PARIN, P. (1986): Die Verflüchtigung des Sexuellen in der Psychoanalyse. In: PSYCHOANALYT. SEMINAR ZÜRICH (HG.), Sexualität. Syndikat/EVA bei Athenäum, Frankfurt

PARSONS, T. (1964): Sozialstruktur und Persönlichkeit. Reprint der Fachbuchhandlung für Psychologie 1981, 4.Aufl, Frankfurt

PARSONS, T./BALES, R.F. (1955): Family, socialisation and interaction process. The Free Press, Glencoe, Ill.

PETZOLD, E.; KRÖGER, F.; DETER, H.-C. u. HERZOG, W. (1991): 20 Jahre Familienkonfrontationstherapie bei Anorexia nervosa. System Familie 4, 158 167

PFANNSCHMIDT, H. (1987): Das Erleben von Patient und Analytiker bei der Übertragung ödipal-inzestuöser Impulse. Die Bedeutung und Handhabung der Abstinenz. Forum Psychoanal. 3, 205-214

PFEIL, E. (1968): Die Dreiundzwanzigjährigen. Eine Generationsuntersuchung am Geburtenjahrgang 1941. Tübingen

PFÜTZE, H. (1988): Theorie ohne Bewußtsein. Zu Niklas Luhmanns Gedankenkonstruktion. Merkur 42, 300-314

PHILLIPS, R.A., JR. (1983): Clinical Issues in Alternative Lifestyles. In: MACKLIN, E.D. u. RUBIN, R.H. (HG.), Contemporary families and alternative lifestyles. Sage Publications, Beverly Hills/London/New Delhi

PIAGET, J. (1926): Das Weltbild des Kindes (Neuaufl. 1978). Klett-Cotta, Stuttgart

PIAGET, J. (1974): Der Aufbau der Wirklichkeit beim Kinde. Klett-Cotta, Stuttgart

PLESSNER, H. (1970): Lachen und Weinen. In: DUX, G. (HG.), Philosophische Anthropologie. Fischer, Frankfurt

PLESSNER, H. (1982): Mit anderen Augen. Aspekte einer philosophischen Anthropologie. Reclam, Stuttgart

POHLEN, M. u. BAUTZ-HOLZHERR, M. (1991): Eine andere Aufklärung. Das Freudsche Subjekt in der Analyse. Suhrkamp, Frankfurt

PORDER, M.S. (1991): Projektive Identifikation: Eine Alternativ-Hypothese. Forum Psychoanal 7, 189 201

PREUSS-LAUSITZ, U. u.a. (1983): Kriegskinder, Konsumkinder, Krisenkinder. Zur Sozialisationsgeschichte seit dem Zweiten Weltkrieg. Beltz, Weinheim

RAUCHFLEISCH, U. (1990): Die Bedeutung des sozialen Umfelds für die Psychotherapie von Borderline-Patienten auf »niederem Strukturniveau«. Forum Psychoanal 6, 175-186

REICHE, R. (1986): Mann und Frau. Psyche 40, 780

REISS, D. (1981): The Family's Construction of Reality. Harvard University Press, Cambridge

REISS, D. (1988): Theoretical vs. Tactical Inferences: Or, How to Do Family Psychotherapy Research without Dying of Boredom. In: WYNNE, L.C. (HG.), The State of the Art in Family Therapy Research. Family Process Press, New York

REISS, D. u. KLEIN, D. (1987): Paradigm and Pathogenesis: A Family-Centered Approach to Problems of Etiology and Treatment of Psychiatric Disorders. In: JACOB, T. (HG.), Family Interaction and Psychopathology. Theories, Methods and Findings. Plenum Press, New York/London

REITER, L. (1993): Systemisches Denken und Handeln- Wohin?. In: SCHWERTL, W., RATHSFELD, E. u. EMLEIN, G. (HG.), Systemische Theorie und Perspektiven der Praxis. Verlag Dietmar Klotz, Eschborn

REITER, L. u. STEINER, E. (1986): Über Autonomie. Zur Geschichte und Verwendung eines Konzeptes. In: REITER, L. (HG.), Theorie und Praxis der systemischen Familientherapie. Facultas Universitätsverlag, Wien

RERRICH, M.S. (1988): Balanceakt Familie. Zwischen alten Leitbildern und neuen Lebensformen. Lambertus, Freiburg

RICHTER, H.-E. (1963): Eltern, Kind und Neurose. Rowohlt, Reinbek

RICHTER, H.-E. (1970): Patient Familie. Rowohlt, Reinbek

RIEDEL, P. (1990): Therapiemotivation und Therapieerfolg im stationären Heilverfahren – Ergebnisse einer katamnestischen Untersuchung. In: HELLWIG, A. u. SCHOOF, M. (HG.), Psychotherapie und Rehabilitation in der Klinik. Vandenhoeck & Ruprecht, Göttingen

RIEFF, P. (1966): The Triumph of the Therapeutic. Harper & Row, New York

ROHDE-DACHSER, C. (1987): Ausformungen der ödipalen Dreieckskonstellation bei narzißtischen und bei Borderline-Störungen. Psyche 41, 773-799

ROHLFING, U. (1991): Materialien zur Supervision und Praxisberatung (Teil I). Entwicklung, Erprobung und prozeßbegleitende Evaluation eines Komponentenmodells zur Supervision von Krankenhauspflegepersonal im Weiterbildungskurs »Grundlagen psychologischer Gesundheitsförderung« an der Universität Oldenburg. Deutsche Krankenpflegezeitschrift 44, (Heft Nr. 2), 2-24

ROHRMANN, E. (1990): Die Pathologisierung von Armut in der Bundesrepublik Deutschland aufgezeigt am gesellschaftlichen Umgang mit den sogenannten »Nichtseßhaften«. Sozialpsychiatrische Informationen 20, (Heft Nr. 1), 41-45

ROSENBAUM, H. (1973): Familie als Gegenstruktur zur Gesellschaft. Kritik grundlegender theoretischer Ansätze der westdeutschen Familiensoziologie. Enke, Stuttgart

ROSENBAUM, H. (1982): Formen der Familie. Untersuchungen zum Zusammenhang von Familienverhältnissen, Sozialstruktur und sozialem Wandel in der deutschen Gesellschaft des 19. Jahrhunderts. Suhrkamp, Frankfurt

ROSENHAN, D.L. (1973): On Being Sane in Insane Places. Science 179, (Heft Nr. 19. January),

ROTMANN, M. (1985): Frühe Triangulierung und Vaterbeziehung. Forum Psychoanal. (Heft Nr. 1), 308-317

ROTMANN, M. (1978): Über die Bedeutung des Vaters in der »Wiederannäherungs-Phase«. Psyche 32, 1105

ROTMANN, M. (1986): Plädoyer für ›hinreichend gute‹ Eltern. In: SCHULTZ, H.J. (HG.), Kinder haben? Kreuz Verlag, Stuttgart

ROTTHAUS, W. (1990): Diagnostische und therapeutische Sichtweisen im Wandel: Die systemische Perspektive. Prax. Kinderpsychol. Kinderpsychiat. 39, 361-364

ROUSSEL, L. (1988): Die soziologische Bedeutung der demographischen Erschütterung in den Industrieländern der letzten zwanzig Jahre. In: LÜSCHER, K., SCHULTHEIS, F. u. WEHRSPAUN, M. (HG.), Die »postmoderne« Familie. Familiale Strategien und Familienpolitik in einer Übergangszeit. Universitätsverlag, Konstanz

RÜSCHEMEYER, D. (1971): Partielle Modernisierung. In: ZAPF, W. (HG.), Theorien des sozialen Wandels. Kiepenheuer und Witsch, Köln/Berlin

SAMMET, G. (1993): Vom Nerv der Dinge. Der Weg der Maschinenmetapher vom

18. ins 19. Jahrhundert. In: BUCHHOLZ, M.B. (HG.), Metaphernanalyse. Vandenhoeck & Ruprecht, Göttingen

SANDNER, D. (1988): Die Erfassung der unbewussten Beziehungsphantasie mit Hilfe der psychoanalytisch-empirischen Hermeneutik. Forum Psychoanal. 4, 333-344

SATIR, V. (1978): Familienbehandlung. Lambertus, Freiburg

SCHACHTER, F.F. (1985): Sibling Deidentification in the Clinic: Devils vs. Angel. Family Process 24, 415-427

SCHAFER, R. (1981): Handeln in der psychoanalytischen Deutung und Theorie. Psyche 35, 875

SCHAFER, R. (1982): Eine neue Sprache für die Psychoanalyse. Klett-Cotta, Stuttgart

SCHELSKY, H. (1960): Wandlungen der Deutschen Familie in der Gegenwart (4. Aufl.). Klett-Cotta, Stuttgart

SCHMAUCH, U. (1987): Anatomie und Schicksal. Zur Psychoanalyse der frühen Geschlechtersozialisation. Fischer, Frankfurt

SCHMIDT-HELLERAU, C. (1993): Überbau oder Fundament? Zur Metapsychologie und Metapsychologiedebatte. Psyche 47, 1-30

SCHMIDTCHEN, G. (1988): Schritte ins Nichts. Selbstschädigungstendenzen unter Jugendlichen. Leske + Budrich, Opladen

SCHNEIDER, N.F. (1990): Woran scheitern Partnerschaften? Subjektive Trennungsgründe und Belastungsfaktoren bei Ehepaaren und nichtehelichen Lebensgemeinschaften. Zeitschrift für Soziologie 19, 458-470

SCHNEIDER, W.L. (1992): Hermeneutik sozialer Systeme. Konvergenzen zwischen Systemtheorie und philosophischer Hermeneutik. Zeitschrift für Soziologie 21, 420-439

SCHÖLL, I. u. REICH, G. (1989): Psychoanalytisch-systemische Familientherapie bei Anorexie – Skizze eines Behandlungsverlaufs. System Familie 2, 101-109

SCHÖTTLER, C. (1981): Zur Behandlungstechnik bei psychosomatisch schwer gestörten Patienten. Psyche 35, 111

SCHOTTLAENDER, F. (1958): Rückzug der Liebe. Der psychosoziale Aspekt. Psyche 12, 241-257

SCHRÖTER, K. (1986): Analyse einer therapeutischen Gesprächssequenz. Psyche 40, 327

SCHÜLEIN, J.A. (1983): Konstitution und Dynamik »offener« Primärgruppen. Zur Situation von Lebensgemeinschaften. Kölner Z.Soziol.Sozialpsychol, Sonderheft 25, 391-419

SCHÜLEIN, J.A. (1987). Theorie der Institution. Eine dogmengeschichtliche und institutionelle Analyse. Westdeutscher Verlag, Opladen

SCHÜLEIN, J.A. (1989): Intimität und neue Formen des Zusammenlebens. Das Beispiel Wohngemeinschaft. In: BUCHHOLZ, M.B. (HG.), Intitmität. Beltz, Weinheim

SCHÜSSLER, G. u. BERTL-SCHÜSSLER, A. (1992): Neue Ansätze zur Revision der psychoanalytischen Entwicklungstheorie. I. Das Konzept von D.N. Stern. Zsch psychosom. Med. 38, 77-87

SCHÜSSLER, G. u. BERTL-SCHÜSSLER, A. (1992): Neue Ansätze zur Revision der psychoanalytischen Entwicklungstheorie. II. Das Konzept von J. D. Lichtenberg und Grundsätze einer neuen psychoanalytischen Entwicklungstheorie. Zsch. psychosom. Med. 38, 101-114

SCHÜTZE, Y. (1988): Zur Veränderung im Eltern-Kind-Verhältnis seit der Nachkriegszeit. In: NAVE-HERZ, R. (HG.), Wandel und Kontinuität der Familie in der Bundesrepublik Deutschland. Enke, Stuttgart

SCHULZ, W. (1983): Von der Institution Familie zu den Teilbeziehungen zwischen Mann, Frau und Kind. Zum Strukturwandel von Ehe und Familie. Soziale Welt 34, 401-419

SCHWARTZ, D.P. (1987): Intrapsychic Structure and Interaction. In: SACKSTEDTER, J.L., SCHWARTZ, D.P. u. AKABANE, Y. (HG.), Attachment and the Therapeutic Process: Essays In Honor of O.A. Will International Universities Press, Madison/Conn.

SEELEY, J. (1967): The Americanization of the Unconscious. International Science Press, New York

SEGALEN, M. (1989): Die Familie. Geschichte, Soziologie, Anthropologie. Campus, Frankfurt/New York

SEIBEL, W. (1992): Funktionaler Dilettantismus. Erfolgreich scheiternde Organisation im »Dritten Sektor« zwischen Markt und Staat. Nomos Verlagsgesellschaft, Baden-Baden

SELVINI-PALAZZOLI, M. (1982): Magersucht. Klett-Cotta, Stuttgart

SELVINI-PALAZZOLI, M.; BOSCOLO, L.; CECCHIN, G. u. PRATA, G. (1977): Paradoxon und Gegenparadoxon. Klett-Cotta, Stuttgart

SELVINI-PALAZZOLI, M.; CIRILLO, ST.; SELVINI, M. u. SORRENTINO, A.M. (1992): Die psychotischen Spiele in der Familie. Klett-Cotta, Stuttgart

SELVINI-PALAZZOLI, M. u. VIARO, M. (1988): The Anorectic Process in the Family: A Six-Stage Model as a Guide for Individual Therapy. Family Process 27, 129-148

SENF, W. u. SCHNEIDER-GRAMANN, G. (1990): Was hilft in der analytischen Psychotherapie? Rückblicke ehemaliger Patienten. In: TSCHUSCHKE, V. u. CZOGALIK, D. (HG.), Psychotherapie – Welche Effekte verändern? Zur Frage der Wirkmechanismen therapeutischer Prozesse. Springer, Berlin/Heidelberg/New York

SIMM, A. (1983): Strukturanalyse einer Familientherapie – Eine soziologisch-professionalisierungstheoretische Fallstudie. unv. Diss, Frankfurt

SIMMEL, E. (1928): Die psychoanalytische Behandlung in der Klinik. Int. Z. Psa. 14, 352-370

SIMMEL, G. (1900): Philosophie des Geldes (4. Aufl. 1922). Duncker / Humblot, München/Leipzig

SIMON, B. (1992): »Incest – See Under Oedipus Complex«: The History of an Error in Psychoanalysis. J. Amer. Psychoanal. Ass. 40, 955-988

SIMON, F.B. (1988): Unterschiede, die Unterschiede machen. Klinische Epistemologie: Grundlagen einer systemischen Psychiatrie und Psychosomatik. Springer, Berlin/Heidelberg/New York

SLIPP, S. (1987): Object Relations. A Dynamic Bridge Between Individual and Family Treatment. Jason Aronson, London

SLIPP, S. (1988): The Technique and Practice of Object Relations Family Therapy. Jason Aronson, London

SPANGENBERG, N. u. ALTEVOGT-BRAUNS, A. (1983): Warum Kinder kriegen?. Psychoanalyse 4, 99-132

SPANGENBERG, N. u. MATZAT, J. (1989): Welchen Sinn haben stationäre Selbsthilfegruppen? Versuch der Widerstandsanalyse eines therapeutischen Teams ge-

gen die Einführung von Selbsthilfegruppen. In: SÖLLNER, W., WESIAK, W. u. WURM, B. (HG., Soziopsychosomatik. Springer, Berlin
SPENCE, D.P. (1987): The Freudian Metaphor. Toward Paradigm Change in Psychoanalysis. Norton, London/New York
SPENCE, D.P. (1988): Tough and Tender-minded Hermeneutics. In: MESSER, S.B., SASS, L.A. u. WOOLFOLK, R.L. (HG.), Hermeneutics and Psychological Theory. Rutgers University Press, New Brunswick and London
SPENGLER, C. (1992): Systemische Familientherapie im psychiatrischen Krankenhaus. Familiendynamik 17, 229-245
SPERLING, E.; MASSING, A.; GEORGI, H.; REICH, G. u. WÖBBE-MÖNKS, E. (1982): Die Mehrgenerationen-Familientherapie. Vandenhoeck & Ruprecht, Göttingen
SPITZ, R. (1960/1973): Die Entstehung der ersten Objektbeziehungen. Klett, Stuttgart
SPRUIELL, V. (1993): Deterministic Chaos and the Sciences of Complexity: Psychoanalysis in the Midst of a General Scientific Revolution. J. Amer. Psychoanal. Assn. 41, 3-44
STEIN, H. (1979): Psychoanalytische Selbstpsychologie und die Philosophie des Selbst. Anton Hain, Meisenheim am Glan
STEIN, H. (1986): Freud, Winnicott, Parmenides. Philosophische Fluchtlinien der Psychoanalyse. Psyche 40, 162
STEIN, H. (1988): Wien, Freud und die Psychoanalyse Psyche 42, 1-18
STEIN, H. u. STEIN, A. (1984): Kreativität. Psychoanalytische und philosophische Aspekte. J. Berchmans, München
STEIN, L.I. (1967): The Doctor-Nurse-Game. Arch. Gen. Psychiat. 16, 699-703
STEINER, E. u. HINSCH, J. (1988): Therapie: Ordnungskunst zwischen Finden und Erfinden. Zur Verwendung von Metaphern. Familiendynamik 13, 204-219
STEINER, E. u. REITER, L. (1988): Der Beitrag der Theorie selbstreferentieller Systeme zur Präzisierung von Forschungsfragen in der systemischen Therapie. System Familie 1, 115-123
STEINHAUSEN, H.-C. (1979): Anorexia nervosa – eine aktuelle Literaturübersicht. Teil 2: Therapie und Verlauf. Z. Kinder-Jugendpsychiat. 7, 249-271
STEINHAUSEN, H.-C. (1991): Ergebnisse der Verlaufsforschung zur Anorexia nervosa. In: JACOBI, C. u. PAUL, T. (HG.), Bulimie und Anorexia nervosa. Springer, Berlin, Heidelberg
STERN, D.N. (1985): The Interpersonal World of the Infant. A View from Psychoanalysis and Developmental Psychology. Basic Books, New York
STIERLIN, H. (1975): Eltern und Kinder. Suhrkamp, Frankfurt
STOLLER, R.J. (1979): Perversion. Die erotische Form von Haß. Rowohlt, Reinbek
STONE, M.H. (1989): Denial in Borderlines. In: EDELSTEIN, E.L., NATHANSON, D.L. u. STONE, A.M. (HG.), Denial. A Clarification of Concepts and Research. Plenum Press, New York
STRAUB, J. (1992): Kognitionswissenschaft: von der Information zu Sprache und Praxis. Handlung Kultur Interpretation 1, (Heft Nr. 1), 79-82
STREECK, U. (1991): Klinische Psychotherapie als Fokalbehandlung. Zsch. psychosom. Med. 37, 3-13
STREECK, U.; ALBERTI, L. u. HEIGL, F. ET AL. (1986): Der lange Weg zur Psychotherapie. Zur »Patientenkarriere« von psychoneurotisch und psychosomatisch Kranken. Zschr. psychosom. Med. (Heft Nr. 32), 103-116
SÜSSENBACHER, G. (1989): Die »Hornbärprinzessin«: Anorexie als gelebte Kata-

chrese in der Tochter-Vater-Beziehung – ein Fallbericht. Prax. Kinderpsychol. Kinderpsychiat. 38, 164-171

SWIDLER, A. (1980): Love and Adulthood in American Culture. In: SKOLNICK, A.S. u. SKOLNICK, J.H. (HG.), Family in Transition (5th edition 1986). Little, Brown and Company, Boston/Toronto

TÄHKÄ, V. (1981): Psychotherapie als phasenspezifische Interaktion. Jb. d. PsA. 13, 115-139

TEUSCH, L. u. BÖHME, H. (1991): Was bewirkt ein stationäres Behandlungsprogramm mit gesprächspsychotherapeutischem Schwerpunkt bei Patienten mit Agoraphobie und/oder Panik? Ergebnis einer 1-Jahres-Katamnese. PPmP Psychother. Psychosom. med. Psychol. 41, 68-76

THOME, H. (1985): Wandel zu postmaterialistischen Werten? Theoretische und empirische Einwände gegen Ingleharts Theorie-Versuch. Soziale Welt 36, 27-59

THOMÄ, H. (1981): Schriften zur Praxis der Psychoanalyse: Vom spiegelnden zum aktiven Psychoanalytiker. Suhrkamp, Frankfurt

THOMÄ, H. u. KÄCHELE, H. (1985): Lehrbuch der psychoanalytischen Therapie Bd. 1. Springer, Berlin

THOMÄ, H. u. KÄCHELE, H. (1988): Lehrbuch der psychoanalytischen Therapie, Bd. 2. Springer, Berlin/Heidelberg/New-York

TRENT, K., u. SOUTH, S.J. (1989): Structural Determinants of the Divorce Rate: A Cross-Societal Analysis. J. Marr. Fam. 2, 391-404

TRESS, W.; SCHMITT, G. u. ROTH-THEISSEN, H. (1988): Die Funktion der Pflegekräfte. In: SCHEPANK, H. u. TRESS, W. (HG.), Die stationäre Psychotherapie und ihr Rahmen. Springer, Berlin/Heidelberg/New York

TYRELL, H. (1979): Familie und gesellschaftliche Differenzierung. In: PROSS, H. (HG.), Familie- wohin? Rowohlt, Reinbek

TYRELL, H. (1988): Ehe und Familie – Institutionalisierung und Deinstitutionalisierung. In: LÜSCHER, K., SCHULTHEIS, F. u. WEHRSPAUN, M. (HG.), Die »postmoderne« Familie. Familiale Strategien und Familienpolitik in einer Übergangszeit. Universitätsverlag, Konstanz

TYRELL, H. (1988): Systemtheorie und Soziologie der Familie – Ein Überblick. Teil 1: Soziologische Systemtheorien und Familie. System Familie 1, 207-219

VANDERLINDEN, J. u. VANDEREYCKEN, W. (1991): Guidelines for the Family Therapeutic Approach to Eating Disorders. Psychother. Psychosom. 56, 36-42

VARELA, F.J. (1989): Reflections on the Circulation of concepts between a Biology of Cognition and Systemic Family Therapy. Family Process 28, 15-24

VOLK, W.; TEUFEL, R. u. KÖLTZOW, R. (1986): Therapeutenvariablen und Erfolg stationärer Psychotherapie – Ergebnisse aus einer langfristigen katamnestischen Untersuchung. In: LAMPRECHT, F. (HG.), Spezialisierung und Integration in Psychosomatik und Psychotherapie. Springer, Berlin/Heidelberg/New York

WAGNER, G. u. ZIPPRIAN, H. (1992): Identität oder Differenz? Bemerkungen zu einer Aporie in Niklas Luhmanns Theorie selbstreferentieller Systeme. Zeitschrift für Soziologie 21, 394-405

WAHL, H. (1985): Narzißmus? Von Freuds Narzißmustheorie zur Selbstpsychologie. Kohlhammer, Stuttgart/Berlin/Köln/Mainz

WALLERSTEIN, J.S. (1983): Children of Divorce: The Psychological Task of the Child. In: SKOLNICK, A.S. u. SKOLNICK, J.H. (HG.), Family in Transition (5th edition 1986). Little, Brown and Company, Boston/Toronto

WALLERSTEIN, J.S. (1984): Die Bedeutung der Scheidung für Kinder. In: STEIN-

HAUSEN, H.C. (HG.), Risikokinder. Ergebnisse der Kinderpsychiatrie und -psychologie. Kohlhammer, Stuttgart/Berlin/Köln/Mainz

WATZLAWICK, P.; WEAKLAND, J.H. u. FISCH, R. (1974): Lösungen. Zur Theorie und Praxis neuzeitlichen Wandels. Huber, Bern

WEDEKIND, E. (1986): Beziehungsarbeit. Zur Sozialpsychologie pädagogischer und therapeutischer Institutionen. Brandes und Apsel, Frankfurt

WEHRSPAUN, M. (1988): Alternative Lebensformen und postmoderne Identitätskonstitution. In: LÜSCHER, K., SCHULTHEIS, F. u. WEHRSPAUN, M. (HG.), Die »postmoderne« Familie. Familiale Strategien und Familienpolitik in einer Übergangszeit. Universitätsverlag, Konstanz

WEIDMANN, R. (1990): Rituale im Krankenhaus. Deutscher Universitätsverlag, Wiesbaden

WEINGARTEN, E. (1985): Die Methoden der Konstruktion sozialer Wirklichkeit: Grundpositionen der Ethnomethodologie. In: JÜTTEMANN, G. (HG., Qualitative Forschung in der Psychologie. Beltz, Weinheim/Basel

WEINGARTEN, E. u. SACK, F. (1976): Ethnomethodologie. Die methodische Konstruktion der Realität. In: WEINGARTEN, E., SACK, F. u. SCHENKEIN, J. (HG.), Ethnomethodologie. Beiträge zu einer Soziologie des Alltagshandelns. Suhrkamp, Frankfurt

WEINGARTEN, E.; SACK, F. u. SCHENKEIN, J. (HG.) (1976): Ethnomethodologie. Beiträge zu einer Soziologie des Alltagshandelns. Suhrkamp, Frankfurt

WEISS, T. (1988): Familientherapie ohne Familie. Kurztherapie mit Einzelpatienten. Kösel, München

WEIZSÄCKER, C.F. v. (1981): Die Einheit der Natur. Hanser, München

WEIZSÄCKER, C.F. v. (1987): Die Unschuld der Physiker?. Pendo, Zürich

WELLENDORF, F. (1987): Der Fall Dora: eine Mésalliance. Überlegungen zu Liebe und Erkenntnis in der Psychoanalyse. In: BELGRAD, J., GÖRLICH, B. u. et al. (HG.), Zur Idee einer psa. Sozialforschung. Fischer, Frankfurt

WERTHMANN, H.-V. (1975): Die zwei Dimensionen der psychoanalytischen Interpretation und der »unbewußte Begriff«. Psyche 29, 118

WEYMANN, A. (1989): Handlungsspielräume im Lebenslauf. Ein Essay zur Einführung. In: WEYMANN, A. (HG.), Handlungsspielräume: Unters. zur Individualisierung und Institutionalisierung von Lebensläufen in der Moderne. Enke, Stuttgart

WIEDEMANN, P.M. (1986): Erzählte Wirklichkeit. Zur Theorie und Auswertung narrativer Interviews. Beltz, Weinheim/Basel

WILKE, S.; GRANDE, T.; RUDOLF, G. u. PORSCH, U. (1988): Wie entwickeln sich Patienten im Anschluß an eine stationäre Psychotherapie?. Z. psychosom. Med. 34, 107-124

WILLENBERG, H. (1986): Die Bedeutung des Vaters für die Psychogenese der Magersucht. Eine kasuistische Untersuchung. Materialien Psychoanalyse 12, 237-277

WILLENBERG, H. (1989): »Corriger le malheur« – Die Schädigung des Körpers durch Unfallneigung und selbstinduzierte chirurgische Viktimisierungen. In: HIRSCH, M. (HG.), Der eigene Körper als Objekt. Springer-Verlag, Berlin, Heidelberg

WILLI, J. (1975): Die Zweierbeziehung. Rowohlt, Reinbek

WILLKE, H. (1983): Gesellschaftliche Wirkungen der Kommunebewegung. Z.Soziol.Sozialpsychol.(Sonderheft) 25,

WINNICOTT, D.W. (1974): Die Fähigkeit zum Alleinsein. In: WINNICOTT, D.W. (HG.), Reifungsprozesse und fördernde Umwelt. Kindler, München
WINNICOTT, D.W. (1974): Reifungsprozesse und fördernde Umwelt. Kindler, München
WINNICOTT, D.W. (1979): Vom Spiel zur Kreativität. Klett-Cotta, Stuttgart
WINNICOTT, D.W. (1990): Der Anfang ist unsere Heimat. Klett Cotta, Stuttgart
WIRTH, L. (1940): Ideological Aspects of Social Disorganization. Amer. Sociol. Rev. 5, 472-482
WOLFF, R. (1982): Präventiver Kinderschutz – das erste Lebensjahr. Eltern und Kinder in städtischen Lebensumständen: Notlagen – Hilfen. Ein Forschungsprojekt in praktischer Absicht. In: BERNECKER, A. u. MERTEN, W. u. WOLFF, R. (HG.), Ohnmächtige Gewalt. Kindesmißhandlung: Folgen der Gewalt – Erfahrungen und Hilfen. Rowohlt, Reinbek b. Hamburg
WOLFF, R. (1982): Kindesmißhandlung als ethnopsychische Störung. In: BERNEKKER, A. u. MERTEN, W. u. WOLFF, R. (HG.), Ohnmächtige Gewalt. Kindesmißhandlung: Folgen der Gewalt – Erfahrungen und Hilfen. Rowohlt, Reinbek b. Hamburg
WOLFF, ST. (1983): Die Produktion von Fürsorglichkeit. AJZ Druck & Verlag GmbH, Bielefeld
WOLFF (1989), siehe Knauth, B.
WOLFF, ST. (1992): Die Anatomie der Dichten Beschreibung. Soziale Welt, Sonderband 8 339-361
WRIGHT, H. (1991): The Patient, the nurse, his life and her mother: psychodynamic influences in nurse education and practice. Psychoanalytic Psychotherapy 5, 139-149
WURMSER, L. (1981): The Mask of Shame. The Johns Hopkins University Press, Baltimore/London
WYNNE, L.C.; RYCKOFF, J.M.; DAY, J. u. HIRSCH, S. (1969): Pseudogemeinschaft in den Familienbeziehungen von Schizophrenen. In: BATESON, G. et al. (HG.), Schizophrenie und Familie. Frankfurt
YOGMAN, M. (1982): Observations on the father-infant relationship. In: CATH, S.H., GURWITT, A.R. u. ROSS, J.M. (HG.), Father and Child: Developmental and Clinical Perspectives. Little, Brown, Boston
YOUNG, M. u. WILLMOTT, P. (1975): The Symmetrical Family. Penguin, London
ZEDLER, P. u. MOSER, H. (HG.) (1983): Aspekte qualitativer Sozialforschung. Studien zu Aktionsforschung, empirischer Hermeneutik und reflexiver Sozialtechnologie. Westdeutscher Verlag, Opladen
ZEIHER, H. (1983): Die vielen Räume der Kinder. Zum Wandel räumlicher Lebensbedingungen seit 1945. In: PREUSS-LAUSITZ, U. et al. (HG.), Kriegskinder, Konsumkinder, Krisenkinder. Beltz, Weinheim
ZEUL, M. (1988): Die Bedeutung des Vaters für die psychosexuelle Entwicklung der Frau. Ein klinischer Beitrag. Psyche 42, 328-348
ZIEHE, T. (1989): Die Tyrannei der Selbstsuche. In: BUCHHOLZ, M.B. (HG.), Intimität. Beltz, Weinheim
ZOLO, D. (1985): Reflexive Selbstbegründung der Soziologie und Autopoiesis. Über die epistemologischen Voraussetzungen der »allgemeinen Theorie sozialer Systeme« Niklas Luhmanns. Soziale Welt 36, 519-534